华中师范大学出版基金丛书
学术著作系列



本书得到国家语委重点项目："一带一路"战略下语言助推中华传统文化对外传播的路径研究（ZDI135-56）和华中师范大学中央高校基本科研业务费项目：语言推广视域下优秀传统文化国际传播的创新模式研究（CCNU24ZZ194）的基金支持

# 语言推广背景下中华传统文化的国际传播研究

孙传明 著

CBJJ

華中師範大學出版社

**新出图证(鄂)字 10 号**

**图书在版编目(CIP)数据**

语言推广背景下中华传统文化的国际传播研究/孙传明著. —武汉：华中师范大学出版社，2024.4（2024.10 重印）

ISBN 978-7-5769-0373-7

Ⅰ.①语…　Ⅱ.①孙…　Ⅲ.①中华文化-文化传播-研究　Ⅳ.①G125

中国国家版本馆 CIP 数据核字(2023)第 244499 号

**语言推广背景下中华传统文化的国际传播研究**

© 孙传明　著

**责任编辑：**曾　艳　　**责任校对：**肖　阳

**封面设计：**罗明波

**编辑室：**学术出版中心　　**电话：**027-67863280/7792

**出版发行：**华中师范大学出版社有限责任公司

**社址：**湖北省武汉市洪山区珞喻路 152 号

**电话：**027-67863426(发行部)

**传真：**027-67863291

**网址：**http://press.ccnu.edu.cn　　**电子信箱：**press@mail.ccnu.edu.cn

**印刷：**武汉邮科印务有限公司　　**督印：**刘　敏

**字数：**210 千字

**开本：**710mm×1000mm　1/16　　**印张：**12.75

**版次：**2024 年 4 月第 1 版　　**印次：**2024 年 10 月第 2 次印刷

**定价：**58.00 元

欢迎上网查询、购书

# 目　　录

# 第一章　交融互进：语言与中华传统文化的互动探析

语言与文化是共生共存的关系，汉语与中华传统文化也不例外。语言从来都不仅仅是一套简单的符号，没有了语言，文化无法被表达和传播；没有了文化，语言就失去了其孕育母体，无法生存和发展。汉语作为中华民族的官方用语，记载和传承着博大精深的中华传统文化，同时中华传统文化也赋予了汉语更深层次的内涵。在我国开展汉语国际推广的过程中，传统文化是国家和民族之魂，其强大的精神力量指引人们做人做事，启迪人们思想，为人们的生活和社会的发展提供了有力的价值支撑。中华优秀传统文化凝聚着五千年的历史积淀，承载着历代先贤们留下的物质与精神财富，这是构建社会主义核心价值观的深厚基础，也是新时代背景下中华传统文化与各国文明交流互鉴的重要保障。

基于以上背景，本章界定了语言和中华传统文化的概念，分析了“一带一路”倡议下语言推广的价值和文化国际传播的功能。最后研究了语言与中华传统文化的互动关系。在语言与中华传统文化的互动探析方面，本章从以下两个角度进行研究：从语言的角度分析，语言是中华传统文化的一部分，具有构建文化认同的功能；从文化的角度分析，文化差异为语言学习提供动机，文化交流为语言教育提供背景，文化知识为语言推广提供素材。通过辨析语言与传统文化之间的关系，探明二者互为促进、相互包容的关系。

## 第一节　语言及中华传统文化概念界定

中华优秀传统文化为中华民族在世界上自立自强、不断进步打下了坚实的根基，同时它也在中华民族的发展过程中不停地自我革新与发展。由此可说，中华传统文化是中华民族在长期的生产实践中产生，是中华民族乃至全世界的宝贵财富，也是文化自信的重要来源。语言是中华优秀传统文化的重要载体，是人类社会最重要的交际工具和文化载体①。在“一带一路”倡议下，语言与传统文化在“一带一路”沿线国家的规划布局和开展，能够更加有效地助推“政策沟通、设施联通、贸易畅通、资金融通、民心相通”的建设。因此，基于本研究内容，本部分首先界定语言和中华传统文化的概念，并对部分代表性文化进行阐述。

## 一、语言

### 1. 语言的概念

本书中的语言特指汉语，又被称为华文、普通话、华语等。汉语是中国人民的通用语言，联合国六种工作语言之一，也是新加坡的官方语言之一，流行于越南、缅甸、新加坡、印度尼西亚、马来西亚、蒙古、朝鲜、韩国、日本等国家，全球汉语使用者多达 15 亿人。汉语经历了长期的发展，有着深厚的历史和文化底蕴。作为文化的重要组成部分，语言是一个国家文化深度的展现，也是一个民族身份的重要象征②。

汉语是孤立语，即汉语并不通过词形本身的变化来进行语法表达，而是由固定的语序或者虚词进行表达。虽然汉语少有变化，但有着丰富的意境。汉语的文字系统是汉字，汉字有繁简之分，为表意文字，由汉民族创造并发展。汉语包含两个部分，分别是口语和书面语。汉语的口语可以划分为标准语和方言。标准语又称普通话，以北京口音为基础，在河北省承德市进行语音采集。现代标准汉语主要有四个声调，分别为阴平、阳平、上声、去声。我国地域广阔以至于汉语方言的划分非常复杂。大的方言分区还下划了许多次方言。书面汉语可以划分为文言文和白话文，前者为古代书面汉语，后者为现代书面汉语。书面汉语不仅是交流思想的工具，也是中国历史文化的载体之一。

---

① 周作明，薛涛，李佳熙．试论国家通用语言文字推广的史理与学理[J]．语言文字应用，2022，124(4)：23-35．

② 李春燕．探寻汉语言文化国际传播的路径：评《“一带一路”与中华语言文化国际传播》[J]．传媒，2022(3)：97-98．

**2. 对外汉语教学**

对外汉语教学有两层含义，一是指对外汉语教学这个学科，它是与语言学及应用语言学、教育心理学、课程与教学论、教学法等有着千丝万缕关系的一门新兴交叉学科；二是指对外国人进行的汉语教学，其主要目的是培养和训练外国学生基本掌握汉语常用的字词和理论知识，能达到正确使用汉语进行交流和沟通的效果①。

在古代，别国人民出于经商、传教等需要进行汉语学习，使对外汉语教学处于萌芽状态。随着中华人民共和国的成立，对外汉语教学进入了正式发展的阶段。1950 年 7 月，清华大学为东欧国家的交换生成立了中国语文专修班，与罗马尼亚、匈牙利、保加利亚等国家交换了 33 名留学生，为培养东欧国家第一代驻华外交官奠定了基础。

20 世纪 50 年代至 70 年代后期是对外汉语教学的开创期，由于当时的政治、外交环境，对外汉语教学成为中国与第三世界国家外交的延伸。中国政府与高校高度重视其发展，进行了教学地点、师资力量、留学生等多方面的筹备。比如，当时广西的汉语专修学校有 200 多名来自越南的留学生。

20 世纪 70 年代末到 80 年代末，是对外汉语教学学科的摸索期。受改革开放的影响，中国国家地位和国家形象逐步提升。越来越多的国家期望与中国进行外交和经济、文化往来，许多国家民众开始主动学习汉语，这使得对外汉语教学得到了蓬勃发展。由此，我国在 1987 年成立了国家对外汉语教学领导小组，促进了各国人民了解并掌握汉语，使之能够与我国民众进行互动交流。

20 世纪 90 年代至今是对外汉语教学学科的完善期，无论是师资力量、教材的编写还是汉语水平考试都形成了整套的体系。2000 年后，北京大学、南京大学等众多高校拥有了语言学及应用语言学等专业的硕博学位的授予权。2002 年至 2003 年，复旦大学、北京师范大学等高校建立了首批国家对外汉语教学基地。2007 年，汉语国际教育硕士专业正式确立，对外汉语教学这门学科在得到真正认可的同时，也实现了快速的发展。

**3. 汉语国际推广**

2005 年在由中国国家对外汉语教学领导小组主办、教育部承办的首届

---

① 董学峰．国家语言战略背景下的汉语国际推广研究[D]．长春：东北师范大学，2016.

世界汉语大会上，首次提出了汉语国际推广，并将其置于国家战略高度。国家对外汉语教学领导小组办公室也于 2006 年更名为国家汉语国际推广领导小组办公室。虽然汉语国际推广与对外汉语教学学科一脉相承，着重点都是汉语的国际传播，但是汉语国际推广将其上升到了国家战略高度并更加强调国际传播。

汉语国际推广主要包括两个层面的内容：一是语言学，二是传播学。以色列的罗伯特·库珀曾经用“一种语言变体使用者的增加及用途的扩大”来定义语言传播。“推广”一词更强调对别国的汉语传播工作。如今在全球化背景下，汉语国际推广的开展更呈现出纷繁复杂的态势，它成为一个以语言教育为主，并涉及诸多方面领域的系统工作。因此，汉语国际推广不仅是促进中华传统文化国际传播的有效手段，也是增强国家影响力、提高国家软实力与国家地位的重要举措。

目前，我国汉语国际推广的管理工作已经涉及多个层面。在国家层面上设立了教育部中外语言交流合作中心、中国华文教育基金会等；在省级层面上设立了省级汉语国际推广小组；高校层面更是为汉语国际推广师资力量的储备和教材的编写做出了极大的贡献。如今，在汉语国际推广的战略下，孔子学院的设立、师资力量的培养、教材的编写以及汉语水平测试都逐渐系统化，汉语国际交流与合作的活动也越来越多，例如，“汉语桥”中文比赛、“汉语桥”夏令营等活动，这些活动在汉语推广和文化传播中发挥了重要的作用。

## 二、中华传统文化

### 1. 中华传统文化的概念

在历史的长河中，传统文化受经济环境、生态环境以及社会环境等多种因素的影响，形成了一定的独特性。传统文化是国家和民族之魂，以其强大的精神力量影响着人们的为人处世之道，使人们的价值信仰得到支撑。中华传统文化具有四个特征。第一，中华传统文化具有中华民族特色，是中华民族在劳动实践过程中所形成的，这是中华传统文化与其他异域文化最根本的区别。第二，中华传统文化代代相传，虽然在某些历史特殊时期有过短暂的中断，但从历史长河来看，中华传统文化经过了一代又一代的传承，具有相对稳定性。第三，中华传统文化源远流长，中国是四大文明古国之一，中华民族的文化经过了五千多年的发展与积淀。第四，中华传统文化博大精深、历久弥新。中国疆域辽阔并具有悠久的历史，这使中华传统文化不仅具有广度也具有深度，中华传统文化在经历了历史的洗礼之后仍然绽放光芒。

**2. 代表性文化**

中华传统文化主要包括饮食文化、传统节日、书法艺术、传统礼仪、中医药养生、传统戏曲等多种多样性的文化，其中在孔子学院和国内留学生教育中，常见的几种代表性文化如下。

其一，餐饮文化。餐饮文化是中华传统文化中不可或缺的一部分，中国的饮食文化相对感性。中国人通常以食物的味道来评价一种食物，即使是同一道菜，烹饪方式上也会有很大的随意性，不同的厨师往往会做出不同的口味。所以对于中国人来说，烹饪是一种艺术。具有整体性思维特点的中国人常常将世界作为一个整体来看，在烹饪过程中也具备了这一特点。由此可以理解为何中国的烹饪方式不需要特别精确的步骤，而更强调一种“适量”，这一特点在中国人的菜谱中体现得淋漓尽致。正是因为这样，不同的人做出的同一道菜肴也会具有不同的特色。这种相对灵活的思维方式造就了中国的八大菜系以及多种烹饪方式，中华饮食文化也由此发扬光大。

其二，节日文化。中国传统节日是中华传统文化中的精华，往往是基于一些历史故事和历史人物演变而来，反映了中国从古至今的发展历程，同样也体现了中国人的民族精神与民族传统。中国古代传统节日多形成于古人择日祭祀。古人通过分析天地运行规律来确定四季循环的起点与终点，确立了二十四节气。以中国人最为重视的春节展开来说，在二十四节气中，两节气交接的日子为节日，同时根据春、夏、秋、冬的节气不同，定出了一年之岁首，春节也由此形成。春节是阖家团圆的日子，无论路途多么遥远，回家过年是中国人在年前最迫切的愿望。春节沿袭至今，承载了中国人对团圆的向往。就宗教信仰角度来说，虽然春节是因祭祀而形成的，但是祭祀是为了祈求风调雨顺、五谷丰登，与中国古代的小农经济联系紧密，表现了对大自然的敬畏之心。就价值观念来说，春节是人们对“一年之计在于春”的最好阐释。中国人希望在一年之始开个好头，和家人一起觥筹交错、欢聚一堂，这无疑是中国人“整体性思维”的体现。中国人讲究集体主义、讲究“和”，在重要的日子能够和家人团聚才是圆满，一年才算完整。不只是春节，元宵节、端午节、中秋节等节日亦是如此，团圆是中国人最朴素的心愿。

其三，书法艺术。中国书法历史悠久，书体不断演变，是联合国“人类口头和非物质遗产代表作”项目。书法艺术与汉字同时产生，从甲骨文、石鼓文、金文演变而为大篆、小篆、隶书，至东汉、魏、晋的草书、楷书、行书，中国书法不仅是交流的工具、文化传承的载体，也是一种独特的艺术表现。书法中的一笔一画潇洒自如，不拖泥带水，一撇一捺不受具体的规定所限制，反映着书写者的审美艺术和心境。汉字的书写不仅是审美的外在体现，还表达了作者的情感态度、精神意志，这也反映了中国人感性思维。不论是前面所提到的烹饪、节日还是书法，都没有明确的步骤，更追求一种整体的美感，而不是统一的规范。因此，书法才能成为一种传统艺术，人们常说的“字如其人”“见字如面”的说法才被广泛认同。

其四，中医药养生文化。中医药养生文化是中国三大国粹之一，是我国宝贵的非物质文化遗产。中医药养生文化是在中国人民与疾病作斗争的过程中积累发展而成，它是中国人民独特的实践成果和理论知识。中医药养生文化与西方的医学文化不同，特别强调整体性和系统性。中医药养生文化认为人体是神、气、形的统一体，讲究身心合一、天人合一、阴阳平衡。养生方法并不是固定不变的，相反会根据时令、心情等方面改变。中医一般会通过望、闻、问、切四种方法来进行疾病的诊断，治疗方法有食疗、针灸、拔罐、推拿、中药等。中医药养生文化的代表著作很多，比如有《本草纲目》《黄帝内经》《伤寒杂病论》和《神农本草经》等。这些书籍都是中国古代人民智慧的结晶，许多理论如今仍然适用。中医药养生文化认为好的身体和好的治疗手段都非一蹴而就，需要注意生活中的点点滴滴，一般都要经过长时间的调理以达到平衡的状态。这一观念很早就植根于中国人民的生活中，比如，“冬吃萝卜夏吃姜”“寒从脚起，病从口入”“饭后行百步，不用上药铺”等一系列谚语在民众之间广为流传。如今，中医药养生文化已经开始遍布世界各地，甚至在一些国际体育比赛上也常常可见许多球星通过拔罐疗法来祛除身体里的湿气。

## 第二节　“一带一路”倡议下语言推广的价值

“一带一路”(One Belt and One Road)是“丝绸之路经济带”和“21 世纪海上丝绸之路”的总称，它与古丝绸之路有着密不可分的关系。古丝绸之路是指西汉期间的使者张骞开辟了以西安为起点，途经甘肃等地到中亚、地中海各国的陆上经商通道，广义上的丝绸之路覆盖了更多的国家。在历史上就已经有许多古人沿古丝绸之路贸易经商，还有一部分华人迁徙定居于沿线国家。随着华人经商的脚步遍及天下，汉语也由此也进入了沿线国家。如今随着国际形势的不断变化，越来越多的国家加入“一带一路”，但这些国家使用的语言大多不同。在沿线国家中，使用英语、俄语、印地语、阿拉伯语、孟加拉语这五个大语种的人数较多。“一带一路”复杂的语言环境使中国与各国的互通互融存在一些障碍，各行业对语言的需求也快速增加。包括经济需求、社会需求以及文化需求。此外，孔子学院的发展为“一带一路”沿线国家的汉语和文化推广奠定了现代基础。因此，在“一带一路”的倡议下进行语言推广，对提升我国话语权，促进我国在“一带一路”经贸、社会、文化等方面的发展具有重要意义。

## 一、经济需求：语言推广成为经济互通的必要条件

2023 年是共建“一带一路”倡议十周年。十年来，高质量共建“一带一路”蹄疾步稳，捷报频传，各国经济联系不断加强。据相关统计数据显示，截至 2023 年 1 月，中国已经同 151 个国家和 32 个国际组织签署 200 余份共建“一带一路”合作文件。截至 2022 年 10 月，中欧班列共开通 82 条运输线路，通达欧洲 24 个国家 204 个城市①。截至 2022 年 6 月，中国与“一带一路”沿线国家货物贸易额累计约 12 万亿美元，对沿线国家非金融类直接投资超过 1400 亿美元。截至 2021 年底，中国企业在共建国家建设的境外经贸合作园区累计投资 430.8 亿美元，为当地创造了 34.6 万个就业岗位②。2013 年—2018 年的第一个 5 年间，中国与“一带一路”沿线国家进一步增强贸易沟通交流，进出口总额达到 61681.9 亿美元，“一带一路”的发展为线路覆盖国家创造了 24.4 万个就业岗位，“一带一路”建设发展后共签约超过 5000 亿美元的对外承包工程合同，并建设成立 82 个境外经贸合作区。中国已经与沿线国家签订了一系列涉及基础建设、能源开发、农业等领域的合作项目，上缴东道国税费累计 20.1 亿美元③。比如，中老铁路开通 9 个月，累计发

---

① 数说共建“一带一路”2022[EB/OL].(2022-12-31)[2023-02-10].https://www.yidaiyilu.gov.cn/xwzx/gnxw/299772.htm.

② 共建“一带一路”九周年成绩单[EB/OL].(2022-10-01)[2023-02-10].https://www.yidaiyilu.gov.cn/xwzx/gnxw/281310.htm.

③ 数说“一带一路”成绩单[EB/OL].(2019-02-18)[2023-02-10].https://www.yidaiyilu.gov.cn/jcsj/dsjkydyl/79860.htm.

送旅客671万人次，累计运输货物717万吨，国际货运总值突破100亿元；佩列沙茨跨海大桥实现了克罗地亚连接南北领土的夙愿，2022年7月开通以来车流量超50万次。中国与巴基斯坦合作建造巴基斯坦萨希瓦尔电站，中国企业在东非承建吉布提多哈雷多功能港，在缅甸投资缅甸蒙育铜矿项目……在坚守可持续发展理念和“共商、共建、共享、共赢”理念的基础上，中国企业走出国门进入了更广袤的市场，为当地和本国都带来了巨大的经济效益。

通过“一带一路”倡议，中资企业带来了更多的经济和社会效益，提供了更多的就业岗位，对当地员工需求量也相应上涨。比如，中国有100多家企业入驻柬埔寨西港经济特区，主要集中在工业、服务业等行业，这些行业的企业为柬埔寨提供大约1.8万个工作岗位，对柬埔寨当地员工的需求急剧增加。中资企业通常会优先录取那些对汉语和中国企业文化有所了解的职工，需要既能与企业管理层沟通又能满足消费者需求的复合型双语人才。中国企业的对外发展必定会遇到别国本土人才在文化差异方面的问题。这些问题促使汉语教育得到相应的发展，推动沿线国家和地区的人才加强对汉语以及中华传统文化的了解，这种复合型人才必将在市场上大受欢迎。因此，为了寻求更好的工作岗位，适应时代发展，当地居民学习汉语的热情增长。许多国家对教授汉语语言的专业人才以及针对不同国家编写的国别化汉语教材的需求也逐渐增加。我国也针对不同行业、不同地区、不同人群培养对外汉语教学的人才，将汉语推广到国际上的各行各业。随着经济交往的深入，汉语教学越来越受到各国政府的重视。

## 二、社会需求：社会交流不断推动汉语学习热潮

中国与沿线各国在“一带一路”的倡议下发展并建立起了友好的关系，由此促使“一带一路”沿线各国之间在旅游、留学等领域的联系更加密切。相关数据显示，截至2021年底，我国与61个沿线国家发展友好城市建设关系，一共建立了1023对友好城市，已经跃升至我国对外友好城市建设总数的40.18%①。随着文化旅游业的快速发展，出入境旅游人数也在发生极大变化，“一带一路”的建设带动了沿线国家出境旅游人数和入境旅游人数的

① 八年了！一起看看这份沉甸甸的“一带一路”成绩单[EB/OL].(2021-11-30)[2023-02-10]. https://baijiahao.baidu.com/s?id=1717856494179969352&wfr=spider&for=pc.

“增长热”。在新冠疫情之前，沿线出入境旅游人数正在逐年增长，“一带一路”旅游掀起了世界范围内的旅游新浪潮。我国对外旅游人数的增加，促使国外交通、服务、餐饮行业的从业者更好地了解中国人民，并逐渐出现了针对中国游客的旅游路线和产品。比如，中国已经成为泰国最大的旅游客源国，泰国街边的商贩大多掌握基础的汉语；韩国的便利店贴上了中文标签以及许多景区导游能说一口流利的中文。

我国在“一带一路”沿线国家的留学生更是数不胜数。许多国家为了提高中国留学生办手续的效率，不少行政部门的工作人员开始主动接触汉语。比如，一些国家开始为相关行政部门的员工制定汉语教学课程。此外，随着留学生回国后与当地居民的日常交往，也使当地不少居民逐渐了解我国。比如，中国美食、中国乐器等传统文化也因留学生传播，吸引了许多外国人的兴趣。为了进一步增强互动和文化体验，各国居民被激发了汉语学习的热情。

### 三、文化需求：互联互通促进各国文化交流与互鉴

“一带一路”倡议下的互联互通并不拘泥于经济层面，也强调文化层面的交流。从 20 世纪 80 年代开始，我国在海外已经建立了多个中国文化中心①。2000 年以来，设置在各国的文化中心每年举办超过 100 场次的文化活动，各国国家首脑也曾出席这些文化活动。在举办文化活动时，文化中心不仅会以中华传统文化为背景，也会依据各国的风土人情、审美取向，积极与当地文化机构合作，从而使当地居民更好地接受中国文化。中国还积极推动具有中国特色的文化产业和文化产品走出国门。例如，天津市出台了《天津市文化广播影视局落实“一带一路”国家战略实施意见(2017—2019年)》，该意见依托“一带一路”大背景，发挥天津自贸区优势，打造文化品牌；西安市作为丝路的重要城市和十三朝古都，利用其地理位置和悠久的历史，加强与沿线各国的文化交流，宣传中国古老的历史文化。此外，一些民间力量也推动了文化的交流。例如一些艺术家进行海外演出，将中国传统乐器带入国际民众的视野。留学生也对中国影视剧、网络小说进行翻译并将其展示给外国人，这进一步促使他们强化汉语学习以了解原汁原味

① 海外中国文化中心：三十年，恰是风华正茂[EB/OL].(2019-01-29)[2023-02-10].https://baijiahao.baidu.com/s?id=1623973705772360154.

的中华传统文化。

“一带一路”还拉动了沿线各国学术交流。中国多所高校与沿线高校展开合作，促进文化领域与经济领域的协同发展。例如，中国人民大学与埃及的艾因夏姆斯大学建立了“一带一路”研究中心；华中师范大学与澳大利亚伍伦贡大学建立了联合研究院；河北省政府也针对“一带一路”的学术交流发布了《河北省推进共建“一带一路”教育行动计划》，表示会尽力推动该省中小学、职校、高等院校与外国学校建立友好合作关系；俄罗斯圣彼得堡国立大学也与中国的教育机构签订了多个合作协议，并与中国人民大学合作建立了俄罗斯研究中心。除了高校的合作外，各国研究中心也在“一带一路”的倡议下加强合作。例如，“中国道路欧洲论坛”分别在西班牙、法国、意大利等国家举办，致力于加强中国和欧洲国家的学术交流；敦煌研究院拓展了与中亚的学术交流，将敦煌的文物保护技术推广到沿线国家；我国科技部高技术研究发展中心也与巴基斯坦就高新技术进行了深入的交流。毫无疑问，学术和文化的交流离不开语言的推广，只有在理解语言的基础上，才能进一步理解其内涵，失去了语言就失去了交流的载体。因此，在“一带一路”倡议下，文化与学术交流迫切需要语言的推广。如今为满足汉语学习者对汉语的学习兴趣，我国在部分国家和地区开办了孔子学院。这在一定程度上为沿线国家的汉语教学奠定了基础。但孔子学院主要分布在亚洲地区，欧洲、非洲等地区的覆盖面和影响力依旧不够。因此，孔子学院的发展需要进一步与“一带一路”倡议有机结合起来，努力进入沿线国家的正规教育体系，为“一带一路”的发展铺平道路。

## 第三节　文化国际传播的功能

文化国际传播的功能主要有两个方面，一是可以推动文化本身的发展，二是可以带动经济、政治等的发展。一方面文化国际传播可以保证文化多样性，推动不同文明的交流与互鉴。另一方面则是消解西方文化霸权，提升国家文化软实力；减少因文化差异产生的隔阂与矛盾，塑造良好的国家形象；促进各国之间相互交流，推动对外经贸合作。

### 一、消解西方文化霸权，提升国家文化软实力

文化霸权(cultural hegemony)亦称为文化领导权，是指一个阶级通过对

意识形态及文化的掌控来主宰另一个阶级。“文化霸权”理论由国际共产主义运动思想家葛兰西提出，是指统治阶层并非通过暴力措施，而是通过对社会成员的生活习惯、审美取向、纲常伦理等意识形态进行潜移默化的影响，来取得社会成员的普遍认同以实现统治。现在也常用于指西方发达国家通过政治、经济、军事等方面，用潜移默化的方式将其价值取向推广到发展中国家，用文化力量影响别国并获取利益。如今有些西方国家利用它们的政治、军事等力量企图将其文化从各个方面渗入别国，同时以各种理由限制别国正常的贸易往来和交流。例如，有些国家在影视剧中丑化别国形象，利用品牌效应腐化青少年并打出“人权高于主权”的旗号等。2020 年，美国更是利用国家安全这一借口发布了对中国应用程序 TikTok 的禁用令，展示了其文化霸权地位。

在全球化的浪潮下，军事、经济等物质因素已不再是评价一个国家综合实力的唯一标准，国家软实力的作用越来越凸显。在 20 世纪 80 年代，美国学者约瑟夫·奈就提出了“国家软实力”这个概念，它是指国家通过一些非强迫性手段，以潜移默化的方式说服、渗透与吸引别国。其核心要点就是利用文化，因此文化与经济、军事一样应该得到重视。在提高国家软实力的过程中不能简单地塑造和展示文化，而是通过与别国的互动实现文化渗透。

因此，在这种背景下，中国也需要避免单箭头的文化输入，减少“文化逆差”。要在“一带一路”的倡议下，进行平等双向的文化交流。当今的世界是开放的世界，中国要以文化国际传播的方式，让别国了解中国人民的生活方式、审美取向、社会风俗等。要掌握文化主权，以更加主动的姿态构建属于中国的文化话语权，将中国故事传达出去。要用双向平等的文化交流来消解西方文化霸权，推动中国文化走向世界，提升我国文化软实力。

## 二、减少文化差异，塑造良好大国形象

所谓“一方水土养一方人”，文化是各个民族在长期的生产和实践中发展而来，具有地域性、民族性、稳定性，虽然在发展过程中受到经济、政治等方面的影响会不断地变迁，但其主要特征较为稳定。文化是不同民族智慧的结晶，代表着该民族的精神面貌、思维方式等。因此，由于不同文化的影响，在面对一些问题时不同民族难免会出现差异与矛盾。但正因为文化的不同，才需要进行文化传播与交流。文化还具有融合性，文化的地

域性、民族性、稳定性并不意味着文化之间相互隔绝、相互排斥。任何文化都不可能独立于世界而存在，都是人类文化的一部分，具有人类文化的共性。这些具有共性的文化因子可以使不同文化的民族相互理解、相互包容。国家与国家之间进行文化交流，开展文化活动，可以促进国家之间相互理解，促使各国创造出交流互动的良好氛围。这一系列与文化相关的行动毫无疑问有利于和平解决国际争端。当前，我国与“一带一路”沿线一些国家仍存在很多因宗教信仰、风俗习惯差异所产生的矛盾和隔阂，而文化的交流则以潜移默化的方式增进了国际社会对我国的理解，更好地联结了感情，做到了“求同存异”，从而减少了因文化差异产生的隔阂与矛盾。例如，一些欧洲国家在二战之后，加强了文化交流与合作，从而增进了彼此的理解，缓解了因战争产生的敌意。

在“一带一路”大背景下进行文化传播有利于国家形象的塑造，特别是在全球化的背景下，各国之间的联系不断增多，经济和社会上的牵绊越来越深。别国的一举一动会对本国造成极大影响，国家形象可以说是一国对外的准行证。因此，想要实现国家利益最大化更需要塑造良好的国家形象。一个国家的国际形象塑造不是一蹴而就的，需要经历长期的、稳定的发展。在文化传播的过程中，文化可以“润物细无声”的方式积少成多地转变某些国家的偏见。例如，英国通过一些书籍、电影给本国男士打上了“绅士”的标签；巴西也通过一些文化活动展现了巴西人民热情好客的形象。文化交流使各民族相互了解彼此的生活方式、审美取向、社会风俗，有利于各国间信任的建立。我国要主动讲述中国故事，宣传中国历史，让别国了解我国优秀的传统文化和高尚的精神品质。例如，通过“凿壁偷光”“悬梁刺股”“闻鸡起舞”等故事可以了解我国人民勤学的品质；通过“徙木立信”可以了解我国人民诚实守信的品格，从而加强理解，增进信任，树立起良好的国际形象。

### 三、促进各国之间相互交流，推动对外经贸合作

各国越来越重视文化交流对国际经贸往来的影响，国际的文化交流也越来越频繁，影视剧、电影的全球放映，加强了各国人民之间的了解，同时带来了经济方面的收益。文化与经济不是两个独立的个体，在全球化日益加深的基础上，文化与经济更是相互吸引、相互促进。文化的发展带动经济的增长，经济的增长又反作用于文化的发展。正所谓“文化搭台，经济

唱戏”，文化为经济开阔道路，成为经济发展新的指示灯。文化的传播使国际民众了解到新的生活方式、审美取向，导致一些产品在别国风靡。比如，韩国电视剧中多次出现的品牌方便面在我国的销量逐年上升；美国迪士尼动画及其周边产品也风靡全世界；日本动漫更是早已发展成为一个完整的产业链。文化的交流可能会带来经济上的一系列连锁反应。

如今，随着交通方式的日益便捷，选择去海外留学的人数日益增加，很多学生选择去国外接受教育。一方面，留学生会支付教育费用和相应的生活费用，这将给留学所在国家带来一定的收入；另一方面，有很多留学生会在当地兼职工作而且有些会选择在毕业后留在当地就业，这些行为将为当地增加一定数量的人力资源。近年来，出于对中国文化的喜爱，选择到中国留学的学生也越来越多。此外，旅游经济也是不可忽视的一点。中国地大物博，不仅存在丰富的地理风貌，也在历史的发展过程中留下了许多名胜古迹。在文化传播的过程中，会让许多外国朋友对我国心向往之。如今，越来越多的外国朋友将我国作为旅游目的地，旅游活动拉动了经济增长。

## 四、保证文化多样性融合发展，助力各国文化互融共生

2001 年，联合国教科文组织通过《世界文化多样性宣言》，该《宣言》表明了各成员国对于维持文化多样性的重视程度有着高度一致性。各成员国表示：坚信文化多样性既是人类发展的基础，也是人类文明进步的源泉之一，就像生物多样性对于维持大自然的生存发展具有举足轻重的作用一样，其对于人类的重要性可见一斑。文化是人类宝贵的精神财富，不能因为政治博弈而牺牲文化的多样性。

“文化融合”这个概念在 19 世纪的晚期出现，该词主要指两个及两个以上的文化类群通过各种渠道传播并在经历了长时间的碰撞、摩擦后所形成的一种新的文化。与原有文化不同，新的文化包含了所有原有文化所具有的内涵和背景。“文化同化”是指一种文化被另一种文化完全吸收，失去自己本身的特征和价值。前者强调的是文化多元化发展，两种文化的关系具有平等性，后者强调一种文化吞噬另一种文化，两种文化之间的关系并不平等。如今一些国家仍一味地强调本国文化的优越性，企图用一国文化同化别国文化，这种行为并不可取。“文化融合”与“文化同化”是两个完全不同的概念。文化融合吸收了新鲜的血液，取长补短，弥补了自身文化的不

足，从而促使文化蓬勃发展。

因此，为了维护文化的多样性和推动文化融合，要积极主动地推动我国文化国际传播，促使我国文化站在世界“大舞台”上，与异域文化碰撞和交流。只有如此才能在保持世界文化多样性的同时，促进本国文化与异域文化相融合，从而实现各种文化的稳定发展。比如，我国的茶文化传播到日本和英国，在吸收日本和英国文化的特色下，又形成了新的文化；日本Lolita服装风格就是吸收了维多利亚时代的欧洲女童服饰风格而形成。

## 第四节　语言与中华传统文化的互动关系

我国著名语言学家邢福义先生，曾经将语言与文化之间的关系比作“水乳交融”。美国语言学家萨丕尔阐述了语言对于文化的依存关系，“语言有基础，语言离不开文化，也就是说，语言不能脱离社会而流传”“语言背后有某种东西，语言离不开文化”①。美国学者萨姆瓦也发表了自己对于语言的看法，他认为“语言不仅是报告经验的工具，更重要的，它是说话者解释经验的方法。换句话说，文化的语言习惯帮助人们选择和解释语言世界”②。因此，语言国际推广与文化国际传播是互为促进、相辅相成的关系。

### 一、语言对中华传统文化的影响

**1. 语言是中华传统文化的一部分**

中华传统文化是中华民族创造并世代相传的，反映着中华民族的精神面貌和民族特色。中华传统文化包括文字、语言、书法、音乐、戏剧、节日、民俗等内容。语言是文化的一部分，汉语作为中华传统文化中的一部分，既丰富着中华传统文化的体系，又是这些传统文化得以展现的载体。

汉语是在中华人民的生产生活中出现并发展而来，作为中华传统文化的一部分，其字形、字音、词汇、语法也都蕴含着丰富的文化内容。只有对汉语有一定的了解才能更好地对中华传统文化进行解码。

众所周知，汉字是世界上最古老的文字之一，不仅具有文化内涵还兼具审美价值。单单一个汉字就具有丰富的内涵和历史。汉字是表意文字，

---

① 萨丕尔．语言论[M]．陆卓元，译．北京：商务印书馆，1985．

② 萨姆瓦．跨文化传通[M]．陈南，龚光明，译．北京：生活·读书·新知三联书店，1981．

从甲骨文演变至今，其一笔一画都值得探究。从甲骨文到金文再到正楷的演变，可以看出，汉字的形成表现了中华人民对天地事物形态的感知和对美的追求。比如说甲骨文中的“⊞”字，四四方方被分割开来的样子完美地刻画了中华人民种植农作物的土地的形态，如今简化后的“田”字依然可以让人领会其中的奥义；甲骨文中的“氵”字，可以看出中间是水脉，两旁是水流，形象地描绘了水流动的形态，如今的“水”字在保持一定形态的基础上，更具有平衡的美感。汉字的结构多为上下合一或者左右合一的形态，可以看出中华民族对平衡的不懈追求。正因为如此，汉字的书法艺术独树一帜，孕育了一批又一批的书法艺术家，比如王羲之、颜真卿、宋徽宗等。此外，也为如今的网络艺术字体设计提供了更多的可能。同时，许多汉字都是合体字，即由两个或者两个以上的单字组合而成，也就形成了“猜字谜”这种独特的中华传统文化活动，例如“舟中投东西”这个字谜可以解为“舟”字在中间，“投”字在东西两边，组合在一起即为“搬”字。

在人们的固有印象中，汉语语音似乎与中华传统文化之间并未产生深层次的内在联结，但是假如站在语音的社会属性的视角下剖析观察，就可以发现汉语语音也与中华传统文化有着深刻的联系。谐音产生的风俗文化常常存在于中华人民的生活之中。比如，许多中国人民认为“八”的发音类似于“发”，“四”的发音类似于“死”，所以在挑选一些与数字有关的事物时会努力地避开“四”而选择“八”。如果不了解这些字的读音，就很难理解为什么部分中国人热衷于数字“八”。还比如，一些家长为了讨一个好彩头会在高考期间将粽子挂在门框上，因为“粽”与“中”同音，寓意着“高中”。在这些谐音文化中，可看出隐含于语言之中的汉民族的价值取向和追求。汉字读音的特殊性也使汉民族出现了韵律、平仄的文化，例如诗、对联等。

**2. 语言具有构建文化认同的功能**

语言是人们日常思想交流和情感沟通的重要工具，是信息传播的载体之一，具有不可替代的沟通交流功能。语言经历了漫长的时间才形成，凝聚着人类在历史长河中创造出来的文化内涵，凸显了一个民族特性的重要属性，以一种特殊的形式持续地记录着一个民族发展、进步甚至是衰败。而语言又是一个民族传统文化的主要内容和重要承载工具，因此语言也具有构建文化认同的功能。随着对汉语了解的深入，许多人增强了对中国文化的认同感。

在日常交流和人际交往过程中，人们使用语言进行沟通，不仅是一种简单的交流行为，而且在潜移默化中加强了自身对于本民族的文化归属感以及他人对该民族的文化认同感。例如，许多生活在中国各地的外国人随着对中文以及当地方言的进一步了解，更好地融入了当地文化氛围。语言和文化相互联系、相互影响，语言是架构民族文化精神的重要手段，该民族成员通过对民族语言的不断认识，了解到语言背后的文化内涵与意义，会形成相应的文化归属感。同时，一个民族成员通常会通过语言这一传播媒介来传播该民族的文化信息和优秀传统文化，其他民族的人们会无意识地接触到文化内容，加强对该民族的文化认同感。文化认同体现在主动接受不同的民族文化，而不是被动的、强迫性地输出。在尊重已有文化背景的前提下，应该与其他民族文化兼容并蓄、取长补短、共生共荣。所以在掌握语言交流工具和文化认同的背景下，一个民族的传统文化才会以和谐的方式进行传播，才能使得不同民族的优秀传统文化得以理解和传播。

**3. 语言政策推动中华传统文化国际传播**

在"一带一路"倡议中，相关政策多次提到语言推动传统文化国际传播，例如，推进"一带一路"建设工作领导小组办公室于 2019 年 4 月 22 日发表《共建"一带一路"倡议：进展、贡献与展望》报告，其中强调了文化传播与语言交流，丰富文化与语言交流的形式①。2019 年 4 月 27 日第二届"一带一路"国际合作高峰论坛圆桌峰会，习近平主席提出要加强人文交流，促进各国人民以及不同文化间的对话交流，语言是中国参与全球治理的重要基础②。

语言的推广交流在政策、设施、贸易和资金中互联互通，才能使得"一带一路"沿线国家民心相通，例如，建立孔子学院、孔子课堂，使汉语得以传播交流，推动着中华传统文化在"一带一路"上持续有效传播，并服务于经济贸易等各个领域。同时语言和中华传统文化的传播需要政府、社会等多方面的力量，从学习者的需求出发来提高语言服务和文化产品，使得语言更好地为推广传播中华传统文化服务。"一带一路"上语言版图的重组不仅改变了沿线国家的文化架构，也为全球治理体系带来举足轻重的影响，在国际的沟通协商中起到了润滑剂的作用。通过语言相互交流，让"一带一

---

① 共建"一带一路"倡议：进展、贡献与展望(八语种)[EB/OL].(2019-04-22)[2023-02-10].https://www.yidaiyilu.gov.cn/zchj/qwfb/86697.htm.

② 第二届"一带一路"国际合作高峰论坛圆桌峰会联合公报[EB/OL].(2019-04-27)[2022-02-12].http://www.gov.cn/xinwen/2019-04/27/content_5386929.htm.

路”沿线国家人民了解文化中国、开放中国和包容中国。

## 二、中华传统文化对语言的影响

**1. 文化差异为语言学习提供动机**

文化的多样性促使人们想要充分了解一种文化的内涵，会将学习语言放在第一顺位。学习语言往往十分枯燥，需要跨过重重障碍。只有激发人们对文化的向往，才能使人们在学习语言的过程中保持兴趣。毫无疑问，文化的传播会激发人们对相关语言的渴求，例如，韩流和韩国电视剧的兴起促使许多“追星族”将韩语作为第二外语；日本动漫也同样激发了一些青年对日语的兴趣。同样，人们对中华传统文化的兴趣必然会促使一些外国人想要了解、学习汉语。1997 年，俄罗斯约有 5000 人学习汉语，随后学习汉语的俄罗斯人越来越多，十年后已经达到了 1.7 万人，20 年后，则有 5.6 万俄罗斯人学习汉语。统计数据显示，汉语学习者大多数通过学校和语言班进行学习，39％的汉语学习者通过大学获取汉语知识，31％在中小学进行汉语学习，25％的人群利用语言学习班学习汉语，另外还有 5％选择在中国孔子学院深造①。由此可见，中外文化差异带来的驱动力，对于想要了解中华传统文化的受众而言十分重要。因此，文化在语言学习中扮演了重要角色，已经成为影响语言学习的重要元素，它不仅为语言的理解与运用奠定了基础，而且影响到语言学习者的学习动机与兴趣。

在语言学习的过程中，不同的文化和语言体系使得学习者面临着许多障碍。在学习一门新的语言时，不同的学习动机对于学习者十分重要。美国心理学家华莱士 · 兰伯特在研究中提出，如果一个学生能够积极主动地学习其他文化语境下的语言，那么他必须愿意并适应另一种文化体系的特定文化氛围②。所以，在语言学习中适当导入文化内容，不但可以激发学习动机，还能提高语言学习热情。语言学习为学习者赋予一种全新的文化体验。随着中华传统文化魅力的展现，许多外国朋友会对中华传统文化产生浓厚的兴趣，从而积极主动地参与到汉语学习中。

**2. 文化交流为语言教育提供背景**

文化具有地域差异性，而这种文化现象体现在语言层面上，就会表现

---

① 俄媒：明年起汉语将加入“俄罗斯高考”[EB/OL].(2021-11-15)[2022-02-12].http://world.chinadaily.com.cn/wykzg/2018-11/29/content_37332491.htm.

② 祝宛瑾．社会语言学译文集[C]．北京：北京大学出版社，1985：264.

出语言的差异性。语言的使用和学习都不能离开文化而独立存在，所以在语言使用、学习和传播中，都不能脱离文化的大背景。正因为语言具有文化这一属性，所以语言的学习过程从某种意义上说就是对不同文化进行理解和消化的过程。如果第二语言的学习者仅学习相应的语言符号系统，而不对其文化进行了解，学习者将很难在实践中恰当地应用这门语言。

语言中含有许多“超语言”的文化信息，如果不将其置于文化大背景下是很难被解读的。例如，中华传统文化以自谦为美德，在与人交往中常会有“哪里，哪里！”“不值一提”“略备薄酒”这种表达方式，若是不了解中国文化只从字面意思去解读可能会出现尴尬的局面。想要消除这些“超语言”文化信息导致的尴尬必须将汉语置身于中华传统文化这个大环境中进行解读。文化对语言学习的影响促使了“文化合流理论”的诞生。文化合流是指将语言和文化联系在一起学习的方式，在学习的过程中了解和适应新文化。在《语言教学原则》中，盛炎先生提到，人们在学习第一语言的过程中形成了一种自我认同。在学习第二语言时，他们会形成一种自我边界，这会影响第二语言的学习。学习第二种文化的目的是超越这一界限，或消除两种文化接触所造成的障碍①。因此，在针对国外受众开展汉语国际教育时，必须有针对性地结合受众的母语文化背景和中华传统文化背景，增进文化认同。

**3. 文化知识为语言推广提供素材**

语言学习除了基本的语法和词汇之外，学习者接触最多的是文化知识内容。在汉语学习的过程中，源远流长的中华传统文化为其提供了丰富的素材库。在各高校的汉语国际教育课程中，传统文化知识占有很大的份额。在文化类课程方面，各高校针对海外留学生开设的课程种类较为丰富，既有取材于中华传统文化内容的专业必修课程，如《汉语阅读》，也有专门介绍传统文化的选修课程，如《中国武术》《中国音乐戏曲欣赏》《中国烹饪》等。同时，也包含中国近现代史、古汉语等具有历史意义和民族特色的课程，促使留学生对这些课程产生了浓厚兴趣，所以出勤率以及课堂活跃程度也相对较高。

现行的九册汉语国际教育教材中，《体验汉语·留学篇》《体验汉语·文化篇》《体验汉语·旅游篇》《长城汉语》《新编汉语教程》《新实用汉语课本》《博雅汉语·中级冲刺篇》《博雅汉语·高级飞翔篇》《阶梯汉语》也大多涉及

① 盛炎. 语言教学原理[M]. 重庆：重庆出版社，1990.

中国饮食文化、节日文化和书法艺术。饮食文化作为与中国人民日常生活联系最紧密的文化之一，能够以潜移默化的方式影响学生，使学生们更快融入中国环境，接受中华传统文化，也使学生了解饮食方面的语言，增强与日常生活相关的表达能力；中国传统节日则是中华传统文化中的精华，这些节日往往来源于一些历史故事和历史人物，反映了中国从古至今的发展历程。学生可以从其中了解中国人的民族精神与民族脊梁，还可以了解中国的一些习俗，例如，贴春联、放鞭炮和吃年夜饭等，同时学习与节日相关的语言；中国书法更是不可或缺的一部分，作为汉语教学中汉字教学的重点，书法对于中华传统文化的阐释有着十分重要的意义，不仅可以丰富学生对汉字的了解，使其更好地掌握汉字结构，还可以增强其汉字书写的能力。因此在教学过程中，将中华传统文化作为教学素材，不仅可以丰富课堂内容，也使得来华留学生在融入中华传统文化的氛围时，了解到更多的传统文化知识，进而更好地掌握和使用汉语；同时也要在汉语国际教育的文化教学课程设计、教材编写过程中，充分考虑学习者的个性化需求、偏好以及对中国文化的可接受程度，以高度的文化敏感和文化自觉，推动汉语国际教育中文化教学的创新发展①。

① 杨薇．国际传播视域下国际中文教育文化教学的内容选择[J]．天津师范大学学报(社会科学版)，2022(4)：41-46．

# 第二章　理论探索：相关理论及经验借鉴

“一带一路”倡议为新时期中华传统文化的国际传播提供了良好的契机。在推动中华传统文化的海外传播过程中，既要依托“一带一路”倡议，充分挖掘中华传统文化的精粹，也要创新文化传播的理论和机制①。在“一带一路”倡议背景下，利用语言这一载体并综合采用文化研究、语言学、媒介学、传播学等跨学科的视角来研究中华传统文化的跨文化传播路径，需要对传播者、传播内容、传播媒介、受传者、传播效果及反馈渠道进行多方面的研究和分析，同时也要考虑文化多样性特征和国外受众的语言和文化学习动机，才能更好地提升中华传统文化的传播效果，真正增强中华传统文化的海外影响力，并在海外的跨文化传播中展示中华传统文化的软实力。

本章主要从传播学、语言教育、文化多样性、需求层次理论等方面进行理论探讨，并介绍部分发达国家文化推广经验。在理论部分首先介绍文化传播领域的相关理论，主要围绕文化信息传播理论、文化受众研究理论、文化传播媒介理论和跨文化传播理论四个方面开展论述。其次是文化多样性相关理论，包括文化多样性保护和西方多元文化教育理论两方面。再次是语言教育相关理论，包括“后方法”语言教育理论和二语动机理论两方面。最后是需求层次理论，从马斯洛需求层次理论论述受众需求与文化传播之间的关系。在经验借鉴部分简要总结了部分国家的文化推广经验，包括英国、韩国、芬兰的文化推广做法及对我国的启示。

---

① 梁怀新．“一带一路”战略视角下中华文化海外传播研究[J]．中共石家庄市委党校学报，2017，19(11)：35-38．

# 第一节 文化传播相关理论

## 一、信息传播理论

信息传播理论是研究人类一切传播行为和传播过程发生、发展的规律，以及传播与人和社会关系的科学①。语言学习是教育者与受教育者之间针对信息符号的传递交流并产生相互作用的动态流程。在语言推广的过程中，与汉语相关的各种文化信息从教育者流向受教育者，这在一定程度上加强了我国传统文化的对外输出，促进了文化传播。

**1. 文化信息传播中存在的要素**

① 文化信源：文化信源是指文化信息发出的源头，也被称为文化信息的发送者，整个文化信息传播活动由文化信源开始，文化信源也是文化传播活动中不可或缺的重要因素，失去文化信源则整个文化传播活动没有办法正常进行。

② 编码：文化信源必须将所蕴含的观点或想法转化成可以被接受方识别的文化信息，这个将信息转化可被接收方识别信息的过程叫作编码。

③ 文化信息：文化信息是由主题和内容两个部分组成，文化信息符号就是文化信息的外在表现形式。

④ 媒介：媒介就是在所传播的信息与信息接收者之间起连接作用的渠道或平台。

⑤ 信宿：信宿是信息传播的最终目的地，又被看作信息传播的目标受众。随着现代大众传播的发展，信息传播的目标受众不仅是所传播信息的最终目的地，又是新信息传播的来源。

⑥ 译码：由于社会背景及个人生活经历的差异，形形色色的受众把接受的文化信息转译成可以解释的形式，文化信息被受众转换成自身可以接受的过程叫作译码。

⑦ 反馈：文化信息被受众译码接受后，再次反向发送给文化信源的过程叫作反馈。文化信息的传播不是一个单向的过程，而是由文化信息在信

---

① 朱许君，王亚彤，罗刚．传播学视角下的高校校园文化探析[J]．江苏科技信息，2015(4)：44-45.

源及受众之间不断往复的动态过程。

⑧ 噪音：噪音是指在文化信息传播过程中，对文化信息传播进行干扰的所有要素。在实际文化信息传播中，传播的噪音有很多，例如，环境噪音、心理噪音、设备噪音等。在所有的文化信息传播环节中都无法实现无噪音传播，但可以预警并采取多种响应的措施尽量避免噪音造成信息失真。文化信息传播过程的八要素如图 2-1 所示。

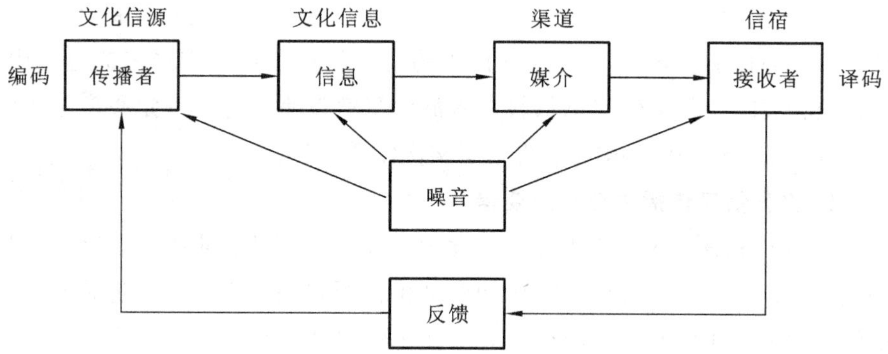


**图 2-1　文化信息传播过程**

**2. 文化信息传播模式**

文化信息传播模式主要包含了文化线性信息传播模式和文化系统模式，其中文化线性信息传播模式又可分为拉斯韦尔的 5W 传播模式和香农-韦弗的数学传播模式，这两种模式均认为传播是单向直线过程，而系统模式认为传播是一种复杂的互动过程。

1963 年德国学者马莱兹克在《大众传播心理学》一书中提出了系统模式，如图 2-2 所示。他认为传播是一个多种变量参与的复杂社会互动过程，而不是直线性的单线过程。马莱兹克的系统模式将大众传播视为包括社会中所存在的多类社会因素联动作用的“场域”，传播过程中的每个部分都是传播影响力的聚集点和发力点。其内容主要包含三种因素：影响和制约传播者的因素、影响和制约接收者的因素以及影响和制约讯息与媒介的因素，通常这三方面的因素都包括语言环境因素以及文化环境因素。

该模式也存在一些不足，主要包括以下三点：一是影响因素的归纳还不够全面；二是在信息传播过程的分析中只涉及了传播者、讯息、媒介和接收者，视野较为狭隘；三是过于关注影响因素，忽视对传播的过程分析

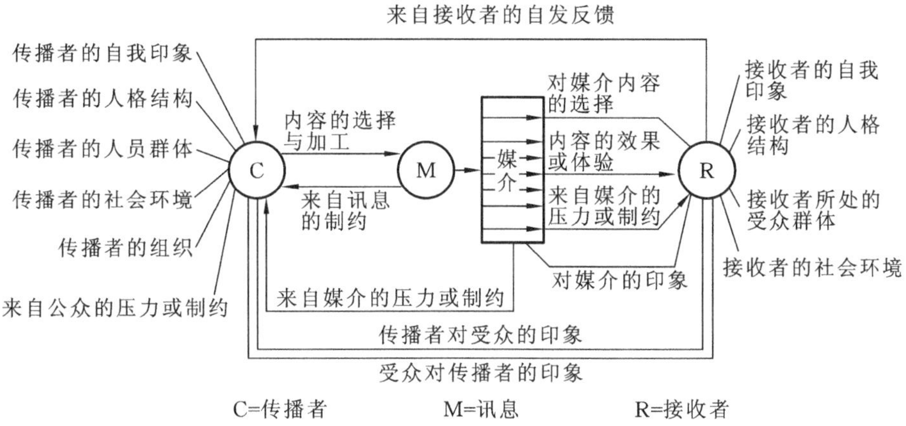


**图 2-2　马莱兹克的系统传播模式**

和影响因素之间以及各个传播过程之间的联动关系研究①。

文化传播是人们在社会交往活动过程中产生的一种文化互动现象，它源于社区群体与所有人之间的共存关系②。文化与语言密不可分，语言承载文化，文化在语言中沉淀。在互动关系中，交流是通过语言实现的。在“一带一路”的建设过程中，不仅有经济贸易的交流，也有文化的交流。所以，需要以语言推广作为支撑来进行文化传播，可以根据系统模式采取灵活多变的汉语教育和文化传播策略。例如可以考虑影响和制约传播者的因素，提高教育者的文化素养和专业知识水平，或者考虑影响和制约接收者的因素，根据课堂教育效果来改变教学内容，可以精选独具中国特质的传统文化进行传播教育。再者，也可以考虑影响和制约讯息与媒介的因素，根据各种媒体的使用效果，结合新媒体等技术，使文化传播内容与接收者的文化接受方式产生更多的交集，从而加强文化交流的成效。

## 二、文化受众研究理论

在文化传播理论中，受众是文化传播过程的重要目标，它与文化传播者一起代表着传播活动的两极。在完整的文化传播过程中，文化受众消费文化信息产品、参与文化传播过程、“破译”文化传播符号，并反馈文化传

① 沈正赋．信息耗散模式与新闻真实性：兼论香农-韦弗“噪音”说和马莱兹克系统模式[J]．安徽师范大学学报(人文社会科学版)，2012，40(2)：201-207．

② 周鸿铎．文化传播学通论[M]．北京：中国纺织出版社，2005：19．

播效果。文化受众研究理论主要是针对文化传播过程中涉及的文化受众进行分析，以期增强文化传播效果。

**1. 文化受众的基本概述**

(1) 概念

文化受众，即文化信息的最终接受者，如电视观众、广播听众、广告用户、网民等，包括国内受众和国外受众。

文化信息流通的目的地是受众。文化受众在文化传播活动中的作用十分重要，既是产生文化传播活动的动因，又是文化传播活动中心环节。假如文化信息传播远离了文化受众，文化传播活动就会缺乏目标，出现传播过程断裂，也就无法被称为文化传播。

(2) 文化受众的特征和类型

社会中的受众由于个人阅历、受教育程度、家庭背景的差异，他们在传播活动过程中的表现也各不相同。文化受众作为社会个体，受人际因素和社会关系的影响，根据主观意念筛选文化信息。不同的文化受众对所接受到文化信息内容，其选择都有显明的个人倾向。由于传播者和受众之间存在时空的隔阂，文化传播者对文化受众的了解并不充分，无法针对文化受众需求做出准确回应。在文化传播活动过程中，文化受众虽然是文化传播信息的接受者，是一场文化传播活动的最终目的地，但他们对文化信息的接受并不是单纯被动的接受，而是经由自身主观意愿选择，这体现了一种积极的过程。

由于文化受众对所接触的海量文化信息会有不同侧重点，以及各异的关注点，据此文化传播者可以将文化受众分为一般受众和专门受众。一般受众没有比较固定的接受重点和方向，对于各种媒介及其传播文化内容都有动机并进行接触。专门受众体现出对某一类文化信息极强的兴趣，虽然相较于一般受众，专门性受众的分布较为分散，但他们对特定文化信息的注意力比较集中，对特定文化信息质量的要求较高，参加各种文化活动的动机性和目的性较强。

**2. 基于文化受众理论的语言及文化传播分析**

对语言及文化传播研究主要有两个方面：第一个方面是对文化国际传播的现状及策略进行分析，例如，喻国明等从传播学视角，从信息触达、认知解码和态度认同三个基本环节，提出提升我国文化影响力的策略①；刘旭从“一带一路”建设中的汉语国际传播发展现状分析了“新常态”阶段问题，提出了相关发展策略②；祁伟结合实际案例探讨了对外汉语教学中传统文化传播策略③。第二个方面是从受众的角度进行分析，例如，巩向飞利用《中国文化印象》调查数据，探讨了海外受众对孔子学院的认知态度并分析了受访者特点，从受众角度探析孔子学院对外文化传播策略存在的问题④；钱西雯等以南通大学印度留学生为例，对其汉语线上学习情况进行调研和分析，提出了相关建议，希冀借助汉语线上学习平台增强受众意识，制定更为有效的传播策略⑤。

由于地域、社会文化语境的差异，不同的受众群体对于“一带一路”背景下语言及文化传播的理解可能会产生很大的差异，面对同样的情境，不同受众会产生不同的理解。随着文化受众理论的不断发展，逐渐开始探讨这样一种受众行为：人们通过为文化内容增添积极的意义，并构建新的意义以服务于他们自己的意图，而不是受信息生产者和发布者意图的指挥⑥。将文化受众理论运用至国际文化传播中，“一带一路”沿线国家中各异的文化受众在进行汉语以及中华传统文化的学习时，不再是一个“靶子”或“商品”，而是积极的文化学习参与者，他们会根据所处的社会文化语境、情感认知等对接受的语言和文化信息进行“解码”，形成他们独有的文化认知。

## 三、文化传播媒介理论

文化传播媒介理论认为文化传播过程中媒介发挥着重要作用，是人们相互沟通交流的重要平台。在文化传播过程中，不同的媒介能够发挥不同的传播作用。例如，传统媒体具有专业化队伍、长期形成的品牌以及广阔

① 喻国明，潘佳宝．试论我国国际文化影响力传播的路径与策略[J]．传媒观察，2021(4)：11-18．

② 刘旭．“一带一路”视阈下的汉语国际传播发展策略研究[J]．语言文字应用，2019(4)：73-81．

③ 祁伟．对外汉语教学中的中华传统文化传播策略[J]．湖北函授大学学报，2017，30(7)：97-98．

④ 巩向飞．从受众角度探析孔子学院对外文化传播的策略：基于《中国文化印象》调查数据的分析[J]．新闻传播，2014(11)：6-9．

⑤ 钱西雯，臧晓雨．基于受众理论的汉语线上学习情况调研分析[J]．成才之路，2019(32)：9-11．

⑥ 谢婷婷，骆立．受众理论视角下的“一带一路”话语传播：基于马来西亚华人社会回应数据库的分析[J]．东南亚研究，2019(1)：136-152．

的信息渠道，通过对象国的电视、报纸等传统媒体宣传我国传统文化，可以在对象国境内产生较大的影响，并提升当地汉语学习的积极性①；新媒体具有即时性、个性化等特点，在对外汉语教育课堂中应用新媒体能够以丰富的文化展示和文化互动引起学生的共鸣，激发其语言学习的热情，同时有利于我国传统文化的输出。

针对文化媒介理论，可以参考较为有影响力的麦克卢汉的媒介理论，主要包括以下四种观点：媒介即讯息、媒介是人体的延伸、“热媒介”与“冷媒介”以及地球村②。

**1. 媒介即讯息**

虽然传播学界将大众传播媒介与媒介讯息做了明确的区分，但是麦克卢汉却有不同的见解，他声称在传统的研究中把媒介和讯息分离的做法并不恰当。传播中最本质的事情不是内容的表述，而是媒介自身。媒介本身就是传播内容，传播内容就是媒介，应该将“媒介即讯息”划分成功能和效果这两个层级进行研究。在功能层面上，媒介的内容呈现相互覆盖的景象。在效果层面上，一旦更新换代，出现新媒介，该媒介传递的讯息内容会改变人类的社会生活与社会结构。

**2. 媒介是人体的延伸**

该观点出自《理解媒介：人的延伸》，媒介作为信息传播的中介载体，可以实现延伸或扩展人的感觉③。比如，印刷品扩展了视觉，广播拓展了听觉，视听觉的综合延伸则是电视。麦克卢汉认为人类在纸质媒介时代，视觉范围得到了进一步加强，但是其他器官的感受无法得到开发。纸质印刷品加重了视觉的感受，但等到电视媒介产生，这种新型媒介集视听为一身，使人的听觉与视觉同时得到了扩展开发。该观点证实，媒介会对社会产生影响。但该观点没有科学的论证，只是基础的思辨性推论。

**3. “热媒介”与“冷媒介”**

“热媒介”所传递信息是接受者容易得到、易于理解的信息，不用复杂的联想与推理。“冷媒介”所传递的信息少且难以理解，受众必须进行复杂的思考方可理解。在麦克卢汉的观点中，电视、电话、漫画、谈话等属于

---

① 冯韬. 新公共外交视阈下孔子学院传播传统文化探索[J]. 广西社会科学，2017(2)：198-200.

② 杨富波. 麦克卢汉媒介理论研究[D]. 长春：吉林大学，2007.

③ 马歇尔·麦克卢汉. 理解媒介：论人的延伸[M]. 南京：译林出版社，2019.

“冷媒介”，而“热媒介”包括无声电影、广播、照片、书籍、报刊等。麦克卢汉还就此引申出对社会历史的看法：发展中国家和发达国家是冷和热的；城市是热，农村是冷；电子时代是冷，机械时代是热，这就是其理论的缺陷，因为没有规范的区别。其研究也揭示，不同媒介的作用方式不同，对于受众的心理与行为反应也不尽相同。

**4. 地球村**

麦克卢汉是基督教徒，受基督教影响较大，他用部落化、脱离部落化、重返部落化来隐喻人类传播史的宗教赎罪过程——伊甸园、人的堕落和重返天堂。麦克卢汉认为，直到电子媒介的出现，才重新恢复人类的“感觉总体”和“感官平衡”，以致人类社会“重新部落化”。广播、电视、卫星等传播技术的应用，使得信息能够全球化，从而使地球由广袤的“大世界”变成联系紧密的“小村落”，并被赋予“地球村”的称号。随着地球村的不断发展完善，人与人之间、国与国之间互相依赖程度加强了，从而影响到它们的政治、经济、文化等形态。

地球村也正是当今社会的发展趋势。当前，如互联网等新媒体，使得世界成为密不可分的整体。讯息实时化缩减了人们的时间和空间距离。现代社会的发展，正印证了麦克卢汉的观点。地球村理论的出现，预示了信息时代的到来，使得文化信息传播到全世界，使世界有机结合，人类之间紧密相连。

## 四、跨文化传播理论

跨文化传播指的是拥有着多样化且各不相同的文化知识以及文化背景的广大民众及社会之间的信息传播与文化交流活动。主要分为三个层次：①跨文化人际传播：个人之间的跨文化沟通和交流。②跨文化组织传播：组织之间跨文化协调与交流。③国家间的跨文化传播：不同国家之间的文化沟通与信息交流。在信息时代，技术的飞速发展助力媒体的改革创新，跨文化传播的边界从国家实体演变为虚拟社会，从民族国家过渡到网络社会；跨文化传播的主客体的特性越来越鲜明，呈现出异质性、多样化的对立与统一的特性；跨文化传播方式使得媒体融合下的共享、互动和创新进一步深化；跨文化传播中的文化认知也迈入了数字文艺复兴的时代①。

**1. 文化差异维度理论**

荷兰学者霍夫斯特德的“洋葱”文化观点认为文化分为四层：第一层是象征物，可以直接观察到的实物；第二层是英雄人物，指在特定文化中，民众将所推崇的英雄性格等同于本民族性格；第三层是礼仪，指每种文化中对待人和自然独特的表示方式；第四层是价值观，包括真、善、美的抽象概念，也包括文化中最深邃的部分。

有学者将文化差异分为四个维度②。第一个维度是权力距离，即组织中领导阶级权力的集中、决策的独裁程度以及民众可容忍权力不对等的程度。第二个维度是不确定性避免，即社会文化成员对不确定或未知的情况所感觉到的恐慌程度。第三个维度是个体主义和集体主义，个体主义是指社会成员比较重视自身的价值需求并为自己谋取利益，集体主义是指社会成员比较重视国家、集体的利益并为之奋斗。第四个维度是男性度与女性度，男性度是指男性社会的统治地位会体现男性气概；女性度则反之。霍夫斯特德把文化这一概念变成了可以测量的操作型变量，使得定量分析文化差异成为可能，但也凸显了人们适应新环境的局限性。

**2. 文化适应理论**

早期的文化适应研究主要探讨较原始的文化群体受到文化发达群体的影响，而改变其原本的习俗、传统和价值观等文化特征的过程。具体表现为美国社会的“熔炉观”，或者对移民“美国化”的期望：即单维度、单向度、非主流文化个体最终完全融入主流文化，被主流文化同化。而约翰·贝利认为文化适应的过程会对参与其中的文化都产生影响，只是相对而言，主流文化受到的影响较小而已。因此他提出双维度模型，将文化适应研究推到一个更深层次的阶段。这两个维度是保持传统文化和特色的趋势，以及与其他民族文化群体互动的趋势。这是两个相互独立的维度，即对一种文化的高度认同不代表对其他文化的低认同③。约翰·贝利的双维度理论框架如图 2-3 所示。

---

① 肖珺．新媒体与跨文化传播的理论脉络[J]．武汉大学学报(人文科学版)，2015，68(4)：122-128.

② 朱丽娟，胡忠丽．中西方文化差异探析：以霍夫斯特德的价值尺度为视角[J]．长白学刊，2010(3)：152-154.

③ 邱珊，肖书成．跨文化适应研究：国外重要研究理论与模型[J]．大学教育，2018(3)：101-103.

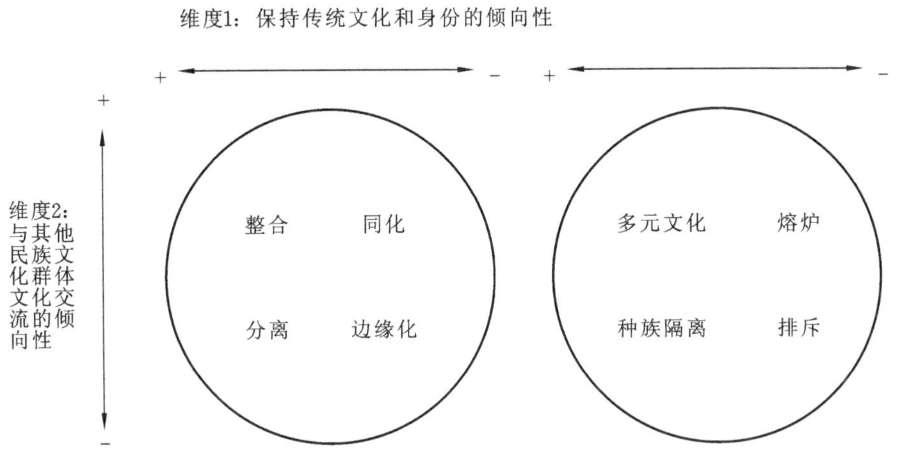


**图 2-3 约翰·贝利的双维度理论框架**

双维度模型展示了当代文化全球化的四种可能后果：①文化同化：多样的世界文化慢慢融合趋同。②文化整合：全球化导致文化的某些方面展现同质，但仍保留着其独特的属性。③文化新生运动：自始至终，非主流的文化群体对主流文化群体一直抗拒。④文化边缘化：非主流文化被灭亡，民族失去了文化印记。

**3. 跨文化适应理论**

跨文化适应是一个复杂多变的过程，受多种因素的影响。不同学术背景的研究者从不同角度研究了影响跨文化适应的各种因素，但目前学术界没有统一的分类。根据国内外学者的研究，一般可以分为外部因素和内部因素①，或宏观因素和微观因素②。外部因素包括价值观、文化距离、社会支持网络、环境变化等，而内部因素包括种族主义、刻板印象和歧视与偏见、评价和应对方式、人口统计变量等。宏观因素包含东道国文化社会因素以及本国社会文化因素；微观因素包括个体特征如人格特征(心态开放程度、灵活性和自信等)、海外学习的目的、语言能力、对东道国知识的了解；人口统计学变量如年龄、性别、来源国等；以及个体和个体所在地的文化环境互动的状况；与东道国居民接触的深浅程度、跨文化接触的时间长度、社会支持等因素。

① 陈慧，车宏生，朱敏. 跨文化适应影响因素研究述评[J]. 心理科学进展，2003(6)：704-710.

② 杨军红. 来华留学生跨文化适应问题研究[D]. 长春：华东师范大学，2005.

Ward C 及其同事的观点被广泛认同，大部分研究者认为其关于跨文化适应的分类方式具有一定合理性①。Ward C 将跨文化适应分为两个维度：心理适应和社会文化适应。心理适应是基于情绪反应的，情绪反应是指跨文化接触中的心理健康和生活满意度。社会文化适应是指适应当地社会文化环境的能力。在一定程度上，跨文化适应的分类有三个方面，分别与跨文化接触过程中心理、行为和认知的变化有关。

## 第二节 文化多样性相关理论

作为一门研究人与文化的学科，人类学提倡人们从文化方面对社会群体进行研究，文化多样性理论由此产生。通过研究人类学这一门学科，人类学家对不同群体的生活方式产生了极大的兴趣，他们特别关注文化的差异性。通过钻研不同社会群体的文化和他们生活方式的一些价值和存在的合理性，出现了一批对文化有着不同理解的流派。在文化多样性的处理过程中，多元文化主义逐渐成为一种解读民族之间的文化差异、矛盾、冲突的理论方式，对指导传统文化的国际传播具有重要意义。

### 一、文化多样性保护

**1. 文化多样性特征**

我国学者韩民清指出，“文化多样性是与人和人类社会的存在形态密切联系在一起的”。他认为，人是动物与文化的组合，文化是人类的根本特质和独特部分，“人类是动物与文化的统一体，文化是人类不容忽视的组成部分”②。文化具有多样性，随着历史的发展与积淀，文化的形态变得更加多元化与复杂化。

人类学家露丝·本尼迪克特认为，人类行为的多样性产生了人类文化模式的多样性，但一个种族只能选择文化中的一部分，将其演化为对社会有意义、有价值的人文风俗等，对于文化的选择使得每一种群的文化模式都不一样。也就是说，每个群体都具有独特性，他们有着不同于其他群体

① WARD C, KENNEDY A. Locus of control, mood disturbance and social difficulty during cross-cultural transitions[J]. International Journal of Intercultural Relations, 1992, 16(3): 175-194.

② 于璨. 文化多样性研究述评[J]. 广西民族研究，2007(1)：25-29.

的文化特质，而且这些特质可以从群体中的个体上不同程度地表现出来。

文化多样性的特点主要有：

①不同种族都有着属于自己的文化，每种文化都具有差异性，文化多样性存在于文化的比较之中，也就是说，文化多样性可以说成是文化的差异性。

②文化是人类社会所独有的宝贵财富。文化多样性的根本内容是不同民族的存在，它的载体是人，各民族之间互相区分的标志是文化的差异，文化多样性造就了民族的多样性。

**2. 文化多样性的影响**

随着全球化的发展，文化多样性趋势将长期存在，有关文化多样性对世界发展的影响，国内外有着不同的见解。有的学者不同意文化多样性所具有的积极作用，他们认为多样文化之间必然存在着冲突，会阻碍社会的进步；而有的学者认为，多元的文化能够共存，并且可以推动社会的发展。

也有的观点认为，文化多样性是各民族文化底蕴的基础，也是其文化创新的源泉，主要表现在两个方面：①民族的创造根植于本民族的文化传统。每个民族的文化创作都具有自己的特色，每个民族都应该利用好自己的文化，创造出具有鲜明民族特色的文化产品。②文化的创新产生于不同文化的交流之中，很多文化产品都是吸收或借鉴了其他文化的精华。为了对本民族文化有更深刻的认识和更广泛的了解，需要将本民族文化与其他文化进行对比分析，并从其他民族文化的视角去研究自身的文化。

斯图亚特·霍尔从文化的全球化角度来分析文化多样性，他认为保护文化多样性对文化实现全球化的发展不利①。文化全球化会使文化之间的界限消失，文化本土化会阻碍文化全球化的发展。虽然在文化全球化的过程中，文化多样性可能会带来民族间的摩擦与冲突，但是文化多样性对于人类文化发展的重要性毋庸置疑。

总而言之，站在主张文化多样性有利于社会发展的学者角度来看，他们认为文化和历史是无法分离的，它具有累积性，是人类发展史上的垫脚石而非绊脚石；文化多样性能体现地域以及民族的特性。在当今社会这样一个快速发展的阶段，不应该去破坏文化的多样性，应该支持多样性的发展，实现文化的整合与统一。文化整合的基础是文化的多样性，整合统一

① 甄红菊. 斯图亚特·霍尔的文化理论研究[D]. 济南：山东大学，2016.

并不是指文化同化，而是指以公平公正为基础，在此基础上促进各民族间的文化平等交流与共存，美美与共，从而实现人类社会向更高级别阶层的迈进。

**3. 文化多样性的保护**

文化多样性的保护主要分为以下两个维度：一是为什么要进行文化多样性的保护，二是如何实现文化多样性的保护。

首先，在保护文化多样性的原因方面，学者普遍认为：

① 保护文化多样性是客观世界的需要。文化多样性与生态多样性相互依存，生态环境会影响文化的形成，而文化又会反过来作用于生态。生态文明对于文化的发展起着较为重要的作用，与种群的制度和风俗习惯都有着一定的联系。可以说，生态是因，文化是果。

② 文化多样性为人类文化保存提供了前沿条件，浇筑其发展地基。一种文化想要在逆境中生存发展，只有摈弃掉自身的短处，吸收其他文化的精华，才有可能战胜逆境，突破自我。从人类整体的文化来说，如果不同文化之间不能取长补短，就有可能产生一种危及人类文化发展的共同缺陷，从而危及人类文化的存在。

③ 文化多样性是民族平等的基础。文化权利是每个人都享有的财富，它是人权的组成部分，每个民族的文化互相平等。只有充分保护好各个民族的文化，才有可能保障民族的权利，实现民族平等。

④ 文化多样性是人类文化保持活力的重要条件。它的存在为文化的选择和文化实现提供了必要条件，为探索新的文化提供了可能性，并且给文化的生存发展提供了源源动力。

有些学者认为，文化具有保守性，能够保护自己不受到外来文化的侵害，不需要任何措施来保护文化。这种观点有一定局限性，在当今这个全球化和信息化的世界，如果不采取措施来保护文化，本土文化一定会受到外来强势文化的侵蚀，文化多样性现象必然很难长期存在。保护文化多样性的方法主要有：

① 立法保护。在法制世界，可以很大程度地依靠法律来保护和弘扬本土优秀文化。在全球化的世界背景下，强势文化会侵蚀掉一些较弱势的文化，使得弱势文化失去自己的特色，得不到应有的发展。例如，当今美国的强势文化就对一些地区的文化多样性造成了一定的危害，它成功地操纵了文化产品，侵蚀了他国的本土文化。如果不采取有效的手段，优秀的文

化很有可能会被强势文化影响，逐渐消亡。

② 创新保护。在现今这个多样化的世界，一味地原封不动地继承传统文化并不可取。没有创新就没有发展，没有创新就没有生命力。创新可以增强文化的生命力，提高文化的质量，使其不断发展，适应时代的需要。但创新并不是指让传统文化失去自己的特色，而是推陈出新，吸收优秀文化的精华，保留自己的特色，丰富文化的内涵。

③ 开发保护。任何一种文化现象失去其社会功能就必然会走向消亡，开发文化能够使其恢复活力，体现出相应的社会价值。日本是开发文化旅游做得十分优秀的国家之一，通过一系列旅游业的开发，保护和开放自己的传统文化，吸引了众多的外来游客。

总的来说，保护民族的传统文化对保护文化多样性有着重要的意义，失去自己特色的民族很难在世界立足。所以，保护各民族的传统文化对民族甚至是国家的发展都有重要的现实意义。

## 二、西方多元文化教育理论

随着世界一体化的发展，各文化群体努力保护其独有文化不受到其他文化的侵蚀，文化教育应运而生。西方国家认同了多元文化的存在，多元文化教育随之出现，它主要是教育人们要认同并且尊重文化之间的差异性，各个民族对文化都可以有自我独特的认可，并且有权利参加社会活动。拥有不同文化、不同宗教信仰以及不同社会阶级的群体都要学会尊重他人的文化并且协调自我与他人之间的关系来共同发展。

### 1. 西方多元文化教育

多元文化教育理论基础主要有：文化多元主义理论、教育机会均等理论、文化传承理论、文化相对主义理论、社会学习理论。多元文化教育的几个基础理论更加符合社会的发展需求和实际情况，随着这几个基础理论的发展，多元文化教育逐渐兴起。

“多元文化教育”从提出开始就得到了广泛关注，各学者从不同的角度去分析和认识它。虽然大家对它的表达不一样，但是大概的意义都相差无几，代表性的观点主要有：

① 全美师范教育评价协会认为多元文化教育意识到了个体文化以及经历方面的差异对个体带来的影响，性别、家庭背景、宗教信仰等这些因素使得个人教育存在一定的差异性，也使得个体的社会地位会存在一定的差

异。多元文化教育充分认识到了文化对学生教育的重要性，减少了文化之间的偏见。

② 美国国家多元文化教育学会认为，多元文化教育应该是平等、公正、自由的，在教育学生培养其责任感的过程中，学校负主要责任；提倡人们肯定文化的多样性，并且尊重文化差异性，反对歧视，增加社会的公正；学校职工与学生应该用一种批判性的态度去反思历史和现实。为了让以上目标都实现，教师必须具备保护文化多样性的自觉性，以及鼓励多元文化的能力。同时，多元文化教育应该努力地去创造公平教育的平台，并鼓励大家致力于实现社会的公正。

③ 美国多元文化教育家班克斯认为，多元文化教育有三个含义：理念、教育改革运动、过程。理念是指每个学生都有接受教育的权力；教育改革运动是指通过多元文化教育的改革，让每个人都拥有平等学习的机会；过程指多元文化教育等同于自由与平等。

总的来说，多元文化教育应该让所有人不论其性别、宗教、信仰、阶级的差异，认识并理解各种文化，并且使学生获得生存所必需的知识和技能，提高其在一体化背景下的适应能力。

**2. 西方多元文化教育的发展阶段**

多元文化教育产生于 20 世纪六七十年代，是社会的不同群体为了维护自身利益产生的结果，保护了不同种族文化的发展。它主要有三个发展时期：萌芽期、产生期、演变发展期。

(1) 萌芽期

西方发达国家在二战后认识到了学习他国文化的重要性，他们认为，通过文化之间的交流，可以增进国家之间的理解，减少冲突，促进共同发展。由此，美国制定了一个明确的教育策略——群际交流教育，它开创了多元文化教育的先河。群际交流教育认为，每个人都应该有民族自豪感，以本民族的文化传统为荣，在此基础上，还应该尊重其他民族的文化，包容文化之间的差异，促进社会和谐。但它也存在一定的缺陷，主要缺点是它过于看重个体，忽略了群体的权利，使得群体的利益没有得到保护。

(2) 产生期

人口组成因素和社会运动因素是多元文化教育产生的主要因素。随着人们大规模的迁徙，不同文化背景的人聚集起来致使多元文化产生，多元文化教育这一教育形式也开始席卷全球。它的主要目的是减少公众对文化的偏见，反对种族歧视，建立一个自由、平等、和谐的社会。它要求学校重建课程增加文化的多样性，促进多元文化教育的理念和实践，对种族群体教育产生了巨大影响。

(3) 演变发展期

从多元文化教育产生到发展，主要经历了四个演变发展阶段：

①针对特殊及异文化者的教学阶段：这一阶段强调重视弱势种群的文化，因为文化弱势群体的学生在社会主流文化的压迫下处于不利地位。学校的教学应当教会学生生存的必需技能，保证其进入社会可以以劳动获取生存的物质资料，维持社会的既行制度与文化。

②人际关系取向研究阶段：人际关系取向行为强调重视学生在社会中的交际能力，鼓励通过交流促进文化的多元性，增强理解与包容。

③单一群体研究阶段：单一民族研究课程主要是针对单一民族的学生开设的，让他们学习并且了解民族的文化和历史，增强他们的民族认同感与自豪感。

④多元文化教育阶段：多元文化教育根植于文化多元主义，强调文化之间的差异性，提倡尊重文化多样性，并且希望学校等部门能够实现教育机会均等的目标。

## 第三节　语言教育相关理论

### 一、后方法语言教育理论

美国应用语言学 Kumaravad ivelu 教授是后方法语言教育理论主要创始人，从教师教育与发展的角度，后方法语言教育的创始理论提出了“特殊”“实用”“可能”三个参数和宏观战略框架体系，以创建“后方法”语言教育理论[①]。“后方法”语言教育理论的主要目标是从更广阔的角度出发，探索新的教学理念和途径，以达到语言教育的更高目标。

“特殊性”是指语言教学应该依托特定社会环境以及特殊文化教学环境，针对特殊的教学对象以及特定的教学内容，达到特殊教学的目标。“实用

① 陶健敏．Kumaravad ivelu“后方法”语言教育理论述评[J]．语言教学与研究，2007(6)：58-62.

性”是指语言教学过程中，教师应充分发挥自己的专业优势制定更为宏观的语言教学目标，形成以教师为基础的课堂。“可能性”是指“后方法”教育理念必须跨过传统的方法论学习理论的缺陷，既包括传统的教育理论，也包括教师自身的教学体系。

该理论的宏观部分分别包含“学习机会的最大化”“感知失配的最小化”“鼓励协商式的互动”“自主性的提升”“语言意识的塑造”“直观启发的激活”“情境化语言的键入”“综合性的语言技能”“社会关联性”和“丰富文化意识”共十条宏观策略。Kumaravad ivelu 教授强调这类宏观策略使用场景较为广泛，在实际应用中要保证理论和方法的中立性，希望能通过这种富有实践性而并非规范性的宏观策略，辅助教育者依据实际的教学情形和不同的具体需求，开发合适的课堂教学微观方法和教学技巧。

### 二、二语动机自我理论

英国心理学家 Dornyei 提出的二语动机自我理论是研究二语学习动机方面最具有代表性的理论之一。二语动机自我理论包括理想二语自我、应该二语自我、二语学习经验共三层内容。理想二语自我指学习二语环境中所期待的自我，在二语学习的过程中，对自我的期待就会产生学习的动力去努力缩小现实与理想之间的差距。应该二语自我是指人认为自己必须拥有的特征，这些特征会避免负面结果的产生。二语学习体验是指具体学习二语环境的动机，如教师、同辈人及以过往学习经历等。这三层内容构成的假设是，如果一个学习者将学习二语归为理想自我和应该自我中的一部分，其将会产生强烈的学习二语的动机弥补自我与理想之间的差异。

二语动机自我理论的三层内容强调了个体的主观能动性、个体与社会之间的互动以及心理结构的变化性。因此，二语教学教师需要了解学生个体差异，凸显个体的主观能动性；鼓励批判式思维，不让学生被动地接受知识；重视学生心理状态，及时调整教学计划与进度，激发学生的学习动机。

## 第四节　需求层次理论

### 一、需求层次理论



动机是心理学中最重要的研究主题之一，最经典的早期理论是 1950 年代诞生的“需求层次理论”。该理论建立在假设的基础上，缺乏研究支持，但它更完整地解释了人类行为的一般动机，并创造性地构造了金字塔式的分层排序层。对后代的影响是深远的，它仍然经常在人文科学研究和实践的许多领域中使用。在传播领域，它也已广泛用于许多领域，例如广告传播、受众研究和个人内部传播。“需求层次理论”是经典的受众传播理论(使用和满意度理论)的重要理论基础之一。它也是研究受众行为分析，受众心理和受众定位的重要理论基础①。在“一带一路”倡议背景下，利用语言这一载体推动中华传统文化在沿线国家的传播过程中，受众群体众多，各自的语言文化、价值需求各异。由此可知，对受众需求的重视及分析可以提升沿线各国的对外汉语教育以及中华传统文化国际传播的效果。

## 二、需求层次理论与文化传播的内在关系

美国心理学家、“人本心理学之父”亚伯拉罕·马斯洛在 1943 年发表的论文《人的动机理论》中首次提出需求层次理论。如图 2-4 所示，马斯洛的需求层次理论把需求分成了五种类型：生理需求(physiological needs)、安全需求(safety needs)、社交需求(social needs)、尊重需求(esteem needs)和自我实现需求(self-actualization needs)②。其中，生理需求指维持生理机能正常运转的基本生存需要，安全需求指希望减少危险隐患的需要，社交需求指人的情感和归属的需要，尊重需求指获得肯定评价的需要，自我实现需求指实现人生理想和追求自我的需要。马斯洛认为人类内心深处都无意识地潜藏着这五层需求，只有某层需求获得满足后，另一层较高层次的需求才出现。追求更高层次的需求成为驱使人类行为的重要动力，从而不断推动人们追求更高的目标以获得新的满足③。

马斯洛需求层次理论彰显了人本主义精神，探究了自我实现的途径。因此，需求层次理论与中华传统文化国际传播有着许多相同的共性，二者均需要重视人的主体地位，拥有一定分层性且通过满足不同层次需求，从

① 梁怀新. “一带一路”倡议视角下中华文化海外传播研究[J]. 中共石家庄市委党校学报，2017，19(11)：35-38.

② Abraham Harold Maslow. 动机与人格[M]. 3 版. 许金声，等译. 北京：中国人民大学出版社，2012.

③ 刘烨. 马斯洛的人本哲学[M]. 内蒙古：内蒙古文化出版社，2008.

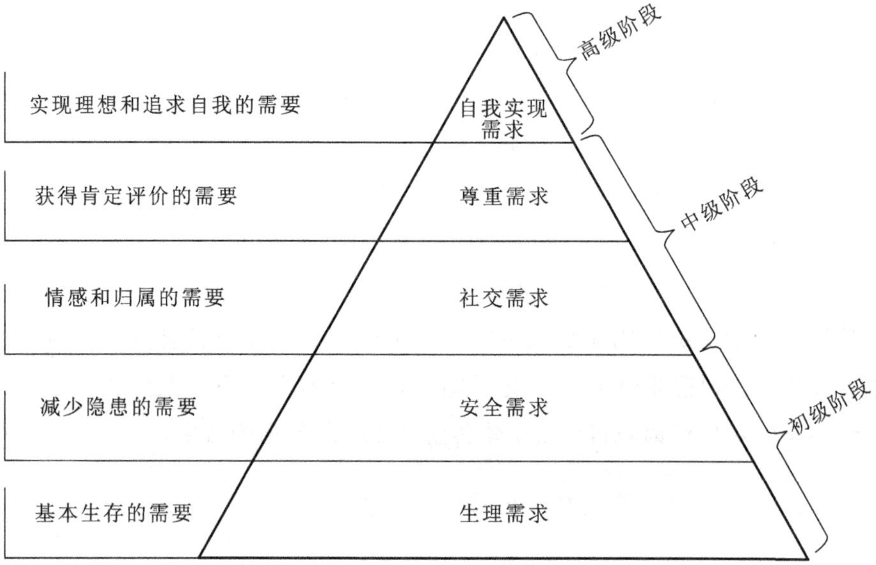


**图 2-4　需求层次理论内容**

而达到激励与引导的作用。这些因素共同决定了需求层次理论应用于中华传统文化的必要性与可行性。

**1. 需求层次理论的"人本主义"精神与中华传统文化国际传播的"以人为本"思想高度契合**

需求层次理论的基础是人本主义心理学，它推崇人本主义的精神，关注人的潜能和心理需求。该理论认为人的本性是要激发内在潜能和实现自身价值，是对人的行为动机的研究。

在中华传统文化国际传播的过程中，受众文化教育背景不同，文化信息的传播和反馈也不同，这种特性决定了中华传统文化国际传播需要具有一种"以人为本"的思想。因此，文化传播要注意受众的文化差异，把握其需求层次与特点，制定相应的、有针对性的课程内容和文化活动。关注留学生、中华传统文化爱好者等受众群体的文化需求进行国际传播，才能达到较好的跨文化传播效果。

需求层次理论的"人本主义"精神与中华传统文化国际传播的"以人为本"思想具有高度的契合性，都是关注人的需求，强调了人的主体地位。所以，在"一带一路"的相关国家开展对外汉语教育和中华传统文化的传播时都需要关注当地居民的主体地位，分析其需求以提高传播效果。

**2. 需求层次理论的层次性与中华传统文化国际传播的阶层性十分相似**

在需求层次理论中，人的整个需求被划分成五个层次，并且呈金字塔形状。最底层是最基本的生理需求，依次向上发展，人的需求层次不断提高。五个层次清晰表明了五种需求层级的排列关系。通过不断满足更高层次的需求，推动人们持续追求更高的目标。

中华传统文化受众的文化需求同样具有阶层性，受众也会经历对中华传统文化从“陌生”到“了解”的这一系列过程。首先，对于“异文化”的汉语受众而言，其对于中华传统文化基本内容具有一定的好奇心理，只有满足其对于传统文化基本理论与相关基础内容的需求，符合并满足了马斯洛“需求层次理论”中的生理需求后，才能理解传统文化的这些核心文化内容以及丰富的文化内涵，受众才会有基础和兴趣继续了解传统文化，参与更多的传统文化活动。其次，受众在接受文化传播的过程中也希望本国文化得到理解、尊重，从而获得认同感，满足其安全需要。受众还会需要多种的文化体验及参与传统文化活动的社交需求。除此之外，尊重和理解他国文化，建立和谐、友好的传播环境，能够为传统文化的传播营造良好的氛围，这种尊重需求也是受众的一种需要。最后，不同的受众人群有着不同的文化需求与追求，充分关注受众的文化需求，才能针对性地帮助各个受众人群发挥其潜力，提升其跨文化交际与学习能力，从而帮助其实现自我发展。

由此可知，需求层次理论与中华传统文化国际传播均具有阶段性。只有满足最基本需求，才能进一步实现更高层次的目标，从而达到更好的文化传播效果。

**3. 需求层次理论的动力诱导与中华传统文化国际传播的有效激励基本统一**

需求层次理论的一个特性是具有动力性，需求和欲望的存在能够产生动机，从而激发个体的内在潜能。这种需求动力的诱导使人不安于现状，不断地追求更高层次需求的实现。所以发挥需求的动力诱导作用是需求层次理论的关键环节。

在传统文化国际传播的过程中，注重受众的文化需求可进行合理的安排，既要通过建立合理有效的传播体系，大力传播传统文化，也要充分考虑到不同文化之间具有的差异性，使受众能够更好地理解和接触传统文化。在对传统文化具有一定了解的基础上，鼓励和推动不同国家和民族的受众积极体验或参与中华传统文化的相关活动，促进彼此的合作与交流，促进受众走进中国亲身体验，快速建立起对中国的微观感知，通过语言文字与世界产生交互渠道、促进民族与国家之间的相互认可，从而才能达到“心意相通、文化交流”。这些过程都需要有效的激励，不断激发受众的好奇心、积极性和接受度，为传统文化的传播营造融洽氛围，从而达到更好的传播效果。

将马斯洛的“需求层次理论”应用于中华传统文化的对外传播过程中，充分重视受众的语言文化差异和价值需求，采取针对性的有效传播措施，不断满足受众的文化需求，可进一步改善和增强对沿线国家进行文化传播的效果。

## 第五节　国外文化推广经验借鉴

### 一、英国文化推广经验

英国将文化视为其经济与发展的重要组成部分，因而十分注重文化的传播，特别是对外文化传播。当谈到英国文化对外传播的经验时，无论是在历史悠久的皇家盛典上还是在电影和音乐方面，英国都深深影响了世界各地的人们。贝弗利·伍德(Beverly Wood)在谈到英国文化影响的几个方面时，将这些方面描述为多样性、礼节性、教育和媒体等。

第一，英国文化的多样性是英国文化能够在全球范围内获得认可和接受的核心。英国文化在自身漫长的历史和丰富的文化传承中吸收了来自不同国家和地区的文化因素，并从中汲取灵感，形成多元化的文化实践。在音乐领域，英国的流行文化是最多元化的文化之一，历史上众多的流行艺术家如 The Beatles，Queen，Oasis 等，塑造了英国音乐的代表性，并在全球范围内获得了成功。而在英国的艺术文化方面，如皇家艺术学院(Royal Academy of Arts)和伦敦艺术学院(Central Saint Martins)等机构，更是成了全球最好的艺术学府之一。这种多样性的文化特点展示了英国的开放性和包容性，让世界各地的人们彼此接近，增进文化交流和文化交融。同时，英国文化对外传播的另一个特点是在不同的国际外交场合中活跃地展示自己多样性的艺术和文化成就。例如，伦敦艺术节、爱丁堡艺术节等举办的音乐、戏剧、电影和文学活动已成为国际性的文化活动，吸引了全球成千上万的艺术爱好者和文化游客。

第二，礼仪文化也是英国文化对外传播中的重要元素。在英国，礼仪文化体现在各种日常活动中，能够在国际上帮助英国人建立良好的声誉。英国人在他国的商务、学术讲座等公开场合中，总是能够表现出优雅和得体的形象，这往往受到其他国家人民的赞赏和尊敬。除此之外，英国的古老礼仪仍然被保留在公共场合，例如皇家婚礼和皇家大事等。英国民间在传统节日例如圣诞节等，也会遵循一些礼仪传统，例如点燃蜡烛等。这类礼仪文化体现出英国的文化传承和国民精神，也让其他国家和地区更好地了解和接受英国文化。

第三，英国的教育文化在国际上有着广泛的影响。英国的教育制度在全球都拥有很高的声誉，它强调高素质的教育资源和一流的教育体系，这些教育体系资助着英国留学的学生追求学术卓越。而且英国独特的教育文化强调的是道德规范和伦理观念，所以英国学生的行为在国际上常常被看作正面榜样。除此之外，英国教育机构也积极支持知识产权运作及国际社会合作，这为英国文化的推广和保护做出了很大的贡献。

第四，英国的对外文化传播是个系统工程，英国媒体文化在英国文化中发挥着至关重要的作用①。英国媒体产业庞大，包括电视、广播、报纸、杂志等，形成了自己独特的文化背景和传播方式。英国的传媒机构在全球范围内影响深远，特别是 BBC 这样的媒体巨头。作为世界知名的国际广播电台，BBC World Service 正在广播全球，每周覆盖着全球超过三亿人口，以其深度报道和不同观点的呈现而著名。除此之外，通过不断挖掘高新科技的使用和传播方式，英国利用雄厚的资金实力和媒体传播能力，拓宽了传播渠道，为其国家文化的国际传播提供话语支撑。

第五，英国是最早提出创意产业的国家，英国政府在“创意”理念的指导下，积极推动将传统文化资源转化为文化资本，提倡以文化发展为动力，加强国家凝聚力②。英国的创新产业发展和对外输出，以及其中所包含的价值观念的传播，不但对英国的经济发展产生了巨大的推动作用，同时也对树立世界文化强国的国际形象产生了重要的影响。此外，英国的娱乐文化也具有很强的传播力量。英国的电影、电视剧、音乐、文学等领域长期保持着强劲的发展态势，并且具有良好的创意和故事性，吸引了无数粉丝。

第六，英国的语言优势也是其文化传播的有力工具。英语是全球公认

---

① 章晓英．英国传媒体系及其对外文化传播策略[J]．传媒，2016(2)：56-58．

② 刘咏梅，饶世权，习洁．英国政府发展创意产业的主要措施及经验启示[J]．天府新论，2014(3)：129-134．

的国际通用语言，英语对各国语言体系产生深远的影响，通过加强英语传播的力度，既传播了英语这门语言，使其成为跨国交流和文化交流的重要工具，又传播了英语语言所负载的文化。因此，英国的媒体文化在以英语为主导的国际传播中也有着不可低估的优势。

总之，英国文化对外传播的经验可概括为：保持文化多样性和开放性、重视礼仪文化、注重教育和创新、发挥媒体影响力和重视语言文化的传播。这些成功的经验也能够为中华传统文化在文化传播中提供有益的借鉴和启示。首先，增强跨媒介的宣传推广，英国文化在全球范围内被大家所熟知，这离不开英国采用跨媒介的方式进行宣传，包括电视、电影、音乐、文学、美术等。在这些方面，中国可以借鉴这种多媒体的方式，利用各种传媒手段进行推广，讲好中国故事，传播好中国声音，提高国家文化软实力和中华文化影响力。其次，动态跟进时事，英国文化传播注重时事性，紧跟时代步伐。比如，英国每年都有各种大小不一的活动、展览和节日，这些都吸引了海内外的游客和文化爱好者。中国可以把握当前国内和国际上的热点事件，利用这些时事性资源进行文化传播。除此之外，引进外国文化元素，扎根于自己的民族传统，面向世界传播文化声音。英国文化传播一直以来都是开放的，不断吸收外来文化元素，让它们融合到英国的文化中，从而形成了独特的文化风格。中国也应该积极吸收和融合外来的文化元素，从中汲取养分，创造出更加多元化、充满魅力的中国文化。

## 二、韩国文化推广经验

韩国利用文化产品出口带动文化的传播与推广，并成为世界上的文化产品出口大国。文化产品包括影视产品、服装、饮食以及旅游相关产品等，其中影视产业产品带动了其他文化产品的出口，使得韩国文化为世界所了解并认同。韩国的文化国际传播特点如下。

第一，充分挖掘本国传统文化，传播本国特色文化。依托影视推广的便利渠道传播本国文化，将其存在的部分传统文化与现代生活方式相结合，并且鼓励与支持大众文化产品的创作。在韩国的电影电视作品中，均体现了韩国传统文化的特点，影视作品走向海外的过程中也实现了本土文化的输出。同时，在韩国影视文化的对外传播中，韩国动漫也是开展文化国际传播的重要渠道，并且韩国动漫机构根据青少年的数量庞大、易对动漫文化感兴趣的特点，将青少年选为动漫的主要受众和宣传对象，通过开发《贝肯熊》《爆笑虫子》等广为传播的动漫作品，提升其文化的传播力。通过广泛的国际传播，可以让受众对韩国人和韩国文化感兴趣并形成有好感的社会圈层。通过动漫等形式的文化国际传播会对受众的思维模式和生活方式产生巨大作用，特别是青少年。青少年的价值观、世界观尚未成熟，较容易受到国际文化传播的影响。

第二，走情感共鸣路线，模糊民族和文化的界限。韩国影视大都强调亲情、友情或者爱情，不同文化背景的受众均会对此产生情感共鸣，民族和文化界限便不再存在，十分有利于韩国文化的传播。在21世纪以后，随着韩国文化的对外传播，“韩流”文化实现了快速发展。同时，韩国注重将流行文化注入日常生活，并在全世界范围内广泛扩散，例如韩国服饰、饮食等。这些流行文化被世界所熟知并使不同国家的人们产生较为强烈的认同感，不断增加大众对韩国文化的了解，逐渐变成世界的流行文化之一。

第三，将文化产业的发展摆在优先发展地位。20世纪末，在“文化产业振兴”运动的不断发展下，韩国政府分别从政策、法律、资金和政府管理等多方面入手，为其文化的传播与交流打造便利条件，从而使韩国本土的文化产业取得了巨大进步，以影视剧、流行音乐开始前端发力，以游戏为后发力量的韩国文化作品在亚洲崭露头角①。由此可见，政府在文化推广中起到了不容忽视的作用，往往是政府在引导文化的推广与传播，政府承认的非营利性组织可以协助政府将本国文化更好地推广出去，扩大文化活动的持续影响力，深入开展国际文化交流与合作。

因此，韩国在文化输出上的部分举措仍值得我国借鉴，在文化传播的过程中，应当找准文化传播的受众及其喜好、特点，制定有针对性的文化传播与推广方案，使得本国文化不断输出。我国在文化对外传播的过程中，需要加强政府引领，完善相关文化产业政策和财政激励政策，促进文化创意人才培养，加速我国创意产业的发展。同时，传播传统文化的过程中，文化障碍不可避免，针对对外文化传播过程中面临的传播内容缺乏互通性等问题，不能将中华传统文化不加任何改变地强加于接受者，富有中国文化特色、符合接受者文化背景以及接受者喜好的文化内容更能引起受众的

① 王庚年. 文化国际传播的国外经验：以美、法、日、韩为例[J]. 决策探索(上半月)，2012(4)：72-73.

兴趣和共鸣。

## 三、芬兰文化推广经验

芬兰地处北欧东部，将近三分之一的领土位于北极圈内，约有75%的森林覆盖率，拥有世界上最大的群岛以及欧洲最大的湖区和最后一片未经开发的荒野拉普兰（Lapland），独特的地理环境和气候条件造就了芬兰极富特色的民族性格和民族文化，被评为全世界最幸福的国家。芬兰文化国际传播的特点如下。

第一，充分挖掘本国极富特色并广为传播的传统文化资源。例如，作为圣诞老人的故乡，芬兰政府对于挖掘圣诞老人的文化非常重视，并给予极大的支持。在芬兰拉普兰地区罗凡涅米的圣诞老人村里，有着一群联合国官方唯一认证的圣诞老人们，圣诞老人们通常学识渊博，精通多国语言，世界各地前去探访圣诞老人的游客络绎不绝。此外，芬兰奇特的桑拿文化也吸引着世界各地的游客，联合国教科文组织于2020年12月宣布："芬兰的桑拿文化"被收录到"人类非物质文化遗产代表作名录"之中。传统桑拿长期以来一直是芬兰文化的支柱之一。芬兰桑拿文化并不仅限于蒸桑拿的桑拿房，更多的包含了"löyly"(芬兰语单词，指将水泼向炉子上的热石头时升腾并扩散开来的蒸汽和热量)；享受与朋友和家人的闲聊畅谈；由于北极圈寒冷的气候环境，芬兰的桑拿文化也有一些有趣的创新，比如有些芬兰人会选择在跳进户外冰水之后，飞快地跑回桑拿房之中，去体验和感受桑拿房里独特的温暖。所有这些元素，构成了芬兰独特而又广为受众认可的文化品牌，并被世界所熟知。

第二，大力发展文化创意产业。经过近30年的努力，芬兰文化创意产业发展成绩斐然，实现了从资源小国到创意强国的跨越，概括起来，主要包括以下方面的举措推动了文化的传播与创意产业的发展。首先，设立专门机构，为文化创意产业发展提供政策支持。成立专门的负责机构是许多立志于发展文化产业国家的共同举措，芬兰政府于1997年3月13日，集合了包括学术界、艺术界、产业界以及文化、经贸、教育等相关领域的专业人员，共同组成了"文化产业委员会"，勾勒出了芬兰发展文化创意产业的蓝图。其次，提供资金支持，为文化创意产业发展提供必要保障。芬兰的资助方式包括政府拨款和基金支持两大方面，其中政府拨款方面分为中央和地方两级结构。中央政府中的相关机构包括教育和文化部、芬兰艺术委员会等，地方政府则主要是各地的文化办公室。最后，促进文化产业化，为文化创意产业发展营造市场环境。从文化到文化产业需要在市场中进行孕育，一个良好的市场环境对于芬兰文化创意产业的发展至关重要。因此，芬兰政府大力扶持，进行相关的人员培训工作，对于已经做出品牌的大型项目，芬兰政府促进其形成创意产业链，通过产业链条延伸和扩展各层级的经济市场，形成规模经济，扩大经济效益。例如，多年前爆火的“愤怒的小鸟”即出自芬兰 Rovio 公司之手，游戏作品的火爆带动了“愤怒的小鸟”全产业链的发展，芬兰坦佩雷市“愤怒的小鸟”主题乐园建成，以“愤怒的小鸟”形象为主体的文创产品、动漫作品层出不穷，已形成一条完整的文化创意产业链。“愤怒的小鸟”国际航班同样让人印象深刻，极大地促进了芬兰文化的对外传播，通过全世界消费者和游戏爱好者喜闻乐见的“愤怒的小鸟”作品，消除了国际文化交流的陌生感，空客 A340-300 客机全身喷涂了“愤怒的小鸟”图案，由芬兰首都赫尔辛基飞往新加坡，使得该款游戏再次打破所有记录，十天之内下载量超过一千万次。

第三，高度重视知识产权保护，为文化传播与发展提供法治环境。盗版一直是芬兰政府重点打击和关注的领域，芬兰政府深知打击盗版、保护知识产权可以有效地激发和提振文化产业的创新活力，在 1928 年加入《伯尼尔公约》，1961 年颁布《产权法》，1963 年加入《世界版权公约》，2006 年出台《专利法》，2007 年出台《大学发明所有权》。芬兰政府为支持国家知识产权战略发展，组建知识产权战略实施部门，覆盖了知识产权、产业、产权等多方面的领域。除了立法以外，芬兰政府也注重提升国民的知识产权意识，制定和实施各种行动计划，普及知识产权知识。例如，人见人爱的超红小精灵——姆明，国人喜欢称其为小河马姆明，但实际上是一只芬兰的小精灵，随着 IP 开发的火热，1993 年，在纳坦利的 kailo 小岛，芬兰兴建了世界上第一座以姆明为主题的合家乐园——姆明世界(Moomins World)，搭建了很多与姆明故事相关的体验景点，这些体验场景将虚拟与现实相结合，吸引了世界各地的卡通迷寻游探访。随着姆明在芬兰国内的爆火，芬兰政府也积极鼓励相关企业开展跨国的 IP 合作，其中日本对于姆明故事的开发最为突出和成功，购买了姆明系列的版权之后，日本利用国内已经成熟的动漫产业基础，打造了姆明的动漫作品与服务全产业链条，包括姆明最早的动画《姆明一家》，姆明的表情包、姆明的杯具、餐具、围裙、香薰等。在 2014 年，姆明诞生一百周年之际，日本关于姆明的商品销售额占到了全世界销售额的将近50%，可见其IP开发之成功。芬兰对于知识产权的保护和IP产业开发的重视，极大地促进芬兰文化产业的发展和传播。

第四，重视和发展教育，为文化的保护和传播提供人才保障。芬兰政府信奉“教育是芬兰的国际竞争力”，重视教育使芬兰成为欧洲教育体系最完善的国家之一。1976年，采取九年义务教育体制，1998年颁布《基础教育法》，将学生的学习兴趣放在首位，重视培养学生的国际化视野和解决问题的能力。同时，芬兰的教育经费支持力度极大，高比例的教育投资让只有500多万人口的芬兰拥有20余所大学，人均拥有大学和图书馆的比例居世界前列。此外，芬兰在教育中注重语言与文化的传播，针对在芬兰留学或工作的国际学生或者人员，提供免费的芬兰语培训服务和芬兰文化的体验，使其在学习语言的同时，深切地感受到芬兰独有特色的桑拿、圣诞节、音乐、民俗等文化。

作为近几年“世界上最幸福的国家”评选排名第一的国家，芬兰的文化建设与文化国际传播也走在了世界前列，从圣诞老人的故乡，到独具特色的桑拿文化，从“愤怒的小鸟”到“姆明世界”，芬兰的文化逐渐走向了世界更中心的舞台，也被更多的人所熟知。我国也需要在文化传播中，充分展示本国的特色传统文化，强化品牌建设。例如，芬兰在文化传播上，圣诞节、桑拿、动漫游戏等都是有名的文化品牌，这些文化品牌背后，都有着芬兰独特的文化理念和创意。中国可以从芬兰的经验中借鉴，注重文化品牌建设，用中国独特的文化元素和理念来打造中国传统文化品牌。

# 第三章　研究回溯：语言助推中华传统文化国际传播的研究脉络

语言推广与中华传统文化国际传播密切相关，近年来中华传统文化的国际传播也成为语言学、文化学、传播学等领域专家重点研究的问题，并围绕语言推广、传统文化国际传播等主题发表了大量的研究文献。针对当前语言路径下中华传统文化国际传播的研究现状，本章运用文献计量学方法，以 CNKI 数据库收录的核心期刊、CSSCI 和 CSCD 期刊为数据来源，对 2000—2020 年以来的相关研究进行分析。研究发现：语言推广背景下，中华传统文化国际传播研究经历了从初步增长到持续增长的过程，研究热点包括“孔子学院”“跨文化问题”和“茶文化”等具体文化的国际传播；研究前沿包含“结合‘一带一路’等政策倡议的研究”和“结合新兴技术的创新传播路径研究”等。

此外，在语言推广背景下的文化传播过程中，孔子学院是以传播中国语言和文化为基本任务的公益性教育机构，也是相关研究的热点之一。因此本章第二节继续收集整理国内外针对孔子学院研究的核心期刊，并将其作为语料库，运用多种分析方法全面考察孔子学院语言推广和文化传播的研究概况、热点及未来趋势。研究表明，国内研究的热点是“文化传播”“软实力”“一带一路”“跨文化传播”“汉语教学”“可持续发展”“公共外交”；国外研究热点是“软实力”“教育”“文化外交”“公共外交”。国内共被引文献聚类主题为“模式”“美国”“教材”“功能”“文化走出去”“文化交流合作”；国外为“孔子学院效应”“美国媒体覆盖”“学院质量问题”“文化距离”。研究内容可概括为“孔子学院的文化传播效应研究”“孔子学院的教育教学功能探究”“孔子学院的品牌形象研究”“孔子学院传播评价体系研究”。通过对语言推广背景下我国文化传播的研究现状进行深化研究，多方面把握我国传统文化国际传播的热点及趋势。

## 第一节 语言助推中华传统文化国际传播的研究脉络

语言是用于交流和文化传播的工具，中华传统文化属于思想文化，抽象的思想文化需要依靠语言这一载体表现出来①。2020 年 2 月 15 日，习近平主席在给美国犹他州卡斯卡德小学师生回信中，鼓励当地学生学好汉语，了解中华传统文化，增进中美友谊②。因此，语言和文化是水乳交融的密切关系，实现中华传统文化的国际传播离不开对语言载体的研究。同时，开展以汉语国际教育为主的语言推广，也需要中华传统文化作为重要素材，提高学习者语言学习的动机，促进中外文化交流。因此，中华传统文化的国际传播已成为多个学科领域的重点研究问题。针对国内相关研究现状，本研究使用文献计量学方法，对 2000—2020 年语言助推中华传统文化国际传播研究进行文献增长、文献分布、发文机构等描述性分析，并且总结整体研究趋势和研究热点，进一步从语言路径下完善中华传统文化的国际传播研究，为中华传统文化的国际传播打下坚实的研究基础。

### 一、数据来源与研究方法

本研究将研究时间段设为 2000—2020 年，数据来源于中国知网(CNKI)期刊全文数据库，对中国知网(CNKI)中语言推广和中华传统文化国际传播相关的文献进行了深入的分析和研究。

在关键词检索时，由于“语言”和“文化传播”两个主题词具有宏观性和广延性，在具体场景中应结合实际的指向对象。因此，本研究将检索词进行细化设定：在语言方面，结合我国的语言体系和语言传播机构，将其进一步扩展为：汉语、汉语国际教育、孔子学院等；在文化国际传播方面，结合不同的传播类型，将其进一步拓展为：跨文化传播、文化国际传播等。文献跨度时间为 2000 年至 2020 年，期刊来源为“核心”“CSSCI”和“CSCD”，共检索到 2987 篇文献，以人工方式进行筛选并剔除条件不符的文献，如新闻、征稿启事等，共得到有效文献样本 2807 篇，形成语言助推中华传统文

---

① 周庆元. 语文教育研究概论[M]. 长沙：湖南人民出版社，2005.

② “很酷!”美国小学生欣喜收到习爷爷回信 他们唱给武汉的歌好暖[EB/OL].(2020-03-01)[2023-02-12].http://news.cnr.cn/native/gd/20200301/t20200301_524997690.shtml.

化国际传播研究的样本数据库。

文献计量学通常依托于数据挖掘技术与数理统计分析方法，能够有效地获取并分析个人无法处理的海量数据信息①。运用可视化文献分析软件Citespace软件和文献计量学方法，以可视化和量化的方式对相关文献的发文机构及其地域分布、来源期刊、研究文献数量、研究热点问题、引用量较高的作者及其文献进行描述性分析，及时了解该领域研究的整体态势，探索该领域的研究前沿。

## 二、文献数量与发文分布

运用文献计量学的方法，对2000—2020年间语言助推中华传统文化国际传播研究相关文献进行梳理，统计和分析文献所在期刊分布、发文机构及其地域分布情况。

**1. 文献数量分析及阶段划分**

所发文献的数量在一定程度上代表了学术界对于该领域研究的冷热程度，通过对发文量进行统计分析，可以了解该学科领域的发展规模和研究速度，并把握该领域的发展趋势②。普赖斯文献指数增长规律指出：在某一学科诞生初期，其文献数量处于不稳定增长阶段；当学科进入大发展时期，其文献数量便进入指数增长阶段；当学科理论成熟，其文献数量增长减缓，进入线性增长阶段；随着学科理论完善，其文献增加日趋减少③。

以年度为单位，对样本文献的发文分布进行统计，如图3-1所示。总体上呈现出由少到多的数量趋势，以2004年为节点，2004年之前相关论文一直呈低速波动的趋势，可以看出相关研究开始起步。2004年全球首家孔子学院建立，该领域研究论文持续增加，进入快速发展期。2013年后由于“一带一路”倡议的推动，达到发文量的最高值(317篇)。2016年至今文献增长速度趋缓，年度核心期刊发文量保持在200篇左右，进入平稳发展期。通过以上数据可看出，该领域论文发表数量与普赖斯提出的文献指数增长规律大体保持一致。

① 张硕，汪雪锋，乔亚丽，等. 技术预测研究现状、趋势及未来思考：数据分析视角[J]. 图书情报工作，2022，66(10)：4-18.

② 吴晓海，李荣，王英杰. 我国医院图书馆为患者服务文献计量分析[J]. 医学与社会，2012，25(4)：56-58.

③ 丁学东. 文献计量学基础[M]. 北京：北京大学出版社，1993.

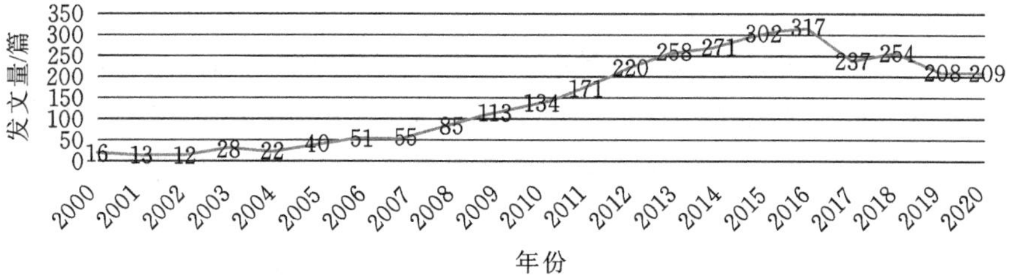


**图 3-1　2000—2020 年相关研究发文量的统计**

判定文献梳理处于何种发展阶段要依据“文献累积数”和“文献累积率”两个指标，其中“文献累积数”是指当年及以前文献数量的简单累加，标志着当年能够查询到的文献总数，可以反映研究规模的大小；“文献累积率”是当年发文量与上一年度文献累积数的比率，可以反映某一年度发文量的增长幅度，根据是否出现爆发式增长判断该领域研究热点是否形成①。表 3-1 是 2000—2020 年语言助推中华传统文化国际传播研究文献累积数和文献累积率的统计。由表 3-1 可以看出，从 2000—2020 年国内相关研究总体上保持增长的趋势，前期发文数量持续增长，后期发文数量稳定发展。其中 2008 年及其之前，每年论文发文量均在 100 篇以下，但该阶段文献积累率具有较大的波动幅度，发文量有明显的增长趋势。2009—2020 年中每年平均发文量达到 150 篇，表明该领域研究关注度提高，文献积累率也渐趋稳定，这标志着语言助推中华传统文化国际传播研究步入稳定发展的阶段。

**表 3-1　2000—2020 年相关研究文献累积数和文献累积率的统计**

| 刊文年度 | 刊文数量/篇 | 文献累积数/篇 | 文献累积率/% | 刊文年度 | 刊文数量/篇 | 文献累积数/篇 | 文献累积率/% |
|---|---|---|---|---|---|---|---|
| 2000 | 16 | 16 | — | 2010 | 134 | 569 | 30.80 |
| 2001 | 13 | 29 | 81.25 | 2011 | 171 | 740 | 30.05 |
| 2002 | 12 | 41 | 41.38 | 2012 | 220 | 960 | 29.73 |
| 2003 | 28 | 69 | 68.29 | 2013 | 258 | 1218 | 26.88 |
| 2004 | 22 | 91 | 31.88 | 2014 | 271 | 1489 | 22.25 |
| 2005 | 40 | 131 | 43.96 | 2015 | 302 | 1791 | 20.28 |

① 陈新忠，张亮. 我国研究生教育质量研究的轨迹、现状及热点：基于 1986—2016 年 CNKI 期刊的文献计量与内容分析[J]. 现代教育管理，2018(6)：118-123.

续表

| 刊文年度 | 刊文数量/篇 | 文献累积数/篇 | 文献累积率/% | 刊文年度 | 刊文数量/篇 | 文献累积数/篇 | 文献累积率/% |
|---|---|---|---|---|---|---|---|
| 2006 | 51 | 182 | 38.93 | 2016 | 317 | 2108 | 17.70 |
| 2007 | 55 | 237 | 30.22 | 2017 | 237 | 2345 | 11.24 |
| 2008 | 85 | 322 | 35.86 | 2018 | 254 | 2599 | 10.83 |
| 2009 | 113 | 435 | 35.09 | 2019 | 208 | 2807 | 8.00 |
| | | | | 2020 | 207 | 3014 | 8.00 |

**2. 文献来源期刊分析**

对文献期刊分布进行统计分析可以揭示该研究领域文献的空间分布特点，确定该研究领域的核心区期刊，并为相关研究的进一步深化提供有效的依据①。布拉德福定律中将期刊分为核心区、相关区和非相关区，其中核心期刊区数量计算公式为 $n=2\ln(e^{E}\times Y)$，$n$ 为核心区期刊数量，$E$ 为欧拉系数(0.5772)，$Y$ 是刊载数最大期刊的文献数量，根据该公式计算出本研究中 $n=2\ln(e^{0.5772}\times 66)\approx 10$，即载文量前 10 位的期刊处于核心区。处于相关研究领域的核心区期刊有《语言文字应用》《语文建设》《民族教育研究》《新疆师范大学学报(哲学社会科学版)》《现代传播(中国传媒大学学报)》等，如表 3-2 所示。

**表 3-2 2000—2020 年相关研究文献数量居前 20 名期刊的统计情况**

| 序号 | 期刊名称 | 发文量/篇 | 序号 | 期刊名称 | 发文量/篇 |
|---|---|---|---|---|---|
| 1 | 语言文字应用 | 66 | 11 | 华南师范大学学报(社会科学版) | 25 |
| 2 | 语文建设 | 60 | 12 | 出版广角 | 24 |
| 3 | 新疆师范大学学报(哲学社会科学版) | 46 | 13 | 东北师大学报(哲学社会科学版) | 23 |
| 4 | 现代传播(中国传媒大学学报) | 34 | 14 | 华文教学与研究 | 23 |

① BRADFORD C.Sources of information of specific subjects[J].Engineering,1934(8):85-86.

续表

| 序号 | 期刊名称 | 发文量/篇 | 序号 | 期刊名称 | 发文量/篇 |
|---|---|---|---|---|---|
| 5 | 云南师范大学学报(哲学社会科学版) | 33 | 15 | 学术论坛 | 23 |
| 6 | 民族教育研究 | 32 | 16 | 语言教学与研究 | 23 |
| 7 | 世界汉语教学 | 32 | 17 | 中华文化论坛 | 22 |
| 8 | 体育文化导刊 | 31 | 18 | 福建茶叶 | 20 |
| 9 | 黑龙江高教研究 | 28 | 19 | 人民论坛 | 20 |
| 10 | 贵州民族研究 | 27 | 20 | 学术交流 | 20 |

**3. 文献发文机构和地区分布**

本研究对文献发文机构的统计仅计算第一作者所属单位，并选取发文量居前 20 位的机构进行分析，如表 3-3 所示。

**表 3-3　2000—2020 年发文量居前 20 位的相关研究文献发文机构统计**

| 序号 | 机构名称 | 发文量/篇 | 序号 | 机构名称 | 发文量/篇 |
|---|---|---|---|---|---|
| 1 | 山东大学 | 86 | 11 | 武汉大学 | 35 |
| 2 | 北京语言大学 | 72 | 12 | 首都师范大学 | 30 |
| 3 | 北京师范大学 | 68 | 13 | 浙江师范大学 | 28 |
| 4 | 中央民族大学 | 62 | 14 | 四川大学 | 27 |
| 5 | 北京大学 | 58 | 15 | 辽宁师范大学 | 24 |
| 6 | 新疆师范大学 | 49 | 16 | 北京外国语大学 | 22 |
| 7 | 中国人民大学 | 40 | 17 | 中国社科院 | 22 |
| 8 | 华东师范大学 | 35 | 18 | 东北师范大学 | 21 |
| 9 | 暨南大学 | 35 | 19 | 吉林大学 | 21 |
| 10 | 上海外国语大学 | 35 | 20 | 厦门大学 | 21 |

发表相关研究的院校中，发文量排名第一位的是山东大学(86 篇)；发文量排第二位的是北京语言大学(72 篇)；发文量排第三位的是北京师范大学(68 篇)。发文量排在前 20 位的院校共发表 791 篇论文，占总发文量的 28.17%。

**表 3-4 2000—2020 年发文量居前 20 位的文献发文机构分布**

| 序号 | 地区 | 文献/篇 | 序号 | 地区 | 文献/篇 |
|---|---|---|---|---|---|
| 1 | 北京 | 505 | 6 | 江苏 | 84 |
| 2 | 上海 | 155 | 7 | 湖北 | 76 |
| 3 | 山东 | 115 | 8 | 浙江 | 67 |
| 4 | 广东 | 101 | 9 | 福建 | 64 |
| 5 | 新疆 | 91 | 10 | 四川 | 46 |

表 3-4 显示了发文量居前 20 位的机构地域分布情况，该领域研究的作者单位分布相对集中，其中北京地区的文献数量达到 505 篇，这与北京的语言类和文化类大学和学者数量较多有关，如北京语言大学、北京师范大学、中国社会科学院语言研究所等。广东、上海、新疆、山东等地的文献数量紧随其后，表明结合汉语对中华传统文化国际传播的研究不仅与所在地区经济发展水平有关，而且与当地的文化背景和政策密不可分。

## 三、文献作者分析

通过对文献作者发文量统计、被引文献、核心作者和作者合作 4 个方面对文献数据进行分析，可以大致了解研究该方向的关键学者。

### 1. 文献作者发文量统计分布

在核心作者中，如果发表论文数量较多、学术影响力较强，那么他们就是该研究领域的高产核心作者，其研究领域和研究风格较为确定，研究成果能够产生较为广泛的影响①。本研究对 2000—2020 年相关研究作者的发文量进行统计，并对发文量在 4 篇及 4 篇以上的作者进行统计，如表 3-5 所示。

**表 3-5 作者发文量统计**

| 序号 | 作者 | 发文量/篇 | 百分比 | 序号 | 作者 | 发文量/篇 | 百分比 |
|---|---|---|---|---|---|---|---|
| 1 | 吴应辉 | 12 | 0.43 | 8 | 周俊 | 4 | 0.14 |
| 2 | 李宝贵 | 7 | 0.25 | 9 | 尹海良 | 4 | 0.14 |

① 高虹，吴玲，许宇鹏. 编辑出版领域作者群的科学计量研究[J]. 中国科技期刊研究，2019，30(3)：313-321.

续表

| 序号 | 作者 | 发文量/篇 | 百分比 | 序号 | 作者 | 发文量/篇 | 百分比 |
|---|---|---|---|---|---|---|---|
| 3 | 宁继鸣 | 7 | 0.25 | 10 | 邓新华 | 4 | 0.14 |
| 4 | 陆俭明 | 7 | 0.25 | 11 | 吴瑛 | 4 | 0.14 |
| 5 | 范俊军 | 5 | 0.18 | 12 | 王泽龙 | 4 | 0.14 |
| 6 | 阮静 | 5 | 0.18 | 13 | 安然 | 4 | 0.14 |
| 7 | 李建军 | 4 | 0.14 | 14 | 陈青文 | 4 | 0.14 |

文献计量学的洛特卡定律指的是某一学科领域的核心作者占该领域总作者数量的比例①。一般来说，发表 1 篇论文的作者数量约为总作者人数的 60%，而本研究中发表 1 篇论文作者数占作者总数的 69.55%，非单篇作者的发文数量集中在 1—2 篇。发文量比例统计见表 3-6。

**表 3-6 发文量比例统计**

| 发文量/篇 | 第一作者数量/人 | 占第一作者总数比例/% |
|---|---|---|
| 12 | 1 | 0.19 |
| 7 | 3 | 0.56 |
| 5 | 2 | 0.38 |
| 4 | 8 | 1.50 |
| 3 | 25 | 4.70 |
| 2 | 123 | 23.12 |
| 1 | 370 | 69.55 |

**2. 被引文献分析**

根据综合主题词检索出排名前 10 的高被引文献。如表 3-7 所示，这些文献主要来自新闻传播学、汉语国际教育等不同的学科领域，主题涉及汉语在文化传播中的效用以及原则、汉语国际教育中文化传播的效果、具体文化的国际传播分析等方面。这些文献不仅从宏观视角对语言促进文化国际传播的策略进行分析，还针对具体案例开展了相关的实证研究，从微观视角关注具体文化的国际传播效果以及汉语教育模式。

① 罗式胜. 文献计量学概论[M]. 广州：中山大学出版社，1994.

**表 3-7　排名前 10 位的高被引文献**

| 序号 | 文献 | 被引频次 | 来源期刊 |
|---|---|---|---|
| 1 | 对孔子学院中国文化传播战略的反思 | 204 | 学术论坛 |
| 2 | 中国文化国际传播效果研究——对5国16所孔子学院的调查 | 114 | 浙江社会科学 |
| 3 | 从孔子学院看汉语言文化推广的模式与效果 | 82 | 武汉大学学报(哲学社会科学版) |
| 4 | 汉语国际推广背景下的文化传播 | 76 | 现代传播(中国传媒大学学报) |
| 5 | 中国文化在美国青少年中的传播效果调查——以匹兹堡地区孔子学院为例 | 67 | 学术交流 |
| 6 | 对外汉语教学中的文化传播思考 | 59 | 兰州大学学报(社会科学版) |
| 7 | 汉语国际教育与中华文化国际传播 | 54 | 同济大学学报(社会科学版) |
| 8 | 论在对外汉语教学中传播中国文化的基本原则 | 47 | 西南民族大学学报(人文社科版) |
| 9 | “一带一路”倡议背景下孔子学院跨文化传播面临的机遇与挑战 | 46 | 新疆师范大学学报(哲学社会科学版) |
| 10 | 汉语国际推广与中国文化传播 | 22 | 湖南大学学报(社会科学版) |

**3. 核心作者群分析**

核心作者群是学科研究的中流砥柱，他们既引领着学科未来的发展方向，又对非核心学术研究人员有着十分重要的指导性意义①。根据普赖斯定律中核心作者发文量的计算公式$N_{min}=0.749\sqrt{N_{max}}$，其中$N_{min}$表示核心作者群所发文献数量的最小值，$N_{max}$表示核心作者群所发文献数量的最大值②。此计算公式可以确定该研究领域是否形成了核心作者群。

本研究的$N_{max}$为 12，代入公式得出$N_{min}\approx 3$，因此发文量 3 篇及以上的作者为研究的核心作者，由表 3-6 可知，核心作者有 39 人，发文 150 篇，

① 张敏，沈雪乐．国际知识发现研究领域核心作者群成熟度分析[J]．情报杂志，2014，33(8)：111-116．

② PRICE D S. Little science, big science[M].New York: Columbia Press, 1963.

约占文献总量的 7.4%，这与普赖斯定律的理论值 50%相差较大，说明当前语言助推中华传统文化国际传播研究领域未能形成具有较强科研能力的作者群体，缺少对该领域进行持续研究的作者。

**4. 作者合作分析**

作者合作是指两个及两个以上的作者共同进行某项科研工作。随着科学技术的高速发展，各学科间相互交叉、综合，科学研究的复杂性和跨学科的特征使得研究人员越来越倾向于以合作的方式开展研究，合作已成为科学研究的主流趋势。大数据时代，信息传播、知识交流、资源共享均对作者合作关系的形成起到了推波助澜的作用，对科研工作的开展具有重要意义，同时，可借助团队的力量进一步扩展作者的学术影响力①。合作群体越大，研究成果影响力就越大②。

借助 Citespace 软件，对 2000—2020 年语言助推中华传统文化国际传播研究领域的作者合作情况进行可视化展示，在软件设置中选定术语类型(Node Types)为作者(Author)，如图 3-2 所示。

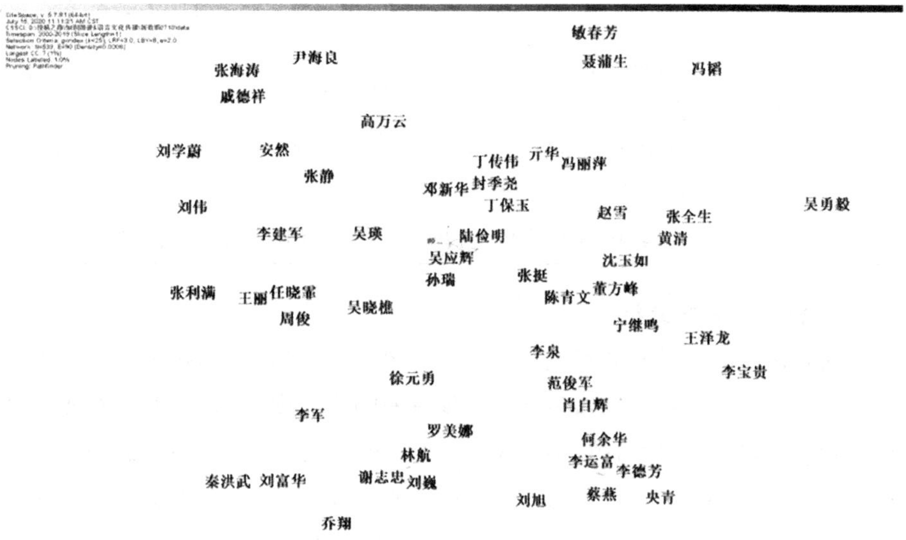


图 3-2 研究作者合作图谱

① 杨瑞仙，张梦君. 作者学术关系研究进展[J]. 图书情报工作，2016，60(13)：141-148.

② 岳洪江，刘思峰. 管理科学期刊引证指标的灰色关联研究[J]. 科学学研究，2008(1)：61-65.

从整体上看，作者图谱较为分散，聚类节点数量较少，各个聚类群之间联系度不高。这说明研究领域的作者数量虽然不少，但是研究大多为分散研究，合作交流行为较少。因此语言助推中华传统文化国际传播这一研究方向的作者合作有待进一步加强，国内各研究机构和高校应当积极参与合作研究。同时语言路径下中华传统文化国际传播研究是交叉研究的领域，因此也需要通过各学科和各专业的学者们合作，才能推动语言路径下中华传统文化国际传播研究得到发展。

## 四、语言助推中华传统文化国际传播的研究热点

基于 Citespace 软件对样本文献进行关键词频次统计及共现图谱分析，探究国内语言视角下中华传统文化国际传播的研究热点。首先统计研究文献的关键词，选取了出现频次大于 4 的关键词，统计结果如表 3-8 所示。频次靠前的关键词依次是“孔子学院”“文化传播”“国际传播”“跨文化传播”等词汇，基本上反映出中华传统文化国际传播研究的核心主题，同时显示出具体的专业词汇已形成固定用词，被广泛使用。但是从关键词频次来看，当前高频词主要以文化传播类关键词为主，说明现有成果多从文化传播角度分析，而较少关注语言的渗透作用。

**表 3-8　文献关键词频次及中心度统计表**

| 序号 | 关键词 | 频次 | 中心度 | 首次出现年份 |
| --- | --- | --- | --- | --- |
| 1 | 孔子学院 | 76 | 0.53 | 2008 |
| 2 | 文化传播 | 43 | 0.38 | 1995 |
| 3 | 国际传播 | 20 | 0.24 | 2010 |
| 4 | 跨文化传播 | 16 | 0.10 | 2008 |
| 5 | 传播 | 12 | 0.06 | 2009 |
| 6 | 中华文化 | 11 | 0.06 | 2012 |
| 7 | 软实力 | 9 | 0.04 | 2008 |
| 8 | 国际传播 | 8 | 0.05 | 2008 |
| 9 | 汉语国际教育 | 8 | 0.07 | 2010 |
| 10 | 体育文化 | 5 | 0.00 | 2008 |
| 11 | 汉语国际推广 | 5 | 0.05 | 2012 |

由于机械的词频统计不能准确地反映关键词之间的关联，因此对关键词进行共现分析。在共现分析时，设置节点类别为 keyword，时间分割片段为 1 年，生成高频关键词共现网络图谱，如图 3-3 所示。关键词共现网络图谱中的较大节点为“孔子学院”“文化传播”“国际传播”“跨文化传播”等。

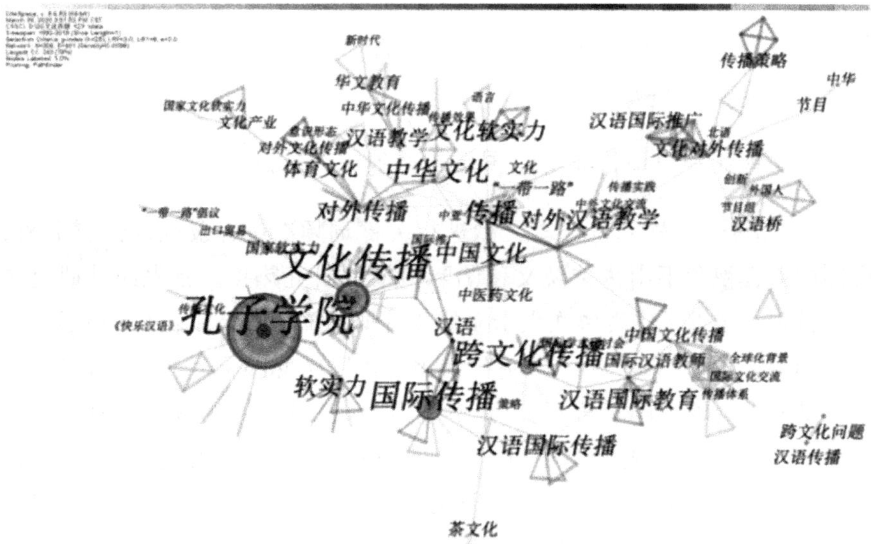


图 3-3　关键词共现网络图谱

利用不同颜色对不同年份进行区分，颜色由浅到深则代表着时间由远及近。同时也可以看出“传播策略”“茶文化”“跨文化问题”等文化类关键词出现新的节点趋势，表明这些节点是近期的热点研究内容。根据主要关键词进行梳理和总结，目前语言视角下中华传统文化国际传播的研究热点主要包含“孔子学院”“跨文化问题”以及“茶文化”等具体文化的国际传播三个方面。

**1. 围绕孔子学院在语言教育和文化传播方面的研究**

从 2004 年开始，中国在借鉴其他发达国家语言推广经验的基础上，在海外国家建立非营利性教育机构“孔子学院”，开启了汉语的对外传播及教学的探索。“孔子学院”作为最高频次的关键词，其研究时间跨度较长，作为对外语言教育和中华传统文化国际传播的专门机构，研究者从不同角度对孔子学院进行研究，主要涉及孔子学院的体系建设、教学方式以及如何通过汉语去传播传统文化等方面。

例如，李宝贵等人基于SWOT模型在“一带一路”背景下，对孔子学院在文化国际传播的状态进行分析，在汉语教育层面上加快语言人才培养，特别是“语言+专业”的复合型人才培养，结合政策条件全面提升跨文化国际传播力①。陈刚华对孔子学院的文化国际传播方式和功能进行分析，强调了孔子学院在中华传统文化国际传播中的重要性，成为中国思想、文化进行交流互鉴的重要条件，提出了孔子学院赋有社会沟通、调控和继承作用②。同时也有关于孔子学院对外文化传播效果和评价标准的研究。例如，吴瑛等人提出从不同国家和文化形态、不同汉语水平、不同办学模式、不同文化内容以及对象国政府的态度5个层面去评估③。现有的成果大多从理论研究的角度，对孔子学院的发展利弊进行分析，对孔子学院语言教育与中华传统文化的融合传播进行不同角度的探析。在分析方法上，目前针对孔子学院传播中华传统文化的现状和对策等宏观研究相对完善，但相关实证研究仍有待深入。

**2. 围绕跨文化传播问题的研究**

在中华传统文化的国际传播中，由于语言、习俗、地理环境等差异，跨文化问题不可避免。文化问题不仅存在于传播者，也体现在接收者上。对于传播者，跨文化问题体现在自身对于当地文化的了解程度、教育方式和思维等；对于接收者，跨文化问题体现在与自己所在的文化体系不同甚至冲突，以及对文化认同的态度等。在当前的汉语国际教育中，如何解决和缓解跨文化中出现的问题成为该部分的研究重点。Ward C等人认为跨文化适应问题建立在心理与社会文化两个层面，将跨文化问题分为文化距离、歧视与偏见、认知方式、知识与技能、社会支持等④⑤。学者们也基于不同角度研究跨文化问题的应对策略，例如，李雅等人根据中亚地区汉语国际教育和中华传统文化国际传播的背景，提出积极探寻境外合作办学模式、

---

① 李宝贵，刘家宁．“一带一路”战略背景下孔子学院跨文化传播面临的机遇与挑战[J]．新疆师范大学学报(哲学社会科学版)，2017，38(4)：148-155.

② 陈刚华．从文化传播角度看孔子学院的意义[J]．学术论坛，2008(7)：162-167.

③ 吴瑛．对孔子学院中国文化传播战略的反思[J]．学术论坛，2009(7)：141-145.

④ WARD C，KENNEDY A.Locus of control，mood disturbance and social difficulty during cross-cultural transitions[J].International Journal of Intercultural Relations，1992，16(3)：175-194.

⑤ 陈慧，车宏生，朱敏．跨文化适应影响因素研究述评[J]．心理科学进展，2003(6)：704-710.

与企业展开优势互补的多层次合作以及调整语言教育的传播导向等策略①。未来，学者们关注的重点仍将是跨文化传播问题以及针对各国别地区的对策研究等。

**3. 围绕“茶文化”等具体中华传统文化国际传播的研究**

如何从微观角度将具体的中华传统文化，结合汉语进行推广传播也成为关注的重点。在可视化分析中，“茶文化”“武术”等具体中华传统文化的关键词出现频次较多，以茶文化为例，大多文献围绕茶文化与汉语教学，以及文化国际传播，提出茶文化在语言视角下的国际传播策略。例如，方彩琴等人提出茶文化在汉语推广背景下的国际传播策略，如利用孔子学院平台、编写茶文化教材以及丰富茶文化作品的对外翻译等②。在一定程度上，将汉语、具体的优秀传统文化和国际传播紧密联系在一起，兼顾实践价值和理论意义，可以更形象生动地展示特色文化，有效拓宽具体中华传统文化的国际传播应用。同时，由于中华传统文化的多样性以及主体的多元化，对于具体文化的实证分析也将是今后的一个研究热点。

## 五、语言助推中华传统文化国际传播的研究前沿

在关键词分析和主题研究的基础上，本部分对关键词进行聚类，得到研究时间线程图，如图 3-4 所示。图中共有 11 个聚类主题即“文化传播”“国际传播”“传播策略”“传播”“国际传播”“中华人民共和国”“国家软实力”“跨文化传播”“一带一路”“全球化背景”“文化软实力”。其中，“国际传播”“传播策略”“国际传播”在研究内容上可理解为对文化国际传播体系的分析研究，并从传播学的角度去分析语言这一媒介的意义与作用。“文化传播”“跨文化传播”可以理解为对外汉语教育和文化国际传播机构如何进行跨文化传播，以及如何克服跨文化传播中的困境，这两大类主题从初期开始就成为持续的研究热点。

从研究时间线程图可以看出：“一带一路”“全球化背景”“国家软实力”“文化软实力”等关键词是当前的研究热点。“一带一路”相关的研究主要围绕“一带一路”倡议大背景，对语言和文化国际传播进行专题研究，如“中国文化传播”“汉语传播体系”“文化问题”“传播对象”等。“国家软实力”“全球

---

① 李雅，夏添．“一带一路”背景下中亚汉语国际教育与中华文化传播机遇与挑战[J]．当代教育与文化，2019，11(6)：31-36．

② 方彩琴．“一带一路”背景下中国茶文化的国际传播[J]．福建茶叶，2015，37(4)：49-52．

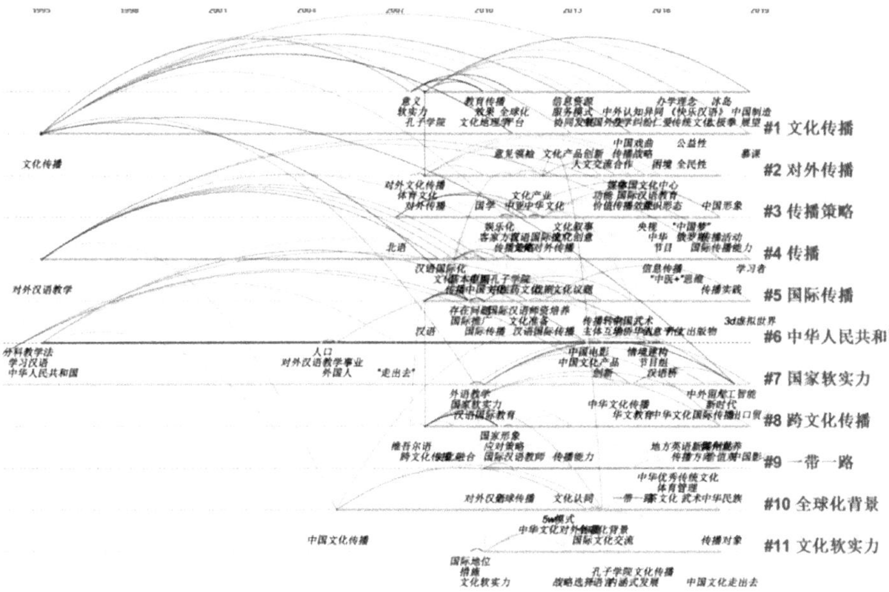


**图 3-4　研究时间线程图与主题聚类图**

化背景”等则是分析语言在文化国际传播中的创新路径，如“汉语桥”“中国电影”“中国文化产品创新”“文化认同”等相关主题词，探索传统教学之外新的语言和文化国际传播方式，提升不同国家群体的文化认同意识。

因此，语言助推中华传统文化国际传播的研究前沿，不仅要延续热点主题，还要把握现阶段的国家政策以及国际政策，充分考虑经济、社会等环境因素，同时兼顾新兴技术对语言教育和文化国际传播的影响。据此，当前的研究前沿可以归纳为以下两个方面。

**1. 结合“一带一路”等政策倡议的研究**

“一带一路”倡议强调语言沟通是实现民心相通的桥梁，而文化交流可以有效地促进民心相通，并直接推动沿线各国间的经济、政治往来。因此，在“一带一路”倡议和相关文件中，多次提到语言推广与传统文化的传播。通过语言相互交流，可以让“一带一路”沿线国家人民更加了解中国的优秀传统文化，“一带一路”倡议也伴随着汉语的推广和文化的传播，在沿线国家和地区进一步深入发展。

当前研究包含“一带一路”视域下汉语促进文化国际传播的策略、语言互通在“一带一路”五通建设中的定位，以及结合沿线孔子学院发展的文化国际传播模式等，如刘旭提出“一带一路”背景下，语言文化国际传播应具有多维视角、多方联动和多国联通的特征①；郭卫东等人结合对"一带一路"吉尔吉斯斯坦奥什国立大学孔子学院的研究，梳理孔子学院在中华传统文化国际传播实践中的经验，寻求中华传统文化在"一带一路"沿线国家传播的范式②。在"一带一路"倡议下，研究语言促进中华传统文化的国际传播策略有利于增强中华传统文化的国际话语权，促进沿线国家对中华传统文化的了解并提升认同感。此外，自"一带一路"倡议提出以来，党和政府发布了许多相关政策，并在多个场合强调了文化国际传播、语言推广的意义，如在党的二十大报告中提出的弘扬中华优秀传统文化、增强中华文明传播力影响力等相关论述。因此，结合国家宏观政策，提升中国国际话语权和文化软实力的路径策略和相关的实证研究，仍将持续成为未来的前沿主题。

**2. 结合新兴技术的创新传播路径研究**

在互联网时代，人们接触的内容不仅停留在书籍等传统媒介方面，网络、手机等新媒体技术正以更互动、更融合的传播方式丰富着人们的视野，同时也影响着人们对于文化的选择。对于看似枯燥的传统文化，人们也更习惯于使用手机、电脑，甚至电视等媒介，轻松方便地接收文化内容，以及通过社交媒介去交流和传播文化知识。因此，尽管以国内留学生教育和国外孔子学院等形式开展的汉语推广和文化国际传播依然是当前一直持续的主要研究内容，但对于新兴传播路径的创新研究也在不断推出，如《汉语桥》等汉语教学和中华优秀传统文化国际传播为主的电视节目，这些节目基于视听媒体的创新型传播方式也成为当前的研究热点。

近几年我国面向国际学生的汉语教育节目日趋丰富，如中央电视台国际频道的《快乐汉语》、湖南卫视的《汉语桥》、湖北卫视的《非正式会谈》等。已有较多的研究针对这些视听节目的效果和策略进行分析，并对未来的新兴传播方式进行展望，如唐淑宏等人提出在电视媒体中涉及中华传统文化的知识，可以增加趣味性和交际性，吸引各国汉语学习者学习中文、了解中国、体验中华传统文化③。随着互联网技术的发展，5G、人工智能、大数据等新一代信息技术不断渗透到各行各业，基于智能化技术提升汉语教学

---

① 刘旭．"一带一路"视阈下的汉语国际传播发展策略研究[J]．语言文字应用，2019(4)：73-81．

② 郭卫东．中亚孔子学院文化传播实践研究：以吉尔吉斯斯坦奥什国立大学孔子学院为例[J]．新疆师范大学学报(哲学社会科学版)，2016，37(6)：134-140．

③ 唐淑宏．对外汉语教学电视节目的特点与文化传播[J]．中国广播电视学刊，2017(9)：124-126．

和文化国际传播的路径也逐渐被学者关注，例如周建新等人基于受众需求，借助人工智能技术对传统文化国际传播进行创新，利用大数据深度学习技术实现科技与文化的深度融合，开创人工智能传播中华传统文化的市场①；戴勇基于物联网技术提出文化国际传播商业模式的框架，将文化国际传播与物联网技术结合，使得文化传播形成产业链。但目前的研究主体大多围绕文化国际传播，而忽略掉语言这一媒介作用。随着人工智能等技术在语言推广行业的快速发展及应用，文化参与式语言学习、智能式语言学习、浸入式语言学习等类型也将随之涌现②。因此，从创新语言与文化的科技传播方式、变革传播路径、丰富多维文化体验等方面促进语言视角下中华传统文化的国际传播也将是下一步的研究重点。同时，相关研究仍需要加强语言学、传播学、文化研究与信息科学等多学科的交叉综合，尤其需要文化机构和信息领域学者的深度参与，以推进中华传统文化在新时代背景下的传播广度和深度。

## 六、语言助推中华传统文化国际传播的研究趋势

梳理近 20 年语言推广背景下中华传统文化国际传播的相关研究文献，虽然发文量近年来呈稳定增长的态势，但研究多侧重于文化传播方面。实现中华传统文化的国际传播需要两个主要元素的支持，一个是语言相通，另一个是文化传播。因此，需要基于这两大元素，再结合传播理论中的传播者、传播内容及受众等核心传播要素开展研究。

在传播者，如教师队伍建设方面，在知识体系上应具备对外汉语教学知识，同时也要掌握系统化的中华传统文化知识。根据现有研究梳理，当前热点研究主要集中在汉语教师素质的提升、汉语国际教育硕士培养，以及海外汉语教师的资格考察等方面。为了形成对中华传统文化有目的的国际传播，对于加强教师的文化知识体系培养和文化课程设计的研究，仍需要进一步深化。

在传播内容，即中华传统文化方面，文化内容选取既要考虑展示优秀传统文化的魅力，也要选择符合当地群众需求的内容，展示中国及各民族

① 孟达，周建新．社会参与视角下人工智能传播中华优秀传统文化的机遇与路径[J]．福建论坛(人文社会科学版)，2019(6)：41-47.

② 吉晖．新兴技术视域下的语言学习范式研究[J]．江汉学术，2019，38(6)：111-119.

良好的文化形象①。因此对于中华传统文化内容的选择，尤其是突出时代和社会需求，反映社会主义先进文化的传播内容，应当作为传播的重点。同时，传统文化的传播也要根据不同地区的文化特点，有针对性地突出共同点和差异。例如，以韩国、日本为首的一些亚洲国家，这些国家面临的不是汉字的书写问题，而是读音方面和文化差异对比的问题；以欧美为主的拉丁语系国家则主要面临文化的冲突以及汉字书写困难等方面的问题。因此，传播内容需要根据传播对象的特点进行适当调整。

在受众，即海外学习者群体方面，增强他们对于中华传统文化的认同态度也是重要的研究内容。传播最基本的目的是实现传播者认同的传播效果，针对受众，“认知”和“认同”是评估传播效果的两大基础标准。“认知”即受众了解传播内容，“认同”即受众对传播内容的认可并付诸实践。虽然现阶段跨文化问题已研究多年，其研究成果相对成熟，但每个地方的文化体系都有所差异，对于中华传统文化的认同感也各不相同。因此可以将注意力转移到针对具体地区的案例剖析，综合实证研究与量化分析，了解当地对中华传统文化的认同感与满意度，提出针对性的对策建议。总之，通过增强传播者的专业文化素养和受众的认同度，突出文化国际传播内容的时代性和系统性，拓展新兴技术支持下语言与文化的多渠道传播方式，对于提升中华传统文化国际传播的效力将具有一定的借鉴意义。

## 第二节　我国孔子学院文化传播的研究脉络

孔子学院既是汉语对外教学的重要媒介，同时也是中国与世界各国融合互通的重要平台，因而近年来从孔子学院入手，研究文化国际传播的热度越来越高。本部分在上一节研究的基础上，通过对国内外以孔子学院传播为主题的研究文献进行梳理，使用知识可视化工具对文献进行计量和可视化分析，总结国内外关于孔子学院文化传播的整体研究热点和趋势，全面考察国内与国际学术界探究孔子学院的客观状况，为后续研究提供基础。

① 陆俭明．试论中华文化的传播[J]．学术交流，2019(4)：5-12．

## 一、孔子学院文化传播相关研究文献综述

针对孔子学院的文化国际传播，国内外学者进行了诸多研究，在定性分析方面，邵滨等学者通过阐述双语对照版孔子学院的发展历程，从多语种中外文对照出版、本土编辑出版发行、聚焦当代中国文化、媒体融合转型等角度，详细探索了“一带一路”背景下，孔子学院为中国文化对外输出所做出的贡献及经验借鉴①。佟迅分析了在不断发展及变化的国际环境中，加强孔子学院对外文化传播的成效，必须坚持立足本土国情与文化，加强与域外文化的交流互鉴，全面助力海外机构增强中华传统文化国际影响力②。郭斌等学者通过对186篇与孔子学院有关的CSSCI期刊论文进行汇集作为研究案例，探究了目前学界针对孔子学院研究的主要资金资助来源、主要研究领域及热点及其主要的研究内容等方面，并提出未来应从深化研究内容、丰富研究方法、拓展研究视角方面，推进该领域研究的深入③。李炜从中国影视文化的内容、形式及对象在孔子学院传播所产生的影响，提出孔子学院应在提高跨文化传播意识的基础上，建立系统的中国文化影视传播资源库，培养跨学科的相关人才，因地制宜构建合适的影视文化推广模式，有针对性地开展各种形式的活动，将汉语学习与文化国际传播相结合、线上与线下传播相结合、自主与外媒宣传相结合，让孔子学院的中国影视文化传播活动更为系统且有条理，产生持续性影响④。Donald Lien等学者从经验上考察了孔子学院对中国省级合作大学的外国学生的影响，结果发现中国省级合作大学对非学位外国留学生有明显的积极影响，对于寻求学位的留学生，孔子学院的效应仅在中国中西部的省份内具有显著的积极作用，在东部省份未观察到显著影响⑤。Pengfei Chen等学者使用两种类型的实验组，对台湾学童进行了比较干预。在十二周的时间内，每个年龄

---

① 邵滨，程玉．“一带一路”文化“走出去”的期刊出版创新实践：以《孔子学院》(2009—2019)为例[J]．出版广角，2019(21)：23-26.

② 佟迅．基于孔子学院的中华文化海外传播理念创新研究[J]．艺术百家，2019(6)：46-52.

③ 郭斌，蔡静雯．孔子学院研究综述及其展望[J]．黑龙江高教研究，2019(7)：45-50.

④ 李炜．孔子学院中国影视文化传播现状及对策[J]．华中师范大学学报(人文社会科学版)，2019(3)：76-84.

⑤ LIEN D,MIAO L Q.Effects of Confucius Institutes on China's higher education exports：Evidence from Chinese Partner Universities[J].International Review of Economics & Finance,2018,57：134-143.

段的两个班级都使用不同的材料(《论语》或道德困境故事)进行对话教学，另外三个班级作为对照组，结果表明，对《论语》课堂类型的对话干预在探索性谈话的思维方面做出了重大贡献①。

而在定量研究方面，顾江等学者基于2004—2017年中国对60个国家的核心文化产品出口数据，实证检验了设立孔子学院以及文化距离对中国文化产品出口的影响，得出孔子学院的设立在一定程度克服文化距离因素促进文化产品出口，并对非儒家文化圈国家的影响较大，其研究的结论对今后从经济学角度研究孔子学院提供了良好的借鉴②。陈风华等学者基于国内外核心期刊的文献数据语料，运用Citespace软件分析，全面考察孔子学院研究的进展、热点与前沿，通过实证分析得出国内相关研究文献多于国际相关研究，国内与国外的研究热点、前沿存在差异，并整理出国内外引领孔子学院研究的作者及相关期刊③。郭晶等学者基于2015—2017年孔子学院发展数据，对孔子学院增长趋势、分布的洲际和国别特点、分布密度与国家发达程度的相关性、办学状况、课程特点、办班数量以及年度完成教学工作量情况进行了计量研究，并首次使用“标准学年人”作为单位，对孔子学院完成教学工作量情况进行计量比较，发现全球孔子学院完成教学工作量差异巨大，作者提出需重视“一带一路”沿线国家孔子学院建设，建立基于绩效的孔子学院预算拨款机制和退出机制等思考④。Donald Lien等学者使用贸易引力模型研究了孔子学院对美国各州对华出口的影响，实证分析得出建立孔子学院的美国相关州对华出口增加了5%—6%，证明孔子学院可以为美国带来直接的经济利益⑤。Weihao Huang等学者通过进行实证分析来证明中国在崛起时代如何利用孔子学院增强软实力，基于从2004年到2014年在世界相关国家收集的数据分析，得出孔子学院在发挥文化软实

① CHEN P F, TOLMIE A K, WANG H. Growing the critical thinking of schoolchildren in Taiwan using the Analects of Confucius[J]. International Journal of Educational Research, 2017, 84:43-54.

② 顾江，任文龙. 孔子学院、文化距离与中国文化产品出口[J]. 江苏社会科学，2019(6)：55-65.

③ 陈风华，赖小春. 孔子学院研究的进展、热点与前沿：基于国内外核心期刊的可视化计量考察[J]. 高教探索，2019(6)：112-120.

④ 郭晶，吴应辉. 孔子学院发展量化研究(2015～2017)[J]. 云南师范大学学报(哲学社会科学版)，2018，50(5)：36-44.

⑤ LIEN D, YAP C. The effect of Confucius Institutes on US Exports to China: A state level analysis[J]. International Review of Economics & Finance, 2013, 27:566-571.

力方面的作用①。

综上所述，学界对于孔子学院对外文化传播的研究，大多是以定性研究为主，所研究的内容主要是借助孔子学院的发展经验，探索增强孔子学院文化国际传播的策略或方式；而定量研究多是将收集的数据汇总比较，得出相关结论，又或是借助相应的数据分析工具实现研究的热点及前沿的可视化，定性与定量相结合的研究较少。

## 二、孔子学院文化传播研究的数据统计与分析

依托中国知网(CNKI)期刊全文数据库，以“孔子学院”作为主题在CSSCI核心期刊进行检索，为保证所选取的文献与研究主题切实相关，经过人工手动筛选，剔除掉非学术论文如会议发言、新闻稿以及评论等，最终获得共计236篇的数据分析样本，将其作为国内对孔子学院传播研究的案例进行统计分析。

而对孔子学院的国际研究，选择WOS(Web of Science)的数据库，以“Confucius institute”作为主题进行检索，并对检索结果进行人工筛选，最后获取105篇文献作为研究案例。

### 1. 论文数量年度分布

自2004年在韩国开设第一家孔子学院开始，至今已有近20年之久，国内学者对于孔子学院研究的关注不断提升，将孔子学院作为中华传统文化国际传播的成功媒介进行研究，出版了不少的优秀文献及研究成果，将筛选出的文献进行年度发文量的统计并绘制成折线图，如图3-5所示，可以清楚明了地观察到发文量的变化。图3-5表明，在2012年之前，关于孔子学院传播的发文量呈现一种缓慢上升的趋势，并且在2004年第一家孔子学院建设两年后，CSSCI来源期刊中出现了有关孔子学院研究的论文，即2007年发表于《世界汉语教学》杂志上的《简论孔子学院的软实力功能》一文。而在2013年发文数量有所减少，同年由于我国所实施的“一带一路”倡议的带动，在2014年与2015年之间发文量创新高，并在2017年达到了顶峰36篇，之后2018年发文量呈现下滑，在2019年再次回升，加之中国对外文化联系更加密切，汉语的国际需求不断提升，孔子学院的发展会继续吸引学

① HUANG W H, XIANG J. Pursuing Soft Power through the Confucius Institute: a Large-N Analysis[J]. Journal of Chinese Political Science, 2019, 14: 249-266.

者的目光。

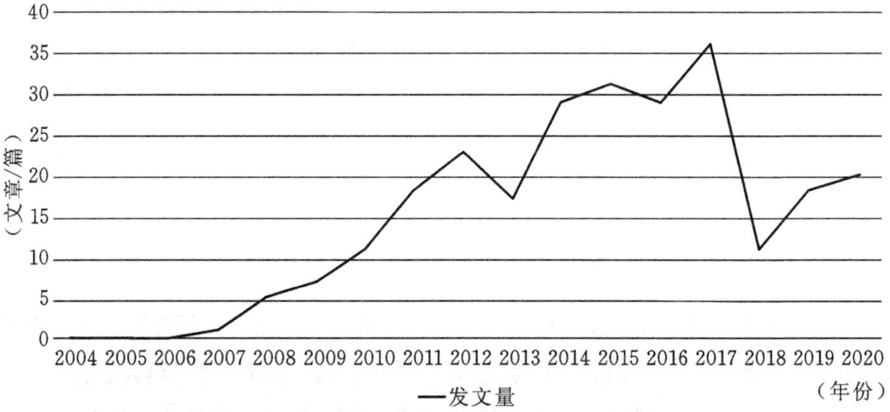


**图 3-5　孔子学院研究文献量年度分布图**

**2. 研究力量分布**

从孔子学院传播研究的机构层面分析，研究学者主要集中在高校，且这些研究力量主要分布在高校的教育学院、国际教育学院、新闻传播学院以及文学院等相关单位，国内如山东大学国际教育学院、中央民族大学国际教育学院和新疆师范大学国际文化交流学院等，当前高校仍是孔子学院研究领域中的中坚力量。山东大学是国内首批建设孔子学院的高校之一，也是我国首个孔子学院研究智库所在地，对于孔子学院的教学与研究有举足轻重的作用。另外，一些语言类、师范类院校也成为孔子学院研究的重要基地。如表 3-9 与表 3-10 所示，表明国内外知名高校及研究团队是研究孔子学院的主要力量，同时也承担了多项语言与文化国际传播相关的科研项目。

**表 3-9　国内发文量排名前 5 的机构**

| 序号 | 机构名称 | 发文量 | 比例 |
|---|---|---|---|
| 1 | 山东大学国际教育学院 | 14 | 5.93% |
| 2 | 中央民族大学国际教育学院 | 7 | 2.96% |
| 3 | 新疆师范大学国际文化交流学院 | 6 | 2.54% |
| 4 | 华南理工大学国际教育学院 | 5 | 2.11% |
| 5 | 四川大学海外教育学院 | 4 | 1.69% |

**表 3-10　国际发文量排名靠前的机构**

| 序号 | 机构名称 | 发文量 | 比例 |
| --- | --- | --- | --- |
| 1 | University of Texas at San Antonio 德州大学圣安东尼奥分校 | 8 | 7.61% |
| 2 | The Hong Kong Institute of Education 香港教育学院 | 3 | 2.85% |
| 3 | University of California, Los Angeles 加利福尼亚大学洛杉矶分校 | 2 | 1.90% |
| 4 | Indiana University 印第安纳大学 | 2 | 1.90% |
| 5 | California State University, Long Beach 加州州立大学长滩分校 | 2 | 1.90% |

### 3. 研究方法及研究视角

通过对孔子学院的文献进行统计分析，可以得知其研究方式及视角的转变，自 2007 年第一篇相关文献发表之后，关于孔子学院的规范研究论文数量基本呈现逐年递增态势。在 2007—2020 年间，除去文献综述，国内的研究成果中运用规范研究方法的共计 233 篇，占论文总数的 98%，构成了该领域研究的主导范式。其中，早期针对孔子学院的研究主要是定性研究，多是单一探究孔子学院的发展及其文化影响。实证研究论文自 2010 年开始陆续出现，近两年来实证研究开始增多，在所筛选 236 篇文献中，实证文献占据 21 篇。同时孔子学院研究也从宏观的视角慢慢转到了中观及微观视角，越来越多的学者开始选择有代表性的孔子学院案例研究，并进行扩展研究。总体而言，孔子学院相关研究中规范性研究较多，实证性研究较少，尤其是案例研究还有待丰富与完善。

伴随着“一带一路”倡议的不断实施推进，在沿线各国实现“五通”十分有必要，而其中民心相通则是涉及文化之间的融合。孔子学院作为中华传统文化国际传播的标志性机构，在文化领域之外还涉及政治、经济、教育等诸多领域。因而，研究学者从多个视角对孔子学院展开了系统研究。通过对所研究的论文分析可知，已有研究视角众多，主要包含文化学视角、教育学视角、经济学视角、外交学视角、政治学视角、法学视角及社会学视角，其中以文化学为视角的文献最多，共 108 篇，占总数的 46%，如肖萌探索了在全球化背景下，孔子学院作为中华传统文化国际传播宣传的重要机构，对其所行使的文化国际传播功能进行了探析①。丁传伟等学者以孔子学院武术项目巡演为例，对其海外表演的历史及孔子学院武术巡演的发展历程进行考察，揭示武术巡演节目的创编特征并提出推动中华武术走出国门的建设性意见②。同时从文献年限分布来看，对于孔子学院传播的研究，在近些年开始出现跨领域的研究，如从经济学、传播学等领域开展跨学科研究③。

## 三、孔子学院文化传播研究现状可视化分析

### 1. 关键词分析

关键词是为了便于开展文献索引和检索而选取的能反映论文主题概念的词或词组④。论文关键词作为能够反映文章主题内容和研究重点的重要术语，对其进行共现分析，可以有效把握一个研究领域的热点内容主题分布。

(1) 国内研究文献频次及共现分析

首先对研究文献的关键词进行了统计分析，选取出现频次大于 5 次的关键词，对其中心度进行计算，结果如表 3-11 所示。其中“孔子学院”“文化传播”“软实力”“一带一路”“跨文化传播”“汉语教学”“可持续发展”等词汇频率最高，着重表现了孔子学院与文化、政策方面的联系，其中“软实力”排名靠前，表明孔子学院对于软实力的推动作用十分明显，也展现了选取孔子作为文化国际传播的代表，凸显我国对外文化传播的主旨，孔子所宣扬的“仁爱”“平等”等文化观念，潜移默化地影响着国外民众，让世界民众感觉中国的形象更加友好。

**表 3-11　文献关键词频次和中心性表**

| 序号 | 关键词 | 频次 | 首次出现年份 | 中心度 |
|---|---|---|---|---|
| 1 | 孔子学院 | 206 | 2007 | 0.67 |
| 2 | 文化传播 | 13 | 2008 | 0.06 |

① 肖萌. 全球化背景下孔子学院的文化传播功能探析[J]. 现代传播(中国传媒大学学报), 2018, 40(3): 167-168.

② 丁传伟, 张宁, 梅汉超. 论“文化走出去”的重要途径: 以孔子学院武术项目巡演为例[J]. 首都体育学院学报, 2017, 29(5): 421-424.

③ 顾江, 任文龙. 孔子学院、文化距离与中国文化产品出口[J]. 江苏社会科学, 2019(6): 55-65.

④ 曾伟, 郭倩. 关于电影《霸王别姬》研究的可视化分析[J]. 四川戏剧, 2022(11): 120-122.

续表

| 序号 | 关键词 | 频次 | 首次出现年份 | 中心度 |
|---|---|---|---|---|
| 3 | 软实力 | 13 | 2007 | 0.05 |
| 4 | 一带一路 | 9 | 2016 | 0.05 |
| 5 | 跨文化传播 | 8 | 2009 | 0.02 |
| 6 | 汉语教学 | 7 | 2012 | 0.06 |
| 7 | 可持续发展 | 7 | 2009 | 0.05 |
| 8 | 中华人民共和国 | 6 | 2007 | 0.05 |
| 9 | 公共外交 | 6 | 2011 | 0.03 |

接着使用 Citespace 软件进行关键词共现分析，可以得到图 3-6 关键词共现网络图谱。

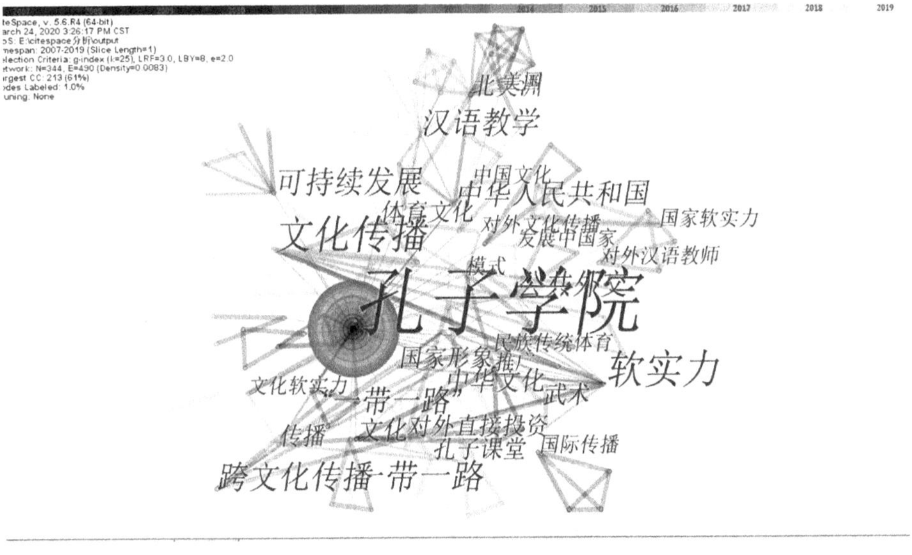


**图 3-6　关键词共现网络图谱**

(2) 国际研究文献频次及共现分析

对国际研究文献的关键词进行了统计分析，选取了出现频次大于 5 次的关键词，对其中心度进行了计算，结果如表 3-12 所示。其中“Confucius institute(孔子学院)”“soft power(软实力)”“China(中国)”“education(教育)”“cultural diplomacy(文化外交)”“public diplomacy(公共外交)”等关键词的出现频率最高，由此可见，国际学者将孔子学院与国家相联系，并将其视作国家软实力的象征，是一种用文化进行交流合作的媒介。这也与孔子学院最初的目的有所联系，通过文化的传播及语言的教育，使得世界看到了一个不断发展的中国形象。

**表 3-12　文献关键词频次**

| 序号 | 关键词 | 频次 | 首次出现年份 | 中心度 |
|---|---|---|---|---|
| 1 | Confucius institute | 34 | 2009 | 0.35 |
| 2 | soft power | 20 | 2009 | 0.24 |
| 3 | China | 17 | 2012 | 0.37 |
| 4 | education | 7 | 2014 | 0.17 |
| 5 | cultural diplomacy | 6 | 2015 | 0.06 |
| 6 | public diplomacy | 6 | 2016 | 0.11 |

**2. 聚类分析**

聚类分析是根据“物以类聚”的思想，首先将抽象对象的集合分组，再对相似的集合分别组成多个类别，最后对每个类进行分析。

(1) 国内文献聚类分析

通过 Citespace 软件对文献进一步关键词聚类分析，可以得到如图 3-7 关键词聚类分析图谱。由于聚类分析图谱是软件通过公式计算，自动抽取关键词对相应的知识子群进行标识。虽然从客观上可以反映出核心词汇，但提取的部分词汇相对机械化和片面化，不能很好地表达某类别的热点主题状态，所以需要对软件自动抽取的结果进行人工分析处理，剔除掉词汇过少或意义不大的聚类群。经过聚类分析和人工筛选，当下国内孔子学院传播的研究热点可以总结归纳为 6 个主题：“模式”“美国”“教材”“功能”“文化‘走出去’”“文化交流合作”。

(2) 国外文献聚类分析

通过 Citespace 软件对文献进一步关键词聚类分析，可以得到如图 3-8 关键词聚类分析图谱。经过聚类分析和人工筛选，当下国外孔子学院传播的研究热点可以总结归纳为 4 个主题：“Confucius institute effect(孔子学院效应)”“American media coverage(美国媒体覆盖)”“Institute quality matter(学院质量问题)”“Cultural distance(文化距离)”。可见当前国际上对孔子学院传播关注点，主要在教学质量及孔子学院的文化效应，并且通过文化距离等因素探究孔子学院的语言教学及文化传播成效。

图 3-7　国内文献关键词聚类图谱

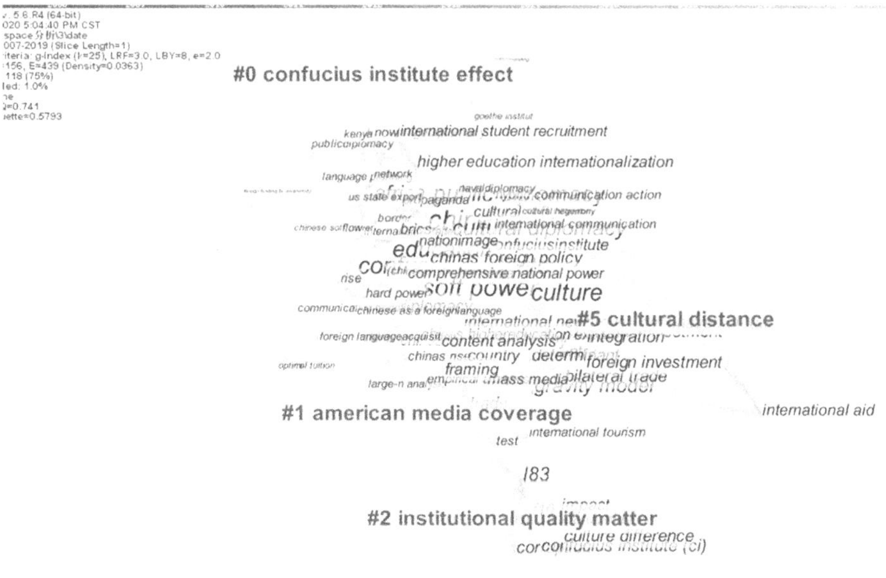


图 3-8　国外关键词聚类分析图谱

## 四、孔子学院文化传播研究的热点分析

通过对文献内容的整理与分析，可以发现目前学者对孔子学院的研究主要集中在以下几个方面：

**1. 孔子学院的文化传播效应研究**

最初孔子学院建立的目的是“推动汉语加快走向世界，提升中国语言文化影响力”，因此在孔子学院建立之初，就是作为一种文化传播媒介对外传播中华传统文化，特别是推进汉语的国际化。通过对文献的整理发现，早年关于孔子学院的文献主要从文化国际传播的角度进行研究，并将孔子学院的发展与国家的文化软实力提升相联系，如吴瑛分析了传播中国文化为主旨的孔子学院是否能够通过日常汉语教学较好地实现中国文化的国际传播，并从四个方面反思孔子学院的中国文化传播战略，为孔子学院的建设提供了有建设性的意见①。Xu Chensheng 等学者通过文化差异和制度质量考察孔子学院对中国对外直接投资的影响，并得出孔子学院的文化传播效应对中国的对外直接投资具有显著的积极影响，而这种影响取决于所在国的文化差异和体制质量②。就孔子学院建设发展的经验分析，孔子学院对中华传统的文化，特别是汉语的国际化传播做出了巨大的贡献，伴随着中国综合国力的不断增强，国际上对于汉语需求的不断提升将会推进孔子学院的继续发展。

**2. 孔子学院的教育教学功能探究**

对于孔子学院教育教学功能的探究，学者也分别从不同的角度予以解析。首先在教学体系建设层面，于鹏等学者针对孔子学院在推广汉语层面的成功，反思在孔子学院教学体系中存在的问题，并提出孔子学院教学体系建设的重要问题：汉语基础课程不能满足国外学习者的职业需要，并就此提出了自己的看法③。其次在孔子学院教师培养方面，吴坚就孔子学院教学的模式及教师的培养方式的考察，指出了在教师培养过程中所存在的培养体系目标欠清晰化、培养结构有待合理化、理论与实践教学学时分配不

---

① 吴瑛．对孔子学院中国文化传播战略的反思[J]．学术论坛，2009，32(7)：141-145.

② XU C S, YAO F, ZHANG F, et al. An investigation of Confucius Institute's effects on China's OFDI via cultural difference and institutional quality [J]. Journal of Asia Business Studies, 2020, 1: 241-263.

③ 于鹏，焦毓梅．关于在“孔子学院”开设汉语职业培训课程的思考[J]．中国职业技术教育，2008(3)：56-57.

均等问题，进而有针对性地提出准确把握海外本土汉语教师培养的目标；均衡培养结构，丰富培养层次等建议①。在教学现代化层面，雷莉分析了当前信息化发展带给教学模式的变化，认为在全球化和大数据化的时代，融数字化、信息化和网络化为一体的“慕课”为全球教育界带来一种以“学”为本的全新教学模式，这种模式已引起各国教育界的普遍关注，并以慕课作为例子为孔子学院的教学发展提出了新的思路②。Zhao Hongqin 等学者使用政府政策、孔子学院成果、报纸报道以及网络媒体资源，研究当今全球孔子学院快速发展的课程政策的现代演变③。李宝贵等学者以国别研究为基础，探索了中文纳入非洲国家国民教育体系的特征、挑战与路径，从中提炼和归纳特定国家和区域中文教育发展的共性和特性问题，以指导国际中文教育本土化发展实践④。

**3. 孔子学院的品牌形象研究**

孔子学院的成功，不仅是作为一种文化国际传播媒介发挥作用，更是中华传统文化品牌形象的成功塑造。对于孔子学院品牌形象的塑造，彭飞选取 2012—2015 年间的英国四大主流媒体涉及孔子学院的报道，采用多种分析手段对孔子学院形象进行剖析探究，发现国外对于孔子学院的报道总体上看是正面报道居多，并多与汉语教学挂钩⑤。周芸从国际形象的视角，探究孔子学院的世界文化形象，发现孔子学院的文化传播与国家形象的建立有着正向的相关关系⑥。Brazys Samuel 等学者解释了新兴大国如何打造更有利于其利益的国际环境，研究结果表明中国孔子学院有助于改善外国人对中国的看法⑦。

---

① 吴坚．孔子学院本土汉语教师培养：现状、问题与对策[J]．华南师范大学学报(社会科学版)，2014(5)：63-66．

② 雷莉．孔子学院发展的新思路：慕课(MOOCs)教学模式的应用[J]．西南民族大学学报(人文社会科学版)，2014(12)：224-229．

③ ZHAO H Q, HUANG J B. China's policy of Chinese as a foreign language and the use of overseas Confucius Institutes[J]. Educational Research for Policy and Practice, 2010(9): 127-142.

④ 李宝贵，庄瑶瑶．中文纳入非洲国家国民教育体系的特征、挑战与路径[J]．河南大学学报(社会科学版)，2023，63(1)：131-138．

⑤ 彭飞，于晓．英国主流媒体报道中的孔子学院形象与话语体系[J]．学术探索，2016(11)：112-119．

⑥ 周芸．从国际形象视角看孔子学院在美国语言传播的发展[J]．云南行政学院学报，2012(6)：161-163．

⑦ SAMUEL B, BUKALSKIS, ALEXANDER. Rising Powers and Grassroots Image Management: Confucius Institutes and China in the Media[J]. Chinese Journal of International Politics, 2019, 12: 557-584.

**4. 孔子学院文化传播评价体系研究**

作为语言推广和文化国际传播的专业机构，孔子学院的文化传播成效是学者关注的焦点所在。安然认为孔子学院跨文化传播影响力集中体现在由基础层级→传导层级→结果层级所对应的跨文化认知能力、跨文化适应能力、文化展示能力、媒介传播能力、跨文化冲突管理能力等五个维度和相应指标，以及整个传播过程，并以此为基础初步探索了孔子学院文化传播评价体系的建立①。Zhang Donghui 基于语言和文化的不同背景，对孔子学院中的汉语志愿者教师进行深入访谈，研究其海外语言教学中所涉及的跨文化、身份和权力关系的动态②。

**5. 孔子学院未来的研究方向**

伴随着我国综合国力的不断增强及“一带一路”等倡议的不断推进，孔子学院作为中国文化推广传播机构的作用也将更加明显，针对孔子学院的研究也将具有更强的现实意义。目前国内外的学者从不同的视角研究孔子学院并取得了较多的成果，然而综合其研究成果可得知，孔子学院的研究仍存在一些不足，如缺乏研究体系的构建、研究角度的固定化及研究内容的片面化等方面的问题亟待解决，同时也是孔子学院研究的未来趋势。

（1）研究体系的构建

孔子学院的研究随着其发展建设而不断丰富，其所承担的文化国际传播责任也随着中国与世界的接轨程度加深而更加沉重。中华传统文化博大精深，其传承与传播的研究必须体现出系统性、传承性、民族性、专业性，即研究必须拥有一套完备的理论体系指导。值得一提的是通过国内学者多年的努力，对孔子学院传播研究的理论体系已经初具雏形，如针对孔子学院教学模式、孔子学院跨文化传播影响力评估层级与维度理论框架、孔子学院与中国国际形象的理论、孔子学院对文化产业出口推动效益模型等。虽然在其主题内均有所创新突破，但是却仍旧较为分散，无法形成一套完整的研究体系。伴随着孔子学院的发展，其作为文化国际传播机构的地位将更加重要，所产生的文化效应、经济效应、政治效应会逐渐交并，很难对其中任何一个领域进行完全单独的研究，特别是由于文化所携带的意识

① 安然，何国华. 孔子学院跨文化传播影响力评估体系建构初探[J]. 长白学刊，2017(1)：141-148.

② ZHANG D H. Interculturality, Identity, and Power: Experiences of Volunteer Chinese Teachers at Overseas Confucius Institutes[J].Frontiers of Education in China,2018,13:193-215.

形态属性，容易造成国内外学者研究的差异。在研究体系的构建过程中，首先应当立足于不同国家地区的实际情况，把握不同的孔子学院的发展目标及战略选择，针对不同的情况进行文化推广传播；其次应当关注孔子学院评价体系的构建，特别是其文化国际传播效能体系、外部效应模型等，并探索这些体系模型之间的关系；最后应当融合这些研究成果，探索孔子学院的未来发展路径。因而在今后的探索过程中，必然会针对孔子学院传播建立符合实际、较为权威、跨领域的理论体系研究。

(2) 研究视角的扩展

孔子学院的主旨是传播中华传统文化，提升汉语的国际化水平，学者对孔子学院的研究也围绕着这一主旨进行。就以往的研究文献分析，国内学者对于孔子学院研究的视角主要集中在文化层面与教育层面，特别是针对文化的传播与汉语教学的探索，结合现状进行分析，并针对性地提出改进建议；而国际上学者的研究则多与意识形态挂钩，分析孔子学院与中国形象、软实力之间的关系。伴随中国国力的不断增强，文化软实力也得到了前所未有的提升，致使部分西方势力对中华传统文化的国际传播，特别是孔子学院这类的官方机构，存在警惕态度。针对这些状况，不少国内学者从事实出发，从不同视角考察了孔子学院对其他国家的作用，并用数据来阐明自己的观点，紧密结合国际时政进行研究，如我国所推行的“一带一路”倡议，在近些年的研究中占据了相当大的比例。从满足国内留学生的汉语本体研究到汉语国际传播，从多元功能的孔子学院研究到“互联网＋”的时代期许，从“一带一路”人才的跨学科、跨文化、跨地域培养到建设“一带一路”教育共同体的宏伟愿景，每一个阶段的研究都是对现状的投射和反映①。此外，互联网、大数据等技术的发展，决定了未来中国文化的对外传输不会减少，只会越来越多，方式方法也会更加丰富，因而未来对孔子学院的研究视角同样也会得到进一步扩展。

(3) 跨领域的实证研究的加强

从孔子学院传播的研究趋势分析，近些年利用实证数据的研究文献数量正在逐步上升，学界更加注重用数据来证实观点，并加以理性的分析获得更加科学的结论。在这其中数量较多为综述性研究，通过相应的数据分

---

① 郭元兵，蔡昌卓. 汉语国际教育研究热点主题分析与发展趋势：基于 CSSCI 计量统计和知识图谱分析[J]. 社会科学家，2022(10)：144-152.

析工具来解析研究的现状及内容，为学界展示研究的趋势及方向。除此之外，跨领域的实证研究文献数量正在逐年上升，学者不再将研究局限在文化传播、教育研究等与文化密切相关的领域，而是与经济学、法学等学科领域结合起来，通过将研究延伸到相关学科领域的范畴，提升孔子学院研究的系统性，并逐渐探寻这些领域之间存在的关系，有利于研究体系的完善。将实证研究与跨领域的研究相结合，一方面增强了学科之间的交融性，有利于在研究中产生新的观点视角，另一方面通过数据的分析和对比研究，解释孔子学院的发展，使得研究成果更加科学，提升了现实应用的价值。因此，今后针对孔子学院跨领域的实证研究将会是一大热点。通过文献统计发现，我国在孔子学院传播研究方面已取得了众多的成果，对促进中华传统文化与世界文明的交流做出了积极的贡献。当前伴随着中国综合国力的不断提升，汉语的国际需求及国际化地位不断提升，孔子学院在文化国际传播领域所扮演的角色将会更加重要，同时技术的进步，如人工智能、云课堂等技术将在一定程度颠覆传统语言教学及文化国际传播模式，为孔子学院的未来发展开辟了新的途径。因而在孔子学院未来的发展及研究过程中，应当加强理论体系的构建及创新，拓展国际视域，融合文化学、传播学、教育学、经济学、信息科学等学科进行创新研究，促进中华传统文化在新时代的国际化传播。

# 第四章　实现基础：语言助推中华传统文化国际传播的现状

党的十八大以来，习近平总书记在多个场合谈到传播中华传统文化和讲好中国故事，他指出："我们要坚持道路自信、理论自信、制度自信，最重要的还有一个文化自信。"中国的优秀文化、国家的强大、人民的力量都是文化自信的底气。要提高文化软实力，将中国从文化大国变为文化强国。提高文化软实力，最重要的是要弘扬符合当代价值的先进文化，将立足本国又面向世界的当代优秀文化传播出去。随着"一带一路"倡议的提出，以及中国和沿线国家在"民心相通"等方面的不断推进，孔子学院、孔子课堂在沿线国家的布局和来华留学生的数量均在优化提升。在语言推广的过程中，我国的文化软实力也得到了很大的提升，随着中国与沿线国家的沟通交流不断增强，我国的优秀传统文化也逐渐在世界范围内广泛传播。很多国外高校也开始开办汉学系，研究中国文化，形成了"中国文化热"，汉语以及中华传统文化的学习越来越受世界人民的重视。

本部分通过文献法、问卷调研、访谈法相结合，重点针对对外汉语教育中，传统文化的展现和传播现状进行调研分析。首先对传统文化在对外汉语教材中的展现情况进行分析。教材作为汉语教学的依据，在学习者学习汉语和了解中华传统文化的过程中扮演着重要的角色。现有的部分汉语国际教育教材，传统文化的课程内容主要集中在"餐饮文化""节日文化""中国书法"等，基于这些文化展示内容分析当前教材的优势，以及对传统文化国际传播的启示。其次，本研究对泰国、韩国等"一带一路"沿线孔子学院中传统文化的传播现状进行调研，对孔子学院在"一带一路"合作国家的分布情况、文化体验情况和信息化建设情况进行分析。当前孔子学院的发展为中华传统文化的展示与传播提供了多样的形式及平台，极大地增强了中华传统文化在“一带一路”沿线国际传播的力度与效度，使中华传统文化形象深入人心。最后本研究通过对600多名国际学生的问卷调研展开分析。留学生对象大多来自越南、泰国、老挝、蒙古等“一带一路”沿线国家，本研究基于相关理论，确定6个研究变量即态度、主观规范、行为意向、个体认知因素、心理需求因素、知识来源和传播群体，针对来华留学生对中华传统文化教育的态度及行为意向进行调查，分析语言教育中影响传统文化国际传播的因素，对下一阶段总结传统文化国际传播的问题和策略提供参考。

## 第一节　典型传统文化在对外汉语教材中的展现现状

随着中国国力的不断强大，文化传播的范围越来越广，更多的国际学生开始倾向于赴中国留学。各大高校也开始设置一些留学生课程，进行汉语教学。语言学习是了解文化的基础，而汉字以及汉语的学习更是中华传统文化的载体。想要学好汉语，必须理解汉语所在的文化背景。中华传统文化渗透在汉语的各个层面，留学生学习中华传统文化便成为汉语学习的重要环节。

而教材作为教学的依据，为课堂的顺利进行提供了框架，为教师的教学活动提供了指导。同时，学习者也可以通过教材获取文化知识、扩展文化视野。教材的重要性要求必须注意教材编写的时代性、适应性、科学性以及如何为不同类型的学生选用不同的教材。通过对近年来汉语国际教育常用教材的梳理，查阅了现行的包括《长城汉语》《新编汉语教程》《新实用汉语课本》《体验汉语》《博雅汉语》等在内的9种汉语国际教育教材，总结出了这些教材中最具有中国特色的中华传统文化，主要包括餐饮文化、节日文化以及书法文化等，希望通过对几类与中国人民日常生活紧密联系的文化进行整理、分析，并总结这些教材对于中华传统文化国际传播的优点和不足。希望能够使汉语国际教学的内容更加丰富，中华传统文化因素更加多元，使中华传统文化以一种更加适应时代的方式为更多国内外学生所接受。

### 一、餐饮文化

在汉语推广的过程中，独特的文化元素能够更快地为人们接受，有利于提高语言学习的整体水平，而不只是简单的词汇和语法的堆砌。而餐饮文化作为中华传统文化中最不可缺少的一部分，能够渗透到学生的日常生活中，以一种潜移默化的方式使学生融入中国、接受中华传统文化。教材作为学生学习的重要载体必然要将饮食文化纳入其中，将饮食文化的传播更加系统化，使学生能够更加直观地学习中华传统文化，并在生活中将理论知识变成实践经验。

**1. 餐饮文化的内容**

项目组对现行的 9 本汉语教材进行梳理，包括《体验汉语 · 留学篇》《体验汉语 · 文化篇》《体验汉语 · 旅游篇》《长城汉语》《新编汉语教程》《新实用汉语课本》《博雅汉语 · 中级冲刺篇》《博雅汉语 · 高级飞翔篇》《阶梯汉语》，部分案例如表 4-1 所示。

**表 4-1　部分饮食文化教材案例**

| 教材 | 课文 | 涉及的饮食文化 |
|---|---|---|
| 《体验汉语 · 文化篇》 | 第 2 课《今天我请客》 | 菜名,八大菜系,学会点菜 |
| 《阶梯汉语》初级读写 | 第 39 课《中国菜》 | 中国菜的类型 |
| 《新编汉语教程》 | 第 11 课《中国的社会习俗》 | 中国人热情好客的“劝吃文化” |
| 《新实用汉语课本》 | 第 27 课《入乡随俗》 | 茶馆文化 |

原国家汉办规划教材《体验汉语》包括留学篇、生活篇、旅游篇、商务篇、公务篇和文化篇。留学篇适用于零起点汉语学习者和初学者，是为满足短期留学生的需求而制定的教材。教材的第 6 单元《我要一个炒鸡蛋》介绍了一些中国特色的菜肴，例如炒土豆丝、红烧鱼等，向学生们介绍了怎样点菜，同时也设计了一些情景供同学们练习。而文化篇则着眼于中西方文化存在差异，关注汉语学习者在日常交往中最容易遇到的生活文化方面的基本常识。教材的第 2 课《今天我请客》介绍了常见的菜名和中国的八大菜系。

刘珣主编的《新实用汉语课本》中也涉及饮食文化。这本书的第一、二册以会话交际为主，强调听说等基础训练，而从第三册开始就加入了一些涉及中华传统文化的内容。关于饮食文化方面，第三册的第 27 课《入乡随俗》就以茶馆为背景，通过对话的方式讲述了中国的餐桌文化以及中西方在饮食习惯方面的差异，同时也普及了中国菜的不同烹饪方式；第 37 课则以同学们去餐馆吃饭为背景，引出了中国人“抢买单”的习惯，同时也提及了 AA 制、菜单、菜名等常用词汇。课文生动形象、简洁明了，容易为学生所接受。

纵观这些汉语国际教育教材，大部分都对饮食文化有所涉及。这说明饮食文化作为中国人最核心、最有特色的文化之一已得到大多数教材重视。一旦对这种在生活中最常接触的文化有了一定的了解，汉语学习者的生活交际能力就会更进一步提升，在“民以食为天”的中国也会发现更多意想不到的惊喜。

**2. 教材中对中外饮食文化的差异介绍**

汉语文化教材中对中西差异的课程设置有利于国外学习者了解中华传统文化，了解中国宴请文化的特点，以减少误会，使汉语学习者感受到中国人的热情，从而推动汉语语言的学习与传播。现行教材中对中外饮食文化的差异也进行了展示。

(1) 烹饪方式的不同

在饮食上西方崇尚的是食物营养的科学搭配，是一种理性的饮食观念，他们更加侧重于食物对人体的好处，在食材比例上也十分精确。而中国的饮食相对感性，通常以食物的味道来评价一种食物，即使是同一道菜，烹饪方式上也会有很大的随意性，不同的厨师往往会做出不同的口味。所以对于中国人来说，烹饪是一种艺术。

这种感性与理性的差别更多的是中西方文化的差异导致的。“中国人偏向于综合思维和整体优先，而西方则偏向于理性分析的思维模式。中国人的整体性思维特点体现在把世界当作一个存在的整体来看。”①由此可以理解为什么中国的烹饪方式不需要精确的步骤，更多的会强调一种“适量”。正是因为这样，不同的人做出的同一道菜肴也会有不同的特色。这种相对灵活的思维方式使中国的八大菜系、20 多种烹饪方式得以形成，中华饮食文化也由此发扬光大。

(2) 餐桌礼仪的不同

中西方饮食观念上的一个很明显的不同就是餐桌礼仪的不同。中国人对客人表示重视、热情好客都体现在饭桌上，饭菜的数量质量都能体现主人的用心。大到酒店宴请小到平常的家庭聚会，菜品的选择和排场都是中国人关注的重点。同时，主人还会通过往客人碗里夹菜，劝客人多吃多喝

---

① 马永辉，王白菊，王化雪. 中西方文化比较与研究[M]. 牡丹江：黑龙江朝鲜民族出版社，2009.

来表示自己的诚意，突出欢聚一堂、觥筹交错的热闹氛围，体现了中国传统哲学思想中的“和”。而在部分西方国家，主人则更倾向于让客人“自给自足”，尊重客人自己的意愿。这种“自己吃自己的”用餐方式固然会平静和谐、干净卫生，却又少了些把盏言欢的热闹气氛。

饮食文化作为生活中必不可少的一部分，已经成为留学生最有兴趣了解的文化之一。而将饮食文化在教材中展示给学生则很容易被学生接受，提高学生学习汉语的兴趣，使学生能够更好地融入一个新的国家、了解一种新的文化，使其敢于交流，乐于交流。

**3. 饮食文化融入汉语教材的启示**

饮食对于中国人来说不只是填饱肚子那么简单，更是渗入到生活中的方方面面，中国人的八大菜系，各式各样的烹饪方法，菜肴的摆放都十分讲究。中国人喜欢饮食，更喜欢由饮食所带来的人情味。不论是家庭朋友聚会抑或是工作场合上的觥筹交错，中国人更喜欢在饭桌上交流感情。所以了解中华传统文化，饮食将成为重要的一环，汉语学习者通过对中华美食文化的了解和体验，也增强了其对中华传统文化的认同和传播。

(1) 饮食文化有助于提高中华传统文化认同感

汉语国际教育教材将餐饮文化作为文化传播的重点，通过饮食这个渗透性最强的文化，将中华传统文化的传播融入汉语教学中，对于汉语学习者尽快了解中国人、了解中华传统文化具有重要意义。例如，在中国人吃饭的过程中，会有请长辈或德高望重者上坐以及小辈敬长辈酒的习惯，体现了中华民族尊重长辈的优良品德。而长者往往也会推辞一番，以示谦逊。中国人谦虚谨慎的民族精神同样也体现在餐桌上——当主人做了一大桌子菜之后往往会说“招待不周，家常便饭”，而这些谦辞有时会引起外国人误解。教材中通过饮食文化的教学，以这些常见的渗透在中国人生活中的情景作为教学实例，使汉语学习者更容易理解中国人的民族特性，提高对中华传统文化的认知和认同感。

(2) 饮食文化有利于推动中华传统文化的传播

中国饮食作为日常生活中不可或缺的一部分，在汉语学习者的生活中占据着十分重要的地位。再加上中国主流媒体的不断发展，饮食文化也得以广泛传播。中国饮食丰富的种类、别具一格的烹饪方法和令人回味无穷的口味都是中国饮食文化受到各国人民欢迎的关键。李牧认为中华饮食文化是一种不同群体间所共享的相似文化经验，能够在不同的社会文化语境中形塑参与主体自身对于华人身份的认识和想象①。

“民以食为天”不只是“吃”那么简单，而且体现在生活的方方面面。中国人不只是一日三餐，“吃”更是渗透到了节日之中。春节吃年夜饭、元宵节吃汤圆、端午节吃粽子、中秋节吃月饼，等等，食物不只是食物，更是节日的承载。在中国驻芬兰大使馆每年举办的春节庙会上，最引人瞩目的则是各式各样的中华美食，因此，以食物作为文化的具体体现也会使更多的国外留学生愿意了解食物的背后所蕴含的深刻内涵，更多的人也会因为食物而欢聚一堂，密切人与人之间的关系，也吸引更多的外国人融入中国、接受中华传统文化，中华传统文化也会因此得到传播。

## 二、节日文化

汉语学习者通过对中华传统文化的了解，能够更深刻地感受到传统节日的魅力，不论是在中国学习的留学生，还是国外孔子学院或者学堂的汉语学习者，每年春节等中国传统节日时，总会有一系列文化体验，让汉语学习者能够和中国人一起体会到节日的气氛，更好地融入中国。

### 1. 中国传统节日与汉语国际教育教材

原国家汉办规划教材《体验汉语·文化篇》的第 1 课《给您拜年》就介绍了一些关于春节的习俗。课文以给老师拜年为情景，介绍了贴春联，放鞭炮和吃年夜饭等传统的春节习俗。同时在“文化窗口”的栏目中也介绍了中秋节、端午节、元宵节等传统节日。为学生提供了浓厚的节日氛围，使学生能够感受到中华传统文化的乐趣。

《新实用汉语课本》第 28 课《礼轻情意重》则讲述了外国留学生和中国学生一起过中秋节的故事，其中包括中秋节的习俗，吃月饼、赏月等中国人庆祝中秋团圆的方式。同时，在阅读与复述栏目中介绍了嫦娥奔月的故事，使学生能够在神话故事的吸引下更好地理解中秋节对于中国人的意义。

涉及传统节日的汉语教材还有很多，涵盖了春节、元宵节、端午节、中秋节等，这里就不一一列举。汉语教材对中华传统节日的重视有利于中华传统文化以一种更加具有参与感的方式吸引汉语学习者，学生对汉语的理解也会更进一步。

---

① 李牧．饮食文化与华人身份的跨文化表演性：海外中餐与中餐馆[J]．广西民族大学学报（哲学社会科学版），2022，44(2)：106-118．

**2. 教材中对中外节日的差异介绍**

在教材中，节日介绍部分对中国的春节介绍内容比较丰富，同时也会有一些中西方重要节日文化的比较。比如，中国的春节和西方的圣诞节的比较。圣诞节在中国的影响力越来越大，中国人也会在这个节日里与西方人民一起狂欢。而春节也成为各个国家不容忽视的节日之一，更多的人愿意在农历新年前往唐人街与中国人一起欢庆佳节。因此，部分教材通过对比春节与圣诞节的异同，分析不同节日模式下文化背景的差异。

首先是因为宗教信仰的不同导致的活动形式差异。现如今的中国春节文化则主要是为了阖家团圆和祈福祝愿，希望在新的一年有更美好的生活。而西方的圣诞节更多的是一个具有宗教色彩的庆祝活动。庆祝方式也是跟基督教有关，例如，人们在教堂做礼拜，唱圣诞颂歌等都具有深刻的宗教含义，西方人希望通过做礼拜来净化自己的灵魂，歌颂上帝。其次是价值观念有所不同。春节在中国更多的是一种乡愁和家庭团聚。而西方人的圣诞节更多的是一种狂欢，身边的可以是亲人可以是朋友，甚至可以是陌生人。西方人追求的是个人的幸福，是自由的狂欢。

通过节日庆祝方式的不同也可以看出中西方不同文化背景下人民习俗和观念的不同，因此汉语教材要根据不同的学生文化背景，将文化冲突最小化，以一种更为人接受的方式使汉语学习者体验中国的节日氛围，推动中华传统文化的对外传播，提高学习者的汉语学习和表达能力。

**3. 节日文化融入汉语教材的启示**

(1) 节日文化有利于提高汉语学习的兴趣

中国传统节日是历史发展的产物，蕴含着中国古代自给自足农耕文化的深刻内涵。不论是春节还是元宵节、端午节、中秋节等，背后都承载着丰厚的历史底蕴。首先，在教材中或者教师的讲授中，中国传统节日的故事性非常强。春节有团圆习俗，“年”的传说；端午节是为纪念伟大的爱国主义诗人屈原；中秋节嫦娥奔月的神话故事寄托了古代人民对未知月球的向往。在教材中加入跌宕起伏的故事情节会使汉语学习的过程更加有趣，内容更加丰富。其次，极具特色的节日习俗则可以丰富学生们的学习生活。教材中经常会有一些实际交际的课程设计，而节日文化是最具有参与感的文化。春节放鞭炮吃团年饭、元宵节猜灯谜吃元宵、端午节吃粽子划龙舟、中秋节赏月吃月饼等都能使汉语学习者参与其中，使其身临其境地了解中华传统文化的魅力。在文化学习的同时语言的学习必然会得到有效提高。

(2) 节日文化有利于培养学习者的“中国思维”

语言的差异不止体现在文字、语法上，更多地体现在文化以及不同文化背景下人的思维模式和价值观念上。首先，中国自古以来就是以小农为主体的农业生产型的小农经济，人们与土地的联系十分紧密，为了使土地获得较好的收成，根据天气现象安排农时，研究气候、时令，二十四节气由此形成。而中国传统节日大多与天气物候、历法、节气有关，因此节日文化与中国人的生活背景密不可分。其次，传统节日中不可缺少的“团圆”因素也体现了中华传统文化的包容性和凝聚力，体现了中华传统文化中一脉相传的“和”文化。

汉语教材加强对节日文化的研究有利于汉语学习者以一种更有参与感的方式了解中国古代社会的实际和中西文化产生冲突的原因，更能够理解中国人的思维模式，以及这些传统节日所寄托的人们对阖家团圆的重视和对美好生活的期许，汉语的学习因此也会达到事半功倍的效果。

## 三、书法艺术

书法艺术是中国精神和艺术的集中体现。在中华传统文化中占据着重要的地位，它不仅负载着丰富而复杂的文化心理和文人气息，而且蕴含和浓缩了中华民族博大精深的传统文化，具有不可替代的文化地位和价值。书法作为汉语教学中汉字教学的一部分，对于中华传统文化的阐释有着十分重要的意义，对于提高汉语学习者学习汉语的兴趣也具有十分重要的影响。

### 1. 书法文化与汉语国际教育教材

汉字书法在中华传统文化中的重要地位使其成为汉语教材中的教学重点，下面通过介绍两本汉语教材，梳理书法艺术在对外汉语教育中的应用。

《新实用汉语教程 3》第 29 课《请多提意见》一课中以学生拜访老师为情景，通过老师对书法的介绍激起同学们对书法的兴趣，并通过老师推荐了一些学习书法的书籍，使汉语学习者们能够因此了解书法。

而《体验汉语 · 文化篇》中第 8 课《我在练习书法呢》则以学生的视角提出了书法学习的有趣之处和写字过程中面临的困难，通过对文房四宝和行云流水的中国字展示，使同学们体会到书法艺术的优美，并且可以吸引同学们参与其中练习书法，对汉字的教学也有着很大的推动作用。



通过以上列举出的汉语教材可以看出，书法艺术的教学在汉语教学中占有重要的地位，教材以生动有趣的方式将相对单调的书法融入日常生活中，拉近同学们与书法和汉字的距离，消除学习者对汉字书写的畏难情绪。

**2. 书法艺术融入汉语教材的启示**

(1) 书法融入汉语教学有利于提高语言教学的丰富性

汉字是汉语学习的重要组成部分。在语言传播中，文字传播是最基础，也是最重要的传播。人与人之间的互动需要语言工具，而文字的发展又进一步推动人类文明的进步①。但是，对于国外学习者而言，汉字是汉语学习的拦路虎，复杂的笔画就像是没有规律的图案，常常使汉语学习者无从下笔。这也是为什么很多学习者的听说能力在中国这个大环境的熏陶下有了很大的提升，但是汉字的书写能力却止步不前的原因。一方面，书法以其优美的艺术性展现在学习者面前有利于激发学习者对汉字的兴趣，让他们愿意写、喜欢写汉字；另一方面，将书法融入汉语教学中有利于让同学们能真正参与到汉语学习中，使汉语教学不只停留在理论上，而是增强同学们的动手操作意识，使汉语学习的方法更加多元、过程更加有趣。很多教材后都设计了书法练习的环节，有些学校还专门开设了书法课。书中的笔墨纸砚都不再是书法家的专利，而是真正握在了同学们手中。这种亲身实践的过程有利于同学们摆脱对汉字书写的恐惧，汉字的教学也会更加顺利。

(2) 书法融入汉语教学有利于提高汉语教学的实用性

在中华传统文化中，中国的哲学、艺术、节日等文化更多地强调的是一种文化认同，以提高学生们学习汉语的兴趣。而现行的汉语教材有一个共同目的：使留学生更多地了解中国传统文化，希望其在中国更方便的生活。前面所提到的餐饮文化以及教材中以交际为主的教学模式都体现了这一点。固然，中国书法在很大程度上是一种艺术，但是对于汉语教学而言更要将其作为一种实践教学手段，不是为了把学生们培养成书法家，而是以另一种方式使留学生能够认汉字、学会写汉字。如果汉语学习者在只有听说的基础上学会读写，对外汉语教学的使命才真正得以实现，学生们才能更好地了解中国文化、融入中国社会。

## 第二节　孔子学院对外文化传播现状

伴随中国综合国力的增强及国际地位的不断提升，中国与世界各国的

---

① 管志翔，马戎. 语言、民族国家建构和国家语言政策[J]. 学术月刊，2022，54(9)：123-147.

交往愈加密切，促进了世界各国对汉语学习需求的不断提升。为了系统推进汉语走出国门，规范汉语的国际传播，孔子学院的建设得到世界各国的认可，并在近些年进入快速发展期。孔子学院在多年的发展建设中，已经成为国际民众学习汉语的基地，并且成为中外文化交流的桥梁。习近平总书记在上海合作组织成员国元首理事会第十八次会议上的重要讲话中强调“不断改革完善全球治理体系，推动各国携手建设人类命运共同体”。孔子学院的办学宗旨是增进世界人民对汉语和中华传统文化的了解、发展我国与其他国家的友好关系、促进世界多元文化发展，为构建人类命运共同体贡献力量。

## 一、文化传播体系基本构建，为语言助推传统文化传播奠定基础

在文化国际传播中，从传播效果看，与传统传播模式不同，孔子学院作为一种文化品牌，为世界各地汉语学习者提供规范、权威的现代汉语教材，是最正规的汉语学习渠道①。孔子学院实际上构成了中国活跃在国际舞台上的软实力，这种软实力与中国日益强大的硬实力相得益彰。因此，孔子学院传承中华传统文化，特别是这种文化的核心价值观，既是时代发展的需要，也是人类共享文明成果的需要。从另外一个方面来说，孔子学院在对外传承中华传统文化的过程中也会吸纳其他文化的精华，从而不断丰富和发展中华传统文化内涵，真正达到不同文化、文明之间的相互交流与融合。所以，孔子学院作为语言教育和文化交流的平台，其担负的重要使命就是传承中华优秀传统文化，它对于加强中国文化的输出力与渗透力以及提升中华文明的影响力都发挥着至关重要的作用。这种传播不是“意识形态”或“政治制度”的渗透，而是文化作为软实力重要组成因素的自觉交流及合理输出。

截至 2021 年底，全球已有 162 国家(地区)设立了 541 所孔子学院和 1170 个孔子课堂。如图 2-1 所示，亚洲 39 国(地区)，孔子学院 135 所，孔子课堂 115 个；非洲 46 国，孔子学院 61 所，孔子课堂 48 个；欧洲 43 国(地区)，孔子学院 187 所，孔子课堂 346 个；美洲 27 国，孔子学院 138 所，孔子课堂 560 个；大洋洲 7 国，孔子学院 20 所，孔子课堂 101 个(相关数据

① 向志强，向治国．中国对外传播实践的语言距离检视及分层策略：以孔子学院为例[J]．现代传播(中国传媒大学学报)，2022，44(4)：65-71.

如图 4-1 所示)。

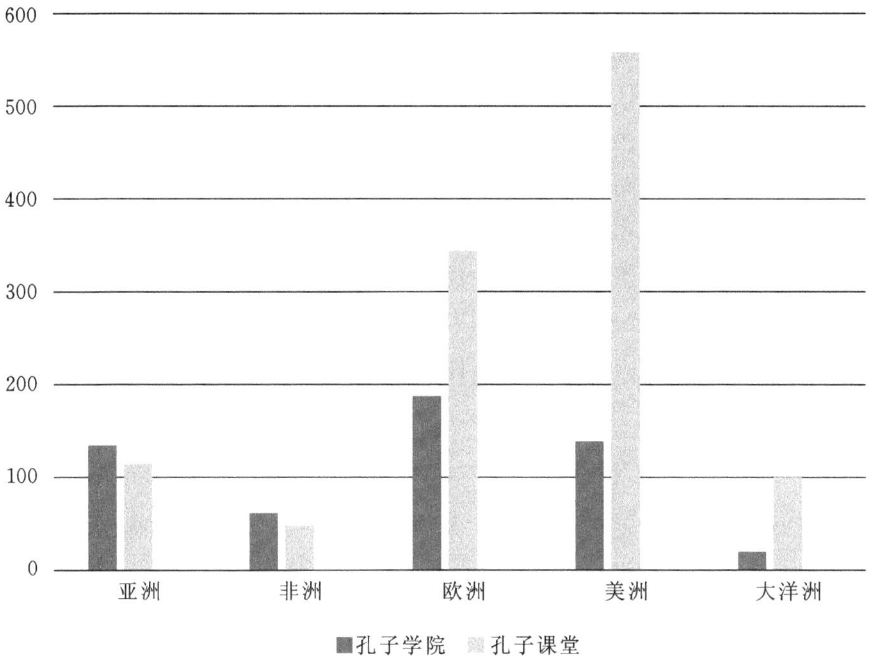


**图 4-1　孔子学院与孔子课堂的分布**

自 2004 年建立第一所孔子学院，在这期间中国社会经历了巨大变革，经济体量不断增长，世界地位逐步提升，文化影响力越来越显著，也正是因为中国大国形象的世界性崛起，使得越来越多的外国人开始向往中国，主动寻求机会学习汉语了解中国文化，这为孔子学院在世界范围内的快速增长提供了良好的需求环境。同时从现今孔子学院在世界的分布可以发现，地区的经济发展水平、教育程度与该地区孔子学院和孔子课堂的数量有着正向相关关系，经济越发达、教育水平越高的地区孔子学院及孔子课堂的数量越多，如孔子学院数量最多的美洲与欧洲两个地区，包揽了世界绝大多数的经济强国与教育强国，虽然相较于亚洲及非洲而言，其地缘位置距离中国更远，但是由于其经济的强盛与文化的繁荣，使得这两个地区的国家与中国进行经济文化交流的频率更高，因而可以发现在全球化不断发展的今天，地缘位置对文化传播的限制极其有限。

步入 21 世纪以来，中国加大对外开放交流的力度，在经济、政治、文化等各个方面积极与世界各国合作，致力于与世界各国共同努力打造命运共同体。在这种愿景之下，2013年中国提出了“一带一路”倡议，希望发挥中国作为新时代大国的担当，借助于“一带一路”的实施与沿线各国发展积极的合作伙伴关系，进而实现中国与沿线各国的合作共赢，孔子学院作为中国文化国际传播的代表，伴随“一带一路”倡议的顺利实施，迅速在沿线各国建立。中国已经在大部分“一带一路”沿线国家建立了孔子学院，通过孔子学院的汉语教育向外推广中华传统文化，使得域外民众能更加深入了解中华传统文化，对孔子学院的认可度越来越高，汉语教学及中华传统文化国际传播发展势头良好，初步构建了“一带一路”对外文化传播体系。同时，孔子学院在“一带一路”沿线国家的开办，一方面进一步提升了汉语与中国文化的国际传播，使得各国人民更加熟悉与了解新时代中国；另一方面更是促进了各国有志青年学习汉语的热情，提升了各国与中国的联系，加深了两国之间的深厚情谊。

## 二、受众文化体验日趋丰富，为语言助推传统文化传播提供动力

“一带一路”倡议的实施为汉语教学及中华传统文化国际传播提供了前所未有的机遇。但是“一带一路”所经过的国家众多，政治、经济、文化差异巨大，这也使中华传统文化的传播遭遇了现实困境。传统的课堂教学模式并不能很有效地达成文化传播目标，只有通过改革教学模式适应对象国的国情，才能真正提升汉语教学及中华传统文化国际传播的成效。开展丰富多彩的文化交流活动是孔子学院所提供的重要服务之一，这些文化活动是国际受众直观了解中国文化的窗口，有利于激发学习者进一步学习汉语的兴趣和欲望，是传播优秀中华传统文化的重要途径。

孔子学院传统的文化活动包括孔子学院日、文艺演出、文化讲座、文化交际会、文化展览及世界汉语桥等活动，通过这些活动的举办，一方面可以减少课堂语言教学的枯燥及乏味，让学生可以很好地在课堂学习与课外学习之间切换，提升他们学习汉语以及接触吸收中华传统文化的兴趣；另一方面透过这些文化活动的举办，可以很好地将汉语教学与中华传统文化有机结合起来，让学生在参与活动的过程中将自身融入汉语习得的文化情境中，并将学到的知识进行灵活运用，提升其对语言的理解。如泰国清迈大学孔子学院正在提倡“汉语＋”的教学理念，鼓励学生自觉拓宽学习视野，将汉语学习方向从对汉语本身的学习研究转变为与其他领域相结合的实践性学习。也正是秉承着这种教学理念，清迈大学孔子学院主办了“一带

一路”泰北高校大学生中文创新创业大赛。该中文创新创业大赛以 O2O (Online To Offline)的运营模式搭建“汉语＋经贸”活动平台，让同学们在参赛的过程中既能提高汉语能力，又能实际接触到中泰电商合作流程。另外清迈大学还建有中国文化体验中心，里面陈列了各式各样的中国古代乐器，如古琴、古筝、琵琶、竹笛、陶笛等。除此之外，这里还摆放了折扇、屏风、象棋、围棋、笔墨纸砚和熊猫玩偶，甚至还有三国华容道，着实让人眼前一亮，中心每周都会为大家开放不同主题的中国文化体验课程，希望以这种方式燃起大家学习汉语的热情。中国文化体验中心为大家提供了大量接触和体验中华传统文化的机会，如有的学生对古筝非常感兴趣，便可在中心老师的许可下自行前来练琴。另外，中心还配有一间中文图书阅览室，下课期间，阅览室里常常会有学生前来借阅中文图书。

通过对泰国学校汉语志愿教师的访谈调查可知，泰国汉语学生，尤其是中小学生，其色彩敏感度高，动手能力强，但学习态度有些散漫。为了能适应学生的学习方式进而提升教学成效，这些汉语志愿教师设置多种多样的文化活动，帮助学生提升中华传统文化感知能力。如开办以春节为主题的文化策划活动，并将学生作为主体，他们充当解说员、协调员，将学生的剪纸作品、中国结作品、卡片制作等等保存以备后用，在活动区展示学生此阶段汉语学习成果，并开设了写毛笔字、筷子夹乒乓球、编中国结、剪纸、踢毽子等活动，带着学生参与各类汉语比赛活动，使学生在丰富的文化活动中提升汉语水平，为中华传统文化国际传播提供巨大的推动力。

### 三、信息化技术广泛应用，为语言助推传统文化传播提供平台

传统的孔子学院教学依靠国内高校与国外高校的联合，建立教学基地对人员进行系统的教学培训。然而技术的发展使文化的传播突破了空间、时间限制，尤其是新媒体技术的发展，为孔子学院的新时代传播提供了新的机遇。如表 4-2 所示，许多孔子学院平台借助于微信公众号、微博等新媒体平台开设了官方账号，探索中华传统文化的新媒体传播。

**表 4-2　部分孔子学院微信公众号信息**

| 序号 | 名称 | 账号 | 数字平台 |
|---|---|---|---|
| 1 | 孔子学院 | ciglobal | 微信 |
| 2 | 清迈大学孔子学院 | qmdxkzxy2018 | 微信 |

续表

| 序号 | 名称 | 账号 | 数字平台 |
|---|---|---|---|
| 3 | 俄罗斯喀山大学孔子学院 | KFU-kongyuan | 微信 |
| 4 | 埃及开罗大学孔子学院 | KLDXKZXY | 微信 |
| 5 | 奥克兰孔子学院 | ConfuciusNZ | 微信 |
| 6 | 旅游孔子学院 | tcicumt | 微信 |
| 7 | 罗兰大学孔子学院 | gh_b6a1880640cf | 微信 |
| 8 | 新西伯利亚国立大学孔子学院 | gh_23c81ac5a80d | 微信 |
| 9 | 罗马大学孔子学院 | luomakongyuan | 微信 |
| 10 | 普吉孔子学院 | puji2018 | 微信 |
| 11 | 里斯本大学孔子学院 | CI-Ulisboa | 微信 |
| 12 | 柬埔寨皇家科学院孔子学院 | cirackh | 微信 |
| 13 | 巴林大学孔子学院 | gh_dd34f982e6e3 | 微信 |
| 14 | 南非约翰内斯堡大学孔子学院 | UJCI-SA | 微信 |
| 15 | 乌克兰基辅国立语言大学孔子学院 | ciknlu2018 | 微信 |

以泰国清迈大学孔子学院为例，其由泰国名校清迈大学与云南师范大学合作，并于 2006 年 10 月建立，其微信官方账号为 qmdxkzxy2018，其最早可见的文章为 2018 年 8 月 14 号发布的《清迈孔院教师赴泰国湄洲大学治理“看东方”文化活动》。

如图 4-2 所示，从 2022 年 1 月起至 2022 年 12 月，泰国清迈大学孔子学院微信公众号共发文 157 篇，平均每月发文约 13 篇，即从发文总数来分析接近于 2 天一篇文章，但实际而言，其发文数量在各个月份相差较大，如图 4-2 中所示，4—7 月发文量趋于平稳，但是 1—3 月及 8—12 月则发文较多且波动幅度大。

从公众号所发表的文章类型分析，可以将其分为文化信息类与新闻类，其中文化信息类包括了教学活动信息、文化传播交流；新闻类则包括了文化新闻、文化活动等信息。如图 4-3 所示，将所搜集文章进行人工归类，其中新闻类占比约为 74%，而教学信息类文章大约站 26%，可见公众号将重点放在了宣传及成果展示层面。

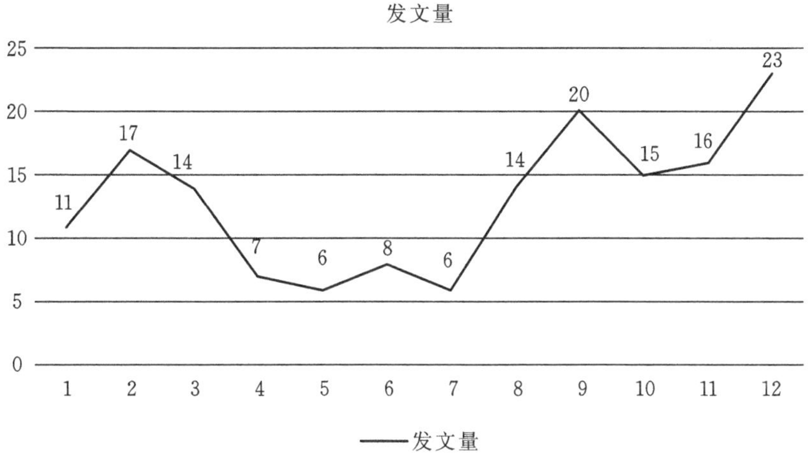


**图 4-2　清迈大学孔子学院微信公众号发文量**

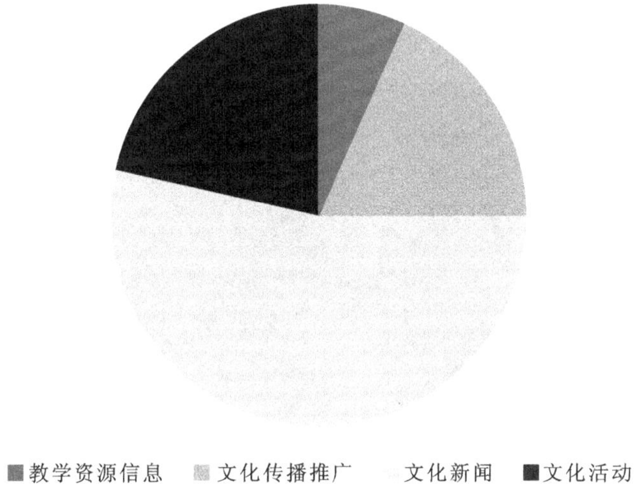


**图 4-3　清迈大学孔子学院公众发布文章类型**

除了借助于微信、微博等新媒体平台建立账号之外，孔子学院在线上教学体系搭建上也是积极进行探索。原国家汉办建立了网络孔子学院(现改名为中文联盟平台，网址为：http：//www. chinesecio. com，页面如图4-4所示)，作为中国语言文化传播的数字平台，同时与微信公众号、微博平台、Twitter、Facebook 实现了联动，在这些新媒体平台都建有官方账号。中文联盟数字平台主要向全球民众提供四个方面的内容：课程中心、中文考试、教学资源和交流项目。其中课程中心下又分为慕课、微课及直播课，针对不同需求的受众提供不同的课程教学内容；中文考试栏目主要为汉语考试提供服务；在教学资源项目下，包含了国际中文教学指南、国际中文教学案例库、数字图书馆、汉语900句、HSK标准会话教程、普通话900句、YCT自主学习课件、教学工具、游戏学中文等多种形式多样的教学资源；在交流项目栏目下，包含了网络中文课堂、汉语桥、国际中文教师奖学金、国际中文教育交流周、驻华外交使节中文学习班、文化交流栏目。以课程中心栏目下慕课平台为例，如图4-5所示，打开可以发现页面主要分为三部分，第一部分为学习、考试、认证三个专区，打开学习专区，如图4-6所示，可以获取初级汉语学习资料、跨文化课程及中华传统文化传播课；第二部分为学习内容细分专区，包含了中国概况文化教程、汉语教学标准教程、中华传统文化教程、国际汉语教师培训、专家讲座等；第三部分则是合作的国内高校的名单，其中包括中国人民大学、东南大学、武汉大学等，可以通过点击高校图标的连接进入相关高校的网站，进而获取更多需要的信息。

**图4-4　中文联盟平台**

“一带一路”倡议的顺利推进，使中国将先进的通信技术及数字技术带进了沿线国家，并且成功借助于这些数字信息技术所搭建的数字平台，将其与汉语教育与中华传统文化国际传播推广相结合，提升了汉语教学的广度与深度，为中华传统文化的展示与传播提供了多样的形式及平台，极大地增强了中华传统文化在“一带一路”沿线国际传播的力度与效度，使中华传统文化形象深入人心。

图 4-5　慕课平台首页

图 4-6　慕课平台学习资源

## 第三节　来华留学生语言助推传统文化国际传播现状调研

由于语言传播的途径可以根据地域分为国外、国内两类，前者是指学习者在自己的国家由当地孔子学院等单位向其讲授中国语言和文化，后者是指留学生到中国境内学习汉语和文化。因此在对孔子学院汉语推广和文化传播调研的基础上，本部分对来华留学生，尤其是“一带一路”沿线学生进行调研和分析，探讨来华留学生在汉语教育和中华传统文化学习中的态度、主观规范和行为意向，及其影响因素。

## 一、理论基础

### 1. 理性行为理论

理性行为理论认为个体的行为在某种程度上可以由行为意向合理地推断，而个体的行为意向又由对行为的态度和主观准则决定。根据理性行为理论，人的行为意向是人们打算从事某一特定行为的量度，而态度是人们对从事某一目标行为所持有的正面或负面的情感。主观规范指人们对某人实行特定行为的正向或负向的评价，包含了社会关系对行为意向形成的影响①。这些因素结合起来，产生了行为意向，最终导致了行为改变。

### 2. 留学生二语学习动机

留学生的二语学习动机也对本次调研具有指导作用，在“二语动机自我系统”理论中，李蕊(2022)基于文献记录学的研究方法，对国际二语动机相关的研究进行了可视化分析，并提出相关研究热点②；彭移移以国内二语动机研究数据为基础，采用 Citespace 工具，对国内二语动机研究现状进行可视化分析③。在案例研究方面，李池利考察了来华留学生的汉语学习动机④；杜素仪考察了马来西亚大学生的汉语学习动机⑤；符冬梅考察了中亚留学生的汉语学习动机⑥；阮氏梅英考察了越南非汉语专业大学生的汉语学习动机⑦。因此，结合“二语动机自我系统”理论，整理归纳留学生汉语学习动机的影响因素包括学习目标、考试、家庭影响、公司压力、语言自信、老师、二语环境、课堂环境、课程设置、二语社区和文化态度等。

---

① 谢新洲，胡宏超．社交媒体用户谣言修正行为及其影响路径研究：基于 S-O-R 模式与理性行为理论的拓展模型[J]．新闻与写作，2022(4)：57-69．

② 李蕊，李文梅，赵迪斐，等．基于文献计量特征的国际二语动机可视化分析(2000—2020年)[J]．河南理工大学学报(社会科学版)，2022，23(2)：85-92．

③ 彭移移，王晓静．国内二语动机自我系统研究现状与趋势：基于 CiteSpace 的可视化分析[J]．软件，2022，43(2)：26-29．

④ 李池利，刘倩倩．来华留学生二语动机个体差异性研究[J]．汉字文化，2021(21)：175-177．

⑤ 杜素仪．马来西亚大学汉语学习动机研究[D]．北京：中央民族大学，2011．

⑥ 符冬梅．中亚留学生汉语学习动机调查研究[D]．新疆：新疆师范大学．2011．

⑦ 阮氏梅英．越南非汉语专业大学生汉语学习动机实证研究[D]．上海：华东师范大学，2011．

## 二、理论假设

理性行为理论的基本逻辑是个体的态度和行为规范影响意图，进而对行为产生影响。基于理性行为理论(Theory of Reasoned Action，TRA)模型，结合来华留学生跨文化适应理论，对汉语推动来华留学生了解中华传统文化进行应用性研究。本研究使用 TRA 模型进行研究假设并构建研究模型，验证汉语对来华留学生了解学习中华传统文化的影响研究。

本研究由 6 个研究变量构成，即态度、主观规范、行为意向、个体认知因素、心理需求因素、知识来源和传播群体。在研究中态度指来华留学生对待汉语和中华传统文化的态度、对待使用汉语来了解中华传统文化的态度；主观规范指来华留学生接收到汉语和中华传统文化知识的来源，如汉语教师、中国同学朋友等群体或汉语教材和课堂等素材，周围群体和素材与来华留学生的意见；行为意向指来华留学生使用汉语来了解中华传统文化的倾向。

结合影响来华留学生跨文化适应的因素，态度和行为意向的研究大多集中于三个层面：一是从来华留学生的个体认知出发，研究来华留学生个体本身对汉语和中华传统文化的学习情况对其行为意向的影响；二是从来华留学生的心理需求出发，研究来华留学生的文化认同情况和文化需求对来华留学生态度产生的影响；三是结合社会支持，从来华留学生接触汉语和中华传统文化的来源出发，研究汉语教材、课程、教师等影响来华留学生接收来源的因素对来华留学生行为意向产生的影响。

## 三、研究假设的提出

### 1. 来华留学生的态度、主观规范和行为意向的构建

TRA 模型在一定程度上解释了来华留学生心理与使用行为意向之间的关系，即态度与主观规范和行为意向之间的关系，故提出如下假设：

H1：来华留学生对使用汉语了解中华传统文化的态度与其行为意向产生正向影响；

来华留学生在了解中华传统文化的时候，会出现心理和实际的问题，会产生咨询周边老师和朋友的想法，会接收到周围人的建议和受到周围人的感染，激发了来华留学生与他人保持一致的行为动机。

H2：来华留学生的主观规范与其使用汉语了解中华传统文化行为意向

产生正向影响。

**2. 态度和主观规范的影响因素**

对于来华留学生来说，汉语和中华传统文化都是新的知识。对于汉语知识和中华传统文化内容的认知情况对其态度产生影响，由于来华留学生群体相对于本土学生群体具有特殊性，例如具有不同的心理需求，如文化认同、文化价值观等，所以来华留学生特殊的心理需求因素对态度产生影响。来华留学生接收汉语知识和文化内容主要来自汉语教师、汉语课堂和同学朋友等，周围的群体是影响来华留学生态度和行为规范的重要因素。

H3：个体认知能力会对来华留学生使用汉语了解中华传统文化的态度产生正向影响；

H4：心理需求满足会对来华留学生使用汉语了解中华传统文化的态度产生正向影响；

H5：心理需求满足会对来华留学生的主观规范产生正向影响；

H6：知识来源和群体因素对来华留学生使用汉语了解中华传统文化的态度产生正向影响；

H7：知识来源和群体因素对来华留学生的主观规范产生正向影响。

本研究在 TRA 模型的基础上，通过对已有研究成果的提炼总结，提出个体认知因素、心理需求因素、知识来源和群体因素、态度、主观规范和行为意向这 6 个变量之间的 7 个假设，如表 4-3 所示。

**表 4-3 研究假设**

| 序号 | 假设内容 |
|---|---|
| H1 | 来华留学生对使用汉语了解中华传统文化的态度对其行为意向产生正向影响 |
| H2 | 来华留学生的主观规范对其使用汉语了解中华传统文化行为意向产生正向影响 |
| H3 | 个体认知能力会对来华留学生使用汉语了解中华传统文化的态度产生正向影响 |
| H4 | 心理需求满足会对来华留学生使用汉语了解中华传统文化的态度产生正向影响 |
| H5 | 心理需求满足会对来华留学生的主观规范产生正向影响 |
| H6 | 知识来源和传播群体对来华留学生使用汉语了解中华传统文化的态度产生正向影响 |
| H7 | 知识来源和传播群体对来华留学生的主观规范产生正向影响 |

**3. 研究模型的构建**

本研究以汉语为切入口，选取来华留学生为研究对象，探究通过汉语了解学习中华传统文化的态度、主观规范和行为意向之间的关系。本研究在国内外相关研究的基础上，以 TRA 模型为基础，首先假设态度和主观规范对于行为意向会产生影响，再进一步厘清影响态度和行为意向的具体因素，假设各维度之间的关系，并进一步构建出研究模型，如图 4-7 所示。

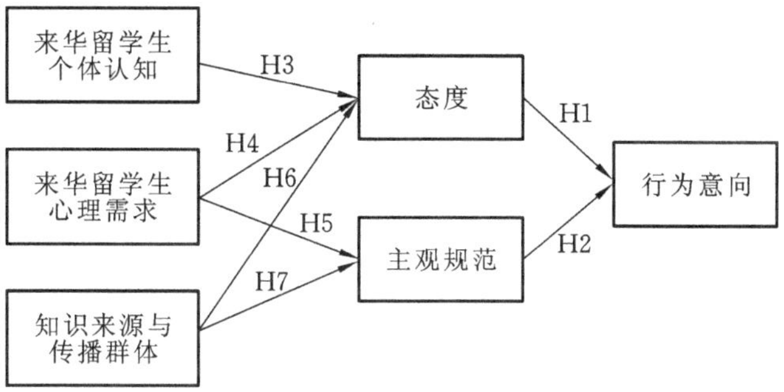


**图 4-7　结构关系假设模型**

**4. 测量题目构架**

本研究所构建的来华留学生传统文化国际传播模型包含 6 个变量，如表 4-4 所示，而这 6 个变量又包含了 21 个观测变量，个体认知能力的观测变量：A1、A2、A3；心理需求能力的观测变量：B1、B2、B3；知识来源与传播群体的观测变量：C1、C2、C3、C4、C5；态度的观测变量：D1、D2、D3、D4；主观规范的观测变量：F1、F2、F3；行为意向的观测变量：G1、G2、G3。

**表 4-4　测量题目构架**

| 构架 | 测量题目 |
|---|---|
| 个体认知能力 | 了解汉语言文化 A1 |
| | 可以用汉语交流 A2 |
| | 了解基本的中华传统文化 A3 |
| 心理需求能力 | 通过汉语可以更方便与周围人沟通 B1 |
| | 通过汉语交流,可以缓解在异乡的心理压力 B2 |
| | 通过汉语了解中华传统文化,可以提高对中华传统文化的接受程度 B3 |

续表

| 构架 | 测量题目 |
|---|---|
| 知识来源与传播群体 | 目前的汉语课堂教学,有助于更好地学习汉语 C1 |
| | 目前使用的汉语教材,使得愿意了解中华传统文化 C2 |
| | 相较于课堂教学,更愿意通过旅游等方式了解中华传统文化 C3 |
| | 汉语教师推荐使用汉语去了解中华传统文化 C4 |
| | 目前使用的汉语教材,使得更愿意学习汉语 C5 |
| 态度 | 愿意了解中华传统文化 D1 |
| | 通过汉语去了解学习中华传统文化是有益的 D2 |
| | 相较于英语或其他语言,愿意在中国使用汉语 D3 |
| | 愿意学习汉语 D4 |
| 主观规范 | 周围的人推荐使用汉语了解中华传统文化 F1 |
| | 在汉语课堂中,老师会经常介绍中华传统文化知识 F2 |
| | 周围的人都使用汉语,使得更愿意学习汉语 F3 |
| 行为意向 | 会继续在汉语学习中了解中华传统文化知识 G1 |
| | 打算继续了解中华传统文化 G2 |
| | 打算继续学习汉语 G3 |

**5. 问卷设计与调查**

本研究问卷针对来华留学生对中华传统文化教育的态度及行为意向进行调查。问卷主要分为两大部分：第一部分为被调查者的基本信息，第二部分为来华留学生态度、主观规范与行为意向的调查量表。问卷采用李克特五分量表的方法，以“非常不同意—非常同意”分别对应 1—5 分。2020 年 6 月采用问卷星平台进行线上发放，历时 4 周，共回收有效问卷 663 份。

**6. 数据分析**

本研究采用 SPSS19.0 和 AMOS17.0 对调查数据进行分析。主要分析方法包括：①信度与效度分析，保证结果的可信度。②对综合测量模型进行验证性因子分析，考察各潜变量的聚合效度与区分效度。③通过结构模型分析各潜变量之间的因果关系，以验证理论模型中的影响关系。

## 四、研究结果分析

### 1. 调查样本的人口统计学特征

对收集到的问卷进行统计分析，从性别比例上看，女性(59.2%)多于男性(40.8%)，如图 4-8 所示。

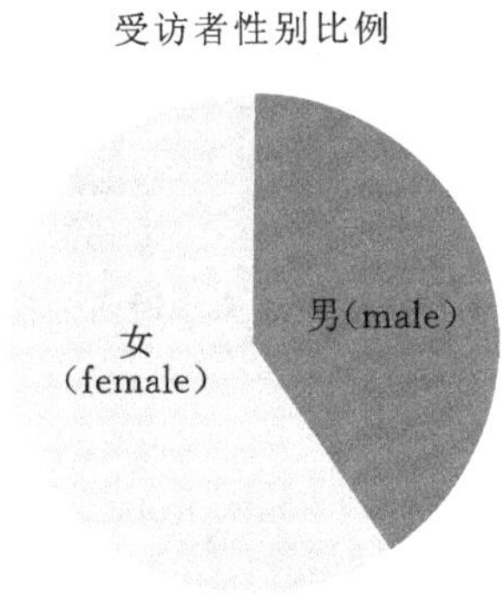


**图 4-8　受访者性别比例图**

从年龄分组上看，被调查者主要分布在 19—35 岁的年龄段，具体年龄段如图 4-9 所示。

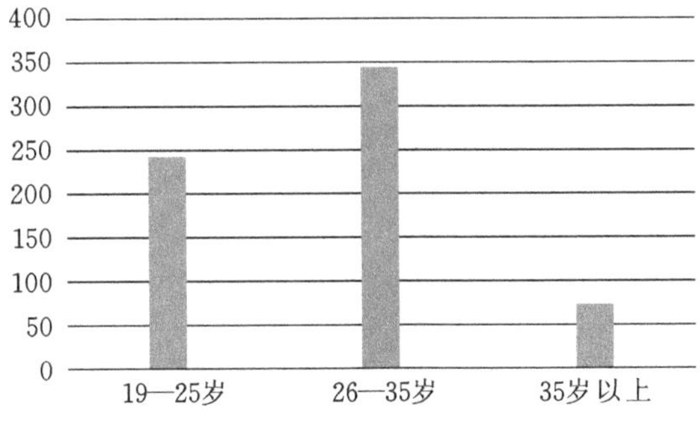


**图 4-9　受访者年龄分布图**

从来华时间上看，大多分布在 1—3 年，具体受访者来华时间如图 4-10 所示。

从来华留学类别来看，在硕士生以上的教育水平占一半以上，如图4-11 所示。

从汉语水平来看，几乎所有的受访者都通过 HSK4，如图 4-12 所示。

同时，调查样本中的来华留学生所就读的专业为语言学、汉语学、教育学、计算机科学等，如图 4-13 所示。

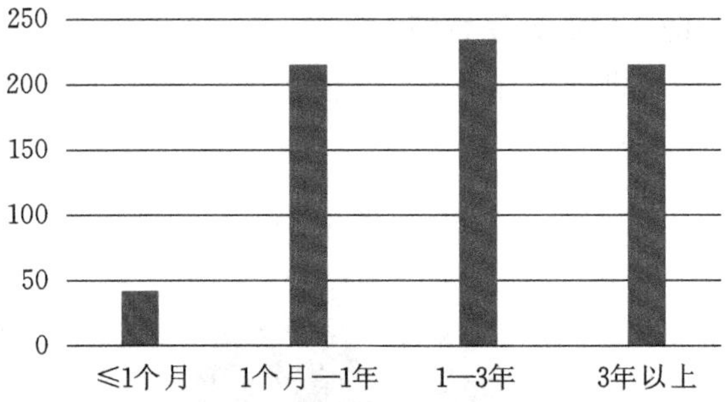


**图 4-10　受访者来华时间分布图**

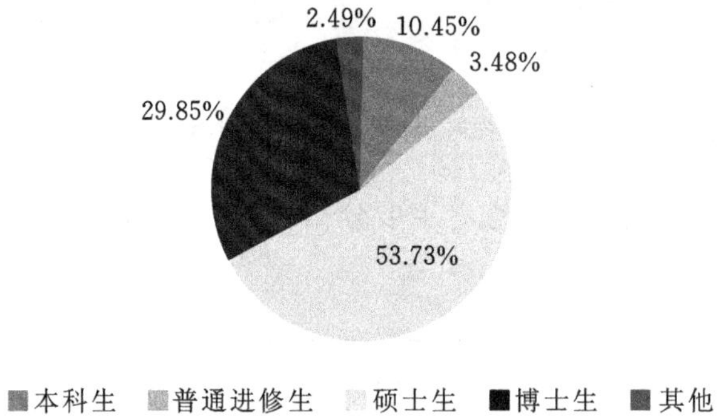


**图 4-11　受访者教育水平比例图**

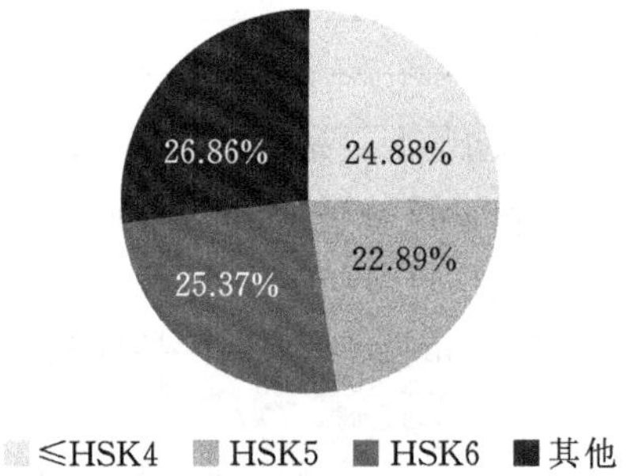


**图 4-12　受访者汉语水平比例图**

图 4-13　受访者专业词云图

来源国大多为越南、泰国、老挝、蒙古国等"一带一路"沿线国家，如图 4-14 所示。

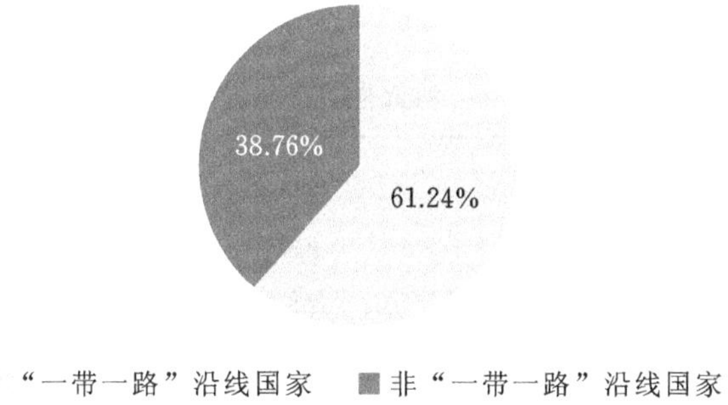


图 4-14　"一带一路"来源国比例图

**2. 探索性因子分析**

为确定测量问题的维度，对个体认知能力、心理需求满足、知识来源与传播群体、态度、主观规范和行为意向的量表进行探索性因子分析。根据因子分析的前提要求，首先对数据进行 KMO 抽样适当性检验和 Bartlett 球形检验。检验结果如表 4-5 所示，总量表与 6 个分量表的内部原始变量之间存在相关性，可以进行因子分析。

表 4-5　总量表与分量表的效度分析数据结果

| 结构变量 | KMO 值 | Bartlett 球形检验 | | |
|---|---|---|---|---|
| | | 卡方检验 | 自由度 | 显著性水平 |
| 总量表 | 0.688 | 2104.704 | 210 | 0 |

续表

| 结构变量 | KMO 值 | Bartlett 球形检验 | | |
|---|---|---|---|---|
| | | 卡方检验 | 自由度 | 显著性水平 |
| 个体认知能力 | 0.625 | 172.838 | 3 | 0 |
| 心理需求满足 | 0.602 | 37.503 | 3 | 0 |
| 知识来源与传播群体 | 0.738 | 292.725 | 10 | 0 |
| 态度 | 0.724 | 315.742 | 6 | 0 |
| 主观规范 | 0.673 | 171.552 | 3 | 0 |
| 行为意向 | 0.7 | 235.727 | 3 | 0 |

利用主成分分析和最大方差旋转法进行处理，保留所有特征值大于 1 的公因子。同时，以因子载荷小于 0.4、交叉载荷大于 0.4 及公因子下必须多于 1 个题项为标准，对题项进行筛除，结果如表 4-6 所示。

**表 4-6　探索性因子分析结果**

| 因子 | 测量题项 | 题项标号 | 因子载荷 | 特征值 | 解释方差的百分比% | 克朗巴哈系数 |
|---|---|---|---|---|---|---|
| 个体认知能力 | 了解汉语言文化 | A1 | 0.889 | 1.803 | 10.782 | 0.780 |
| | 可以用汉语交流 | A2 | 0.865 | | | |
| | 了解基本的中华传统文化 | A3 | 0.546 | | | |
| 心理需求满足 | 通过汉语可以更方便与周围人沟通 | B1 | 0.758 | 1.315 | 9.429 | 0.718 |
| | 通过汉语交流，可以缓解在异乡的心理压力 | B2 | 0.837 | | | |
| | 通过汉语了解中华传统文化，可以提高对中华传统文化的接受程度 | B3 | 0.747 | | | |

续表

| 因子 | 测量题项 | 题项标号 | 因子载荷 | 特征值 | 解释方差的百分比% | 克朗巴哈系数 |
|---|---|---|---|---|---|---|
| 知识来源与传播群体 | 目前的汉语课堂教学，有助于更好地学习汉语 | C1 | 0.833 | 3.777 | 12.603 | 0.740 |
| | 目前使用的汉语教材，使得愿意了解中华传统文化 | C2 | 0.748 | | | |
| | 相较于课堂教学，更愿意通过旅游等方式了解中华传统文化 | C3 | 0.632 | | | |
| | 汉语教师推荐使用汉语去了解中华传统文化 | C4 | 0.651 | | | |
| | 目前使用的汉语教材，使得更愿意学习汉语 | C5 | 0.479 | | | |
| 态度 | 愿意了解中华传统文化 | D1 | 0.868 | 3.13 | 12.272 | 0.768 |
| | 通过汉语去了解学习中华传统文化是有益的 | D2 | 0.735 | | | |
| | 相较于英语或其他语言，愿意在中国使用汉语 | D3 | 0.774 | | | |
| | 愿意学习汉语 | D4 | 0.624 | | | |
| 主观规范 | 周围的人推荐使用汉语了解中华传统文化 | F1 | 0.726 | 1.491 | 9.795 | 0.730 |
| | 在汉语课堂中，老师会经常介绍中华传统文化知识 | F2 | 0.708 | | | |
| | 周围的人都使用汉语，使得更愿意学习汉语 | F3 | 0.815 | | | |
| 行为意向 | 会继续在汉语学习中了解中华传统文化知识 | G1 | 0.861 | 2.318 | 10.992 | 0.791 |
| | 打算继续了解中华传统文化 | G2 | 0.809 | | | |
| | 打算继续学习汉语 | G3 | 0.673 | | | |

### 3. 结构模型分析

(1) 测量模型检验

在对结构模型进行假设检验之前，通过采用验证性因子分析对测量模型进行检验。结果显示：$\chi^2/df=3.456$，GFI=0.848，RMSEA=0.093 未达到较优的拟合度，通过检查修正系数发现，测量题项“C1 目前的汉语课堂教学，有助于更好地学习汉语”“C5 目前使用的汉语教材使得更愿意学习汉语”和“D1 愿意了解中华传统文化”的修正系数较高，因此删除这 3 个测量体系，以提高测量模型的拟合优度。修正后的测量模型拟合指数为 $\chi^2/df=2.280$，GFI=0.904，RMSEA=0.070。并且在测量模型中，18 个观测变量的标准化因子载荷在 0.546～0.889 之间，均大于 0.5 的标准阈值。因此，表明这些观测变量对潜变量具有较强的解释能力。

通过组合信度 CR 和平均方差萃取值 AVE 来检验测量模型的可靠性，结果如表 4-7 所示，各维度的 CR 值均超过 0.6 的标准阈值，表明测量模型中的潜变量均具有较高的内部一致性。AVE 越高，说明观测变量越好地代表潜在变量。总体上看，除了“知识来源与传播群体”的平均方差萃取值略低以外，其他变量的 AVE 均超过或接近标准阈值 0.5，说明测量模型具有较高的解释力。

**表 4-7 测量模型的 CR 和 AVE**

| 潜在变量 | 组合信度 | 平均方差萃取值 |
|---|---|---|
| 个体认知能力 | 0.820 | 0.612 |
| 心理需求满足 | 0.825 | 0.611 |
| 知识来源与传播群体 | 0.806 | 0.461 |
| 态度 | 0.840 | 0.571 |
| 主观规范 | 0.795 | 0.564 |
| 行为意向 | 0.827 | 0.616 |

(2) 假设检验

采用最大似然估计法对假设结构关系模型进行参数估计，以判别模型的初始假设关系是否成立，结构模型的假设检验情况如表 4-8 所示。

表 4-8　模型的假设检验结果

| 假设 | 影响路径 | | | 标准化路径系数 β | t 值 | 显著性 Sig. |
|---|---|---|---|---|---|---|
| H1 | 态度 | → | 行为意向 | −0.12 | −1.743 | 0.081 |
| H2 | 主观规范 | → | 行为意向 | 0.581 | 6.656 | *** |
| H3 | 个体认知 | → | 态度 | 0.244 | 3.2 | 0.001 |
| H4 | 心理需求 | → | 态度 | 0.337 | 4.322 | *** |
| H5 | 心理需求 | → | 主观规范 | 0.195 | 2.482 | 0.013 |
| H6 | 知识来源 | → | 态度 | 0.075 | 0.932 | 0.351 |
| H7 | 知识来源 | → | 主观规范 | 0.451 | 5.432 | *** |

通过采用结构方程模型分析个体认知能力、心理需求满足、知识来源与传播群体和态度、主观规范和行为意向之间的关系，结果显示：

① “态度”对“行为意向”产生负向影响（$\beta=-0.12$），但影响并不显著，而“主观规范”对“行为意向”产生显著的正向影响（$\beta=0.581$）；

② “个体认知”（$\beta=0.244$）和“知识来源与传播群体”（$\beta=0.075$）对“态度”产生正向影响，“心理需求”对“态度”产生显著的正向影响（$\beta=0.337$）；

③ “心理需求”对“主观规范”产生正向的影响（$\beta=0.195$），而“知识来源”对“主观规范”产生显著的正向影响（$\beta=0.451$）。

## 五、研究结果讨论

### 1. 个体认知能力

个体认知能力维度是基于来华留学生自身对于汉语和中华传统文化的学习和认知情况而建立的，其中包括“A1 了解汉语言文化”“A2 可以用汉语交流”和“A3 了解基本的中华传统文化”，通过测量题项基本上可显示出来华留学生的汉语和中华传统文化的基本认知水平。通过数据显示，“个体认知能力”对“态度”产生正向的影响，路径系数为 0.244，同时在个体认知能力维度下，“了解汉语言文化”（0.889）因子载荷系数最高，因此在个体认知能力的维度下，来华留学生对于“语言＋文化”的内容了解度高，会最大限度地改善其使用汉语去了解中华传统文化的态度。因此，在对于来华留学生教育过程中，不仅是要加强汉语知识和中华传统文化知识的学习和教育，而且要做到对汉语与文化融合教育，使得留学生不是被动地接受书本知识，而是了解语言背后的文化，进而更有效更主动地促使汉语在留学生传统文化教育中发挥作用。

**2. 心理需求满足**

心理需求满足维度是基于来华留学生的文化认同和文化需求的情况而建立的，其中包括“通过汉语可以更方便与周围人沟通”“通过汉语交流，可以缓解在异乡的心理压力”和“通过汉语了解中华传统文化，可以提高对中华传统文化的接受程度”，通过题项基本上可显示出在来华留学生群体中汉语的使用效果和汉语背后的中华传统文化接受度。通过数据显示，“心理需求”对“主观规范”产生正向的影响($\beta=0.195$)，“心理需求”对“态度”产生显著的正向影响($\beta=0.337$)，同时在心理需求满足维度下“通过汉语交流，可以缓解在异乡的心理压力”(0.837)，因子载荷系数最高，因此来华留学生不仅需要汉语这一语言进行交流，而且需要通过汉语与周围人交流，加近彼此间的距离，进而缓解身处异乡的心理压力。因此在留学生教育中，教师群体要注意做到与留学生用通俗易懂的语言进行交流，进而使得留学生对使用汉语不产生抗拒的感情，通过汉语交流的不断练习，使留学生对汉语的使用率不断增加，对汉语产生认同感，对汉语和中华传统文化形成潜移默化的接受。

**3. 知识来源与传播群体**

知识来源与传播群体维度是基于留学生的汉语和中华传统文化接收来源而建立的，由于来华留学生相较于汉语课堂，更加直观地接收汉语和中华传统文化来源是汉语教师，因此在测量题项中删除了修正系数较高的“C1 目前的汉语课堂教学，有助于更好地学习汉语”和“C5 目前使用的汉语教材，使得更愿意学习汉语”。通过数据显示，“知识来源与传播群体”对“主观规范”产生正向的显著影响($\beta=0.451$)，“知识来源与传播群体”对“态度”产生正向影响($\beta=0.075$)，同时在知识来源与传播群体维度下，“目前使用的汉语教材，使得愿意了解中华传统文化”(0.748)，因子载荷系数最高，因此留学生直接的汉语认知来源即汉语教材，留学生对中华传统文化的学习受教材的影响较大。因此，在留学生的语言学习过程中，应当对教材内容进行改善，可系统性地加入传统文化的基础知识和文化起源等内容。

**4. 态度维度**



态度维度是基于来华留学生对待汉语和中华传统文化的态度而建立的，

其中包含“愿意了解中华传统文化”“通过汉语去了解学习中华传统文化是有益的”“相较于英语或其他语言，愿意在中国使用汉语”和“愿意学习汉语”，通过题项可以大致体现出留学生对汉语、中华传统文化以及通过汉语学习中华传统文化的态度。通过数据显示，“态度”对“行为意向”产生弱负向影响($\beta=-0.12$)，同时在态度维度下，“通过汉语去了解学习中华传统文化是有益的”(0.735)因子载荷系数最高，表明留学生群体对于汉语、中华传统文化的态度未对其使用汉语和了解中华传统文化的行为产生正向影响，并没有出现态度直接导致行为的关系链，因此除了改善留学生的态度外，应当对其他环节进行改善，如周围人的使用习惯和频率。

**5. 主观规范维度**

主观规范维度是基于留学生的汉语和中华传统文化知识来源而建立的，其中包含“周围的人推荐使用汉语了解中华传统文化”“在汉语课堂中，老师会经常介绍中华传统文化知识”和“周围的人都使用汉语，使得更愿意学习汉语”，通过题项可以显示留学生的周边群体对于汉语和传统文化的态度，对留学生具有一定的影响。通过数据显示，“主观规范”对“行为意向”产生显著的正向影响，路径系数为0.581，表明留学生对于周围人的意见接受度高，愿意听取周围人的意见，同时会采取学习汉语和了解中华传统文化的行为。因此在留学生传统文化教育中，要加强其周围人的汉语利用率，如鼓励留学生多与高校里的中国学生群体或社团交流，在教学内容方面多采用中华传统文化背景知识等。

# 第五章　差异分析：传统文化国际传播的文化感知差异研究

在对外文化传播过程中，中外受众对于具体的中华传统文化感知具有一定的差异性。文化差异也是跨文化传播研究的热点和难点，因此，为深入了解相关文化感知差异，需从受众感知视角探讨不同群体文化背景差异与文化感知差异的具体关系，深入分析差异产生原因，促进中华传统文化更有针对性和差异化的国际传播。本部分通过以中国 10 个代表性的世界文化遗产旅游地为研究对象，如故宫、秦始皇帝陵、布达拉宫、西湖等文化旅游地，以这些文化旅游地的国内外游客为研究受众，利用机器学习、深度学习等网络大数据分析技术，对发表在在线旅游平台猫途鹰(Tripadvisor)上的中英文在线评论进行情感分类，从感知内容和情感特征两个层面揭示不同群体的文化感知差异。

通过分析发现，中国受众对文化遗产旅游地的特色景点认知度高，外国受众则更关注文物古迹的大小、规模、风格、结构等固有属性；中国受众产生正面评价的主要因素是遗产地的整体文化氛围、物质文化和特色文化景观，并能一定程度地感知到不同遗产地在历史背景、文化内涵或艺术价值等方面存在的关联性。外国受众的感知则更加直观、表层，喜欢文化体验类活动，对文化遗产地的文化感知较为相似和单一；中外受众均对语言讲解服务高度敏感，外国受众的负面感知因素整体少于中国受众，同时发现语言障碍并不影响外国受众的文化感知。因此，在开展对外文化传播时，可以关注国外受众的文化兴趣点，整合优化中华传统文化的内容和展示方式，开展差异化传播。

## 第一节　传统文化国际传播的文化感知差异研究设计

在中华传统文化的国际传播中，中国受众和国外受众对中国文化的认知和感知具有一定的差异性，分析国外受众对中国文化的感知对于实现中华传统文化针对性、适应性的国际传播至关重要。在国外受众对中国文化的感知中，文化旅游体验是一个重要且直观的感知渠道，据中国旅游研究院统计数据显示，2019 年国内旅游人数达 60.06 亿人次，比上年同期增长 8.4%，其中外国人入境旅游人数 3188 万人次，同比增长 4.4%①。与此对应的另一组数据是，世界文化遗产秦始皇兵马俑在 2018 年单年门票收入就已突破 10 亿②。从正式展出至今，秦始皇兵马俑共接待游客超过 1.16 亿人，其中 20%是外国游客③。世界文化遗产故宫博物院 2019 年全年接待游客更是突破 1900 万人次，外国游客约占 5%④。以上数据表明，在中国旅游经济持续较快增长的同时，文化遗产旅游已经成为旅游消费的重要组成部分和国内外受众最喜爱的文化体验形式之一。相关研究认为，遗产旅游者的动机是通过体验遗产地的文化魅力来满足其内心感知多样文化的诉求，文化遗产旅游实际上是一种精神文化活动，游客的体验满意度主要取决于其对遗产地文化的感知程度⑤。遗产地文化既包括建筑、雕塑、壁画等物质文化，也包括节庆习俗、民间传说、手工技艺等非物质文化。对于内容丰富、形式多样的遗产地文化，文化背景显著不同的中外受众会产生怎样的感知差异，同时又会因感知差异引起怎样的情感特征差异，都是值得研究的问题。

随着移动互联网的快速发展和智能手机的广泛普及，受众可以随时随

---

① 《中国国内旅游发展报告 2020》在线发布[EB/OL].(2020-09-14)[2023-02-15].http://travel.china.com.cn/txt/2020-09/14/content_76701643.html.

② 2018 年秦始皇帝陵博物院门票收入突破 10 亿元[EB/OL].(2019-01-01)[2023-02-15].https://baijiahao.baidu.com/s? id=1621462289774576501& wfr=spider& for=pc.

③ 秦兵马俑接待游客超 1 亿 1 千 6 百万 20%是外国游客[EB/OL].(2019-08-05)[2023-02-15].http://news.cnr.cn/native/city/20190805/t20190805_524719018.shtml.

④ 2019 年故宫年客流创新高[EB/OL].(2020-01-01)[2023-02-15].https://ie.bjd.com.cn/5b165687a010550e5ddc0e6a/contentApp/5b16573ae4b02a9fe2d558f9/AP5e0cab59e4b015f1489c158c? isshare=1& app=138a1b6a863f119a.

⑤ CHEN CH F, CHEN F SH.Experience quality, perceived value, satisfaction and behavioral intentions for heritage tourists[J].Tourism Management, 2010, 31(1):29-35.

地分享自己的旅游体验和感受，由此便产生了大量覆盖面广、真实性高、时效性强的旅游评价信息。因旅游评论能直接、客观并全面地展现游客的感知和态度①，这便有助于从受众视角出发，更准确地获知国内外受众的旅游偏好差异和情感特征。查阅相关文献发现，旅游评论虽已被广泛应用于旅游目的地形象感知的研究中，但针对遗产地受众感知的研究却相对较少。随着中国入境旅游市场的不断发展，也有部分学者从跨文化的视角探讨了入境游客感知的相关议题。张显春从社会服务、自然生态、文化氛围、基础设施、信息服务五个方面对韩国、马来西亚、美国入境游客的旅游环境感知进行了分析，发现不同国家的游客对环境感知存在明显差异②。钱建伟等以世界文化景观遗产杭州西湖为对象，利用英文在线评论分析入境游客对西湖的形象感知情况，结果表明入境游客对西湖景观的感知主要在其自然属性，而对文化属性感知很少。

综上，可以从三个方面对已有文献进行梳理。在研究内容上，大多数研究的关注点主要在遗产旅游地的整体形象感知层面，而没有聚焦到文化层面，因此没有对受众文化感知的内容进行深入探讨。虽然国外针对不同群体的目的地形象感知的对比研究已取得较多成果，但以国内遗产旅游地为对象，针对中外跨文化群体开展的对比研究却十分少见。据此，本部分将从跨文化受众群体文化感知视角出发，以国内 10 个人文类世界遗产旅游地为研究对象，利用机器学习、深度学习等网络大数据分析技术对中英文在线旅游评论进行情感分类，从感知内容和情感特征两个层面揭示不同文化背景群体的文化感知差异，并试图回答“文化旅游体验中吸引中外受众的核心要素是什么”“中外受众在文化旅游体验产生正负面感知情绪的影响因素是什么”“产生文化感知差异的原因是什么”等问题，以期对国际受众的文化感知差异的解释性研究做出有益补充，以及为中华传统文化国际传播制定差异化服务策略提供理论依据。

## 一、研究对象

本研究的对象是人文类遗产旅游地，截至 2022 年底，中国已有 56 项遗

① 钱建伟，厉新建，魏洁文，等. 基于在线评论的文化遗产景区国际形象感知研究：以西湖景区为例[J]. 四川旅游学院学报，2019(6)：68-74.

② 张显春. 桂林入境游客旅游环境感知差异研究：基于韩国、马来西亚、美国游客的调查[J]. 社会科学家，2018(12)：88-94.

产入选《世界遗产名录》，其中文化遗产 33 项、文化景观遗产 5 项、文化与自然双重遗产 4 项，而世界自然遗产不属于本次研究的对象。根据《世界遗产公约》对遗产第二个阶层的分类，又可将文化遗产分为文物、建筑群和遗址三个类别①。研究对象选取的依据有两点：一是该项遗产入选《世界遗产名录》的时间较早，在国内外均具有较大的知名度和影响力；二是除特殊情况外，每个类别的遗产在旅游评论网站 Tripadvisor 上的中英文评论数均不少于 3000 条。根据以上条件，本研究共选取了 10 个世界文化遗产旅游地作为研究对象，如表 5-1 所示。

**表 5-1　文化遗产旅游地及其主要文化资源**

| 遗产类别 | 名称 | 入选时间 | 主要文化资源 |
| --- | --- | --- | --- |
| 文化遗产(文物) | 敦煌莫高窟 | 1987 年 | 建筑、彩塑、壁画、佛教文化 |
| 文化遗产(文物) | 秦始皇兵马俑 | 1987 年 | 文物、工艺、历史 |
| 文化遗产(建筑群) | 故宫博物院 | 1987 年 | 建筑、文物、文创产品、宫廷文化 |
| 文化遗产(建筑群) | 布达拉宫 | 1994 年 | 建筑、彩画、木雕、佛教文化、藏文化 |
| 文化遗产(建筑群) | 颐和园 | 1998 年 | 建筑、文物、园林文化、皇家艺术 |
| 文化遗产(遗址) | 慕田峪长城 | 1987 年 | 历史、建筑、军事、工程 |
| 文化遗产(遗址) | 都江堰 | 2000 年 | 工程、水文化、历史故事 |
| 文化景观遗产 | 杭州西湖 | 2011 年 | 园林景观、水文化、故事传说 |
| 文化与自然双重遗产 | 泰山 | 1987 年 | 建筑、石刻、诗文、封禅祭祀、神话传说、宗教 |
| 文化与自然双重遗产 | 黄山 | 1990 年 | 建筑、诗画、民风习俗、故事传说、徽文化 |

## 二、数据采集及处理

Tripadvisor(tripadvisor. cn)作为世界知名的旅游信息及在线服务平台，拥有逾 6 亿条来自全球旅游者的点评和建议。相比于国内知名度较高的旅游网站“携程(ctrip. com)”“马蜂窝(mafengwo. cn)”等，Tripadvisor 更适合作为本研究的数据源，原因在于该网站除中文评论外，还有大量的国外用户

① 孙华. 试论遗产的分类及其相关问题：以《保护世界文化与自然遗产公约》的遗产分类为例[J]. 南方文物，2012(1)：1-7.

和英文评论。因此，本研究从 Tripadvisor 网站的用户评论页面获取了上述 10 个遗产旅游地的 32350 条评论数据，其中中文评论 14730 条，英文评论 17620 条，详见表 5-2。随着时间的推移，景区的设施和服务往往会不断更新和提升，景区周围的交通和环境会不断改善，景区的管理方法和制度也会有所改变，因此旅游评论具有一定的时效性，某些时间较早的负面评论中提及的问题或许已经得到解决，而同时景区又可能因为管理策略上的改变而导致了一些新问题的出现。因此对于评论数量较多的文化遗产旅游地，本研究只获取其最新的 2000～3000 条评论数据，而对于评论数量较少的遗产旅游地则获取其全部评论数据。因 Tripadvisor 上大部分景区的英文评论都多于中文评论，所以本研究采集到的英文评论时间大多在 2015—2020 年，中文评论的时间大多在 2013—2020 年。

**表 5-2　各文化遗产旅游地中英文评论数量**

| 遗产类别 | 名称 | 英文评论数 | 中文评论数 | 总计 |
|---|---|---|---|---|
| 文化遗产(文物) | 敦煌莫高窟 | 350 | 300 | 650 |
| 文化遗产(文物) | 秦始皇兵马俑 | 3000 | 2000 | 5000 |
| 文化遗产(建筑群) | 故宫博物院 | 3000 | 2000 | 5000 |
| 文化遗产(建筑群) | 布达拉宫 | 1380 | 590 | 1970 |
| 文化遗产(建筑群) | 颐和园 | 3000 | 2000 | 5000 |
| 文化遗产(遗址) | 慕田峪长城 | 3000 | 1000 | 4000 |
| 文化遗产(遗址) | 都江堰 | 360 | 370 | 730 |
| 文化景观遗产 | 杭州西湖 | 2430 | 3000 | 5430 |
| 文化与自然双重遗产 | 泰山 | 130 | 1470 | 1600 |
| 文化与自然双重遗产 | 黄山 | 970 | 2000 | 2970 |
| 总计 | | 17620 | 14730 | 32350 |

本研究采集的每一条评论数据都包含了景点名、用户名、用户居住地、评论标题、评论内容、评分和评论时间等信息。为完成后续实验，需对数据集进行预处理。首先从原始数据集中提取出景点名、评论内容和评分等信息，然后根据评分值对评论的情感极性进行初步标注，分值为 5 分和 4 分的评论初步认为是正面评论，标注为“1”。分值为 1 分和 2 分的评论初步认

为是负面评论，标注为“0”，分值为 3 分的评论暂时不标注。预处理后，得到如表 5-3 和表 5-4 所示的数据集。

**表 5-3　各文化遗产旅游地中文评论数据集**

| 序号 | 遗产旅游地 | 评论内容 | 评分 | 情感标签 |
| --- | --- | --- | --- | --- |
| 1 | 敦煌莫高窟 | 跑过大陆的许多景点，这处是规划管理最完善的景点…… | 5 | 1 |
| 2 | 敦煌莫高窟 | 市区可乘大巴前往，但多数人选择包车，较方便。 | 5 | 1 |
| 3 | 敦煌莫高窟 | 游览丝路，莫高窟绝对是不能错过的景点。游览洞窟…… | 5 | 1 |
| …… | …… | …… | …… | …… |
| 14729 | 黄山 | 去年我和家人游了黄山。奇松、怪石、云海、温泉…… | 5 | 1 |
| 14730 | 黄山 | 我们自助游了趟黄山，因为不想跟着旅游团到处停停…… | 1 | 0 |

**表 5-4　各文化遗产旅游地英文评论数据集**

| 序号 | 遗产旅游地 | 评论内容 | 评分 | 情感标签 |
| --- | --- | --- | --- | --- |
| 1 | 敦煌莫高窟 | What's to know beside that it is an interesting place to visit... | 5 | 1 |
| 2 | 敦煌莫高窟 | The caves are a busy tourist attraction and deservedly so... | 5 | 1 |
| 3 | 敦煌莫高窟 | The information about the tickets and booking online is... | 4 | 1 |
| …… | …… | …… | …… | …… |
| 17619 | 黄山 | This is one of the most beautiful places I've been to in... | 5 | 1 |
| 17620 | 黄山 | Our plan was to go up the eastern route, stay overnight at... | 5 | 1 |

对中英文数据集进行统计后发现，情感标签为“0”，即评分为 1—2 分的

中文评论有 96 条，英文评论有 254 条(见表 5-5)，显然中文负面评论和英文负面评论的数量都远不够作为训练集来通过机器学习算法实现情感分类，因此需要进一步获取更多的负面评论数据。

**表 5-5　中英文评论集不同分值的数量**

| 数据集 | 评分值 | | |
|---|---|---|---|
| | 4—5 分 | 3 分 | 1—2 分 |
| 中文评论 | 13693 | 941 | 96 |
| 英文评论 | 16350 | 1016 | 254 |

针对训练集中负面评论样本不足的问题，本研究分别从携程网和 Tripadvisor 上选取了与研究对象相似的国内外世界文化遗产旅游地的受众点评作为中英文评论的训练集数据。Tripadvisor 网站的英文评论多，中文评论少，故从该网站选取了 6 个地处亚洲，与中国地理位置较近，同时知名度较高、游客人数较多的世界文化遗产旅游地作为获取英文负面评论的对象(见表 5-6)。携程网有大量国内景点的中文评论，故从携程网选取了 6 个国内的世界文化与自然遗产旅游地作为获取中文负面评论的对象(见表 5-7)。

为了保证训练数据的一致性，在获取负面评论的同时，也获取了该文化遗产旅游地同样数量的正面评论，因此在下文中通过机器学习算法进行情感分类时将完全使用新采集的训练集数据，而不再从之前采集的数据中取出一部分作为训练集，这样可以保证在训练情感分类模型时，模型不会受到原始数据集的干扰。中英文评论训练集数量如表 5-6 和表 5-7 所示。

**表 5-6　英文评论训练集数量**

| 国家 | 名称 | 遗产类别 | 入选时间 | 正面评论数 | 负面评论数 | 总计 |
|---|---|---|---|---|---|---|
| 斯里兰卡 | 锡吉里亚古城 | 文化遗产 | 1982 年 | 180 | 180 | 360 |
| 印度 | 泰姬陵 | 文化遗产 | 1983 年 | 240 | 240 | 480 |
| 印度尼西亚 | 婆罗浮屠 | 文化遗产 | 1991 年 | 90 | 90 | 180 |
| 柬埔寨 | 吴哥窟 | 文化遗产 | 1992 年 | 190 | 190 | 380 |
| 日本 | 姬路城 | 文化遗产 | 1993 年 | 60 | 60 | 120 |
| 越南 | 会安古镇 | 文化遗产 | 1999 年 | 470 | 470 | 940 |
| 总计 | | | | 1230 | 1230 | 2460 |

表 5-7　中文评论训练集数量

| 省份 | 名称 | 遗产类别 | 入选时间 | 正面评论数 | 负面评论数 | 总计 |
|---|---|---|---|---|---|---|
| 云南 | 丽江古城 | 文化遗产 | 1997 年 | 150 | 150 | 300 |
| 北京 | 天坛 | 文化遗产 | 1998 年 | 150 | 150 | 300 |
| 河南 | 龙门石窟 | 文化遗产 | 2000 年 | 150 | 150 | 300 |
| 厦门 | 鼓浪屿 | 文化遗产 | 2017 年 | 400 | 400 | 800 |
| 江西 | 庐山 | 文化景观遗产 | 1996 年 | 200 | 200 | 400 |
| 四川 | 乐山大佛 | 文化与自然双重遗产 | 1996 年 | 350 | 350 | 700 |
| | | 总计 | | 1400 | 1400 | 2800 |

## 三、研究方法

本次研究所涉及的数据处理与分析包括：中文评论分词、中英文评论情感分类、中英文评论高频词统计、中外受众感知内容与情感特征差异分析。为完成上述内容，本次研究使用 Python 语言编写了数据分析程序，主要用到了 Python 的中文分词工具 Jieba 分词、机器学习模块 Scikit-learn 以及深度学习框架 Keras。在完成评论的情感分类后，本研究将借助内容挖掘软件 KH Coder 生成关键词共现网络图。KH Coder 是较为常用的非结构化文本分析软件，具有强大的定量内容分析和文本数据挖掘功能。它能够完成文本的词频统计、词性分析、上下文关键词、检索功能、自动分类、自动聚类、摘要生成、相关分析、可视化和预测功能等①。具体研究方法和实验步骤如下：

① 利用已构建好的中英文评论训练数据集训练情感分类模型，将原始数据集作为测试集，检测不同情感分类模型在中英文评论上各自的分类精度，选取分类精度最高的模型，并对原始数据集中已根据评分值进行初步情感标注的评论(见表 5-3、表 5-4)进行情感分类，将模型分类结果与之前标注结果进行对比，保留结果一致的评论，剔除结果不一致的评论。同时利用该模型对评分值为 3 分的评论进行情感分类，保留负面评论。

② 编制中外受众文化感知高频词条，通过对文化相关属性高频词的解

① 景晶. 基于 ALA“我爱我的图书馆员奖”文本分析的图书馆员职业认同提升研究[J]. 图书馆学研究，2022(3)：24-33.

读来分析受众对遗产旅游地文化资源的感知体验情况。根据文化构成要素，本研究将从文化氛围、物质文化、非物质文化、文化景观和服务体验五个层面解析中外受众文化感知的内容和差异。

③ 利用已完成情感分类的中英文正、负面评论分别构建语义网络图，进一步分析中外受众的旅游偏好和情感特征，以及引发正负面情感的文化感知因素。

## 第二节　中外受众中英文评论的情感分类

已有研究发现，旅游点评的评分与内容之间有时会存在不一致性，即“高分的差评”或“低分的好评”①。因此如果只是根据评论的分值来判断评论的情感极性，可能存在不准确的情况。本研究将对比多种情感分类方法，选取分类准确率最高的方法并结合评分值来完成对所有评论的情感分类。

### 一、情感分类方法性能比较

本研究比较的情感分类方法包括：朴素贝叶斯算法(Naive Bayesian，NB)、逻辑回归算法(Logistic Regression，LR)、卷积神经网络(Convolution Neural Network，CNN)和长短期记忆(Long Short-Term Memory，LSTM)网络。其中，朴素贝叶斯和逻辑回归是机器学习中应用十分广泛的分类算法，基于机器学习的方法对本研究进行情感分类时可以有效利用文本的上下文信息，对句子整体的情感极性判断更为准确②；卷积神经网络和长短期记忆网络都是深度学习模型，卷积神经网络主要应用于计算机视觉领域，但也有学者研究证明该模型在情感分类任务上能够表现出不错的性能③，长短期记忆网络则被认为对于处理文本这类序列数据有天然的优势，因此被广泛地应用于自然语言处理的各种任务中。

本研究的测试集数据从表 5-2 所示的原始评论集中选取，因评论集中负

---

① 卡伟. 在线酒店评论的信息非一致性对消费者信任的影响[D]. 武汉：华中科技大学，2015.

② 李杰，李欢. 基于深度学习的短文本评论产品特征提取及情感分类研究[J]. 情报理论与实践，2018，41(2)：143-148.

③ KIM Y.Convolutional neural networks for sentence classification[C].Proceedings of the 2014 Conference on Empirical Meth-ods on Natural Language Processing(EMNLP 2014).Doha, Qatar,2014:1746-1751.

面评论较少，故选取所有负面评论作为测试数据，同时随机选取与负面评论数量一致的正面评论构建测试集，测试集中评论的情感极性均是人工标注完成。本研究使用 Python 语言建立情感分类模型，其中，朴素贝叶斯分类器和逻辑回归分类器是通过调用机器学习库 Scikit-learn 编程实现，卷积神经网络和长短期记忆网络是基于深度学习框架 Keras 编程实现。Keras 的特性极具特色，例如：高度模块化、极简特性和可扩充特性等①。实验环境为，处理器 Core i5-4590，运行内存 8G，显卡 GTX 1050Ti，运行深度学习模型时使用 GPU 加速。最终得到各方法的分类精度如表 5-8 所示。

**表 5-8　不同情感分类方法性能比较**

| 分类方法 | 中文评论情感分类准确率(%) | | | 英文评论情感分类准确率(%) | | |
|---|---|---|---|---|---|---|
| | 正面 | 负面 | 整体 | 正面 | 负面 | 整体 |
| NB | 91.67 | 68.75 | 80.21 | 79.44 | 90.32 | 84.88 |
| LR | 82.29 | 73.96 | 78.13 | 86.29 | 86.69 | 86.49 |
| CNN | 87.50 | 65.43 | 76.45 | 85.69 | 68.67 | 77.18 |
| LSTM | 91.67 | 63.54 | 77.60 | 84.68 | 73.79 | 79.23 |

对准确率的计算分为正面评论准确率、负面评论准确率和整体准确率。正面评论准确率是指如果让分类器对 100 条正面评论进行情感分类，分类器能将其正确判断为正面的比例。同理，负面评论准确率亦然。整体准确率是指对于包含了正、负两种评论的数据集，分类器能正确分类的比例。由表 5-8 可知，虽然在已有研究中，将深度学习模型用于情感分类取得了不错的效果，但从本次实验的整体准确率看，不论是中文评论还是英文评论，传统机器学习算法 NB、LR 的性能都优于深度学习模型 CNN 和 LSTM，这是因为深度学习模型往往需要足够多的训练样本才能取得较好的效果，本次实验的训练样本包含中文正、负面评论各 1400 条，英文正、负面评论各 1230 条，样本量不算大，同时在实验过程中发现 CNN 和 LSTM 在验证集上的准确率可达到 85%—88%，但在最终的测试集上只有 76%—79%，这进一步说明因为训练样本不足而导致模型可能出现了一定程度的过拟合。因此，对于旅游评论的情感分类任务，在训练数据样本量中等的情况下，

① 段金成，张风霞，朱晓庆．基于卷积神经网络的人脸识别算法研究[J]．科学技术创新，2022(10)：73-76．

传统机器学习算法也许是更好的选择。

中文评论整体准确率和正面准确率最高的分类方法是 NB，其正面准确率高达 91.67%，但负面准确率仅有 68.75%，观察到其他分类方法的负面准确率也普遍较低，这可能主要与中文的语法结构和负面情绪的表达方式有关，特别是反语和古语的使用让判断难度增大，例如在测试集中出现的“这号称世界第八奇迹”“盛名之下，其实难副”等，都被错误地判断为正面评论。英文评论在四种方法上的分类准确率都略高于中文评论，分类效果最好的是 LR，其正面、负面和整体准确率均高于 86%，负面准确率最高的是 NB，但其正面和整体准确率都不如 LR。在获知不同分类方法的性能和特点后，下面将结合本研究的具体任务和目的选取合适的方法对中英文评论进行情感分类。

## 二、利用分类器进行情感分类

由于旅游点评的评分和内容的不一致性，故不能只根据分值来判断评论的情感极性，因此需要通过对评论内容的进一步分析来获取受众真实的情感特征。本次研究需完成的情感分类任务包括两个方面，一是对已完成初步标注的高分(5 分、4 分)和低分(1 分、2 分)评论进行情感分类，对比分类结果与标注结果，保留结果一致的评论，剔除结果不一致的评论；二是对分值为 3 分的评论进行情感分类，保留情感倾向为负的评论，剔除情感倾向为正的评论。

对于任务一，因为中英文低分评论的数量都较少，中文 96 条，英文 254 条，且都已在构建测试集数据的时候进行了人工检查，检查后有中文负面评论 92 条，英文负面评论 248 条，故现在只需对高分评论进行情感分类。对于中文评论，NB 方法的正面准确率远高于负面准确率，这说明该方法对正向情感更加敏感，负面评论中如果出现了 1—2 个正向词汇，该方法就可能会把负面评论错误地判断为正面评论，这就是导致负面评论分类准确率低的直接原因。该方法虽存在一定不足，但对于本次的分类任务仍然适用，因为本次需要进行分类的对象都是已被初步认定为是正向情感的高分评论，同时 NB 方法也倾向于把评论判断为正面，这就说明如果某条高分评论在 NB 方法的检测下仍然被判断为具有负向情感，那么这条评论就有较大的可能属于“高分的差评”。LR 和 NB 方法具有相似的性能和特点，因此分别利用 NB 和 LR 方法对所有中文高分评论进行分类，将两种方法都判定为负面的评论剔除。对于英文评论，因为LR方法已经有足够高的分类准确率，所以只利用LR方法对英文高分评论进行分类，将分类结果为负面的评论剔除。

被分类的中文高分评论13693条，NB判定为负面1834条，LR判定为负面3415，两种方法同时判定为负面1675条；被分类的英文高分评论16350条，LR判定为负面2858条。经过以上处理，筛选出中文正面评论12018条，英文正面评论13492条。

对于任务二，之所以要对3分评论进行分类，主要是因为中英文负面评论都较少，需要获取更多的负面评论来分析用户情感特征。根据旅游经验可知，受众对游览体验大致满意的情况下，通常会打4—5分。只有当受众存在明显不满意的情绪时，才会打3分或者更低，因此3分评论虽表面上代表中性，但实际上却明显倾向于负面情感。为了验证上述猜测，本研究从中英文3分评论中各随机抽取100条进行人工分类。结果显示，100条中文评论中正面9条，负面76条，中性15条；100条英文评论中正面21条，负面56条，中性23条。分类结果与猜测一致，情感倾向为负面的评论数量远大于正面和中性。考虑到中文评论分类模型的负面准确率低，而中文3分评论的负面比例很大，因此本研究将所有中文3分评论一并归类到负面评论；英文评论分类模型LR和NB负面准确率较高，英文3分评论的负面比例相对不大，因此本研究利用LR和NB对英文3分评论进行分类，保留结果为负面的评论。

经过上述处理，本研究共筛选出中文正面评论12018条，负面评论1033条，英文正面评论13492条，负面评论906条。

## 第三节　中外受众文化感知差异分析

文化感知差异包括感知内容差异和情感特征差异，评论的高频词反映了受众的共同关注点，通过对文化相关属性高频词的解读可以分析受众对遗产旅游地文化资源的感知和体验情况。本研究首先编制了中外受众文化感知高频词条，从文化氛围、物质文化、非物质文化、文化景观和服务体验五个层面解析中外受众文化感知的内容和差异；然后利用已完成情感分类的中英文正负面评论分别构建语义网络图，进一步分析中外受众的情感特征和感知差异。

## 一、感知内容差异

文化学者认为，每一种文化本质上都由三部分构成，即物质文化、行为文化和精神文化①。根据文化的构成要素，并结合遗产旅游地自身特点，本研究将受众在遗产旅游地的文化感知分为文化氛围感知、物质文化感知、非物质文化感知、文化景观感知和服务体验感知五个层面，通过解读不同层面下文化相关属性高频词来分析中外受众文化感知的内容和差异。需要说明的是，对于英文中由两个或多个单词组成的专有名词将进行单独分词和提取，例如“summer palace(颐和园)、su causeway(苏堤)、the welcoming pine(迎客松)”等，如表5-9所示。

**表5-9 中外受众文化感知词条词频统计**

| 感知层面 | 高频词(频次) | |
|---|---|---|
| | 中国受众 | 外国受众 |
| 文化氛围 | 感觉(3186)、历史(1917)、感受(1287)、文化(1029)、适合(448)、仿佛(383)、环境(381)、体会(342)、享受(302)、气息(289)、惬意(240)、感到(201)、穿越(195)、底蕴(158) | history(历史)(2232)、enjoy(享受)(1544)、feel(感觉)(547)、surrounding(周围环境)(344)、peaceful(平静)(260)、culture(文化)(257) |
| 物质文化 | 建筑(929)、园林(750)、葬坑(454)、断桥(417)、昆明湖(403)、长廊(392)、宫殿(368)、公园(339)、文物(321)、工程(318)、桥(228)、雷峰塔(226)、苏堤(189)、壁画(184)、遗产(178)、白堤(151) | building(建筑物)(1186)、garden(园林)(814)、park(公园)(650)、pit(葬坑)(538)、temple(庙宇)(513)、cave(洞穴)(354)、bridge(桥)(351)、size(尺寸)(322)、structure(结构)(245)、pagoda(塔)(242)、statue(雕像)(217)、painting(壁画)(215)、scale(规模)(215) |
| 非物质文化 | 皇家(793)、古代(628)、智慧(514)、古人(455)、故事(441)、了解(380)、生活(333)、发现(333)、皇帝(310)、想象(230)、人文(229)、中华(219)、艺术(206)、帝王(203)、白娘子(154)、民族(151) | architecture(建筑风格)(421)、emperor(皇帝)(363)、story(故事)(363)、ancient(古代)(327)、learn(学习)(300)、imagine(想象)(258)、soldier(士兵)(215)、Emperor(朝代)(209) |

① 方志远，朱湘辉，李琼英，等. 旅游文化概论[M]. 广州：华南理工大学出版社，2005.

**续表**

| 感知层面 | 高频词(频次) | |
|---|---|---|
| | 中国受众 | 外国受众 |
| 文化景观 | 日出(1029)、云海(422)、仙境(291)、天堂(290)、荷花(247)、十八盘(222)、五岳(202)、西海(195)、云雾(169)、万寿山(160)、迎客松(158)、怪石(150) | mountain(山)(1193)、hill(丘陵)(345)、tree(树)(310)、island(岛)(254)、flower(花)(156)、sunrise(日出)(153)、cloud(云层)(136) |
| 服务体验 | 导游(724)、缆车(614)、讲解(370)、拍照(251)、索道(221)、船(160)、骑(151) | guide(导游)(2855)、boat(船)(1510)、cable car(箱式缆车)(1279)、ride(骑/划)(1016)、photo(照片)(660)、toboggan(雪橇)(518)、tell(告诉)(332)、English(英语)(269)、explain(讲解)(256)、chairlift(吊椅缆车)(247)、hire(租用)(257) |

文化感知是游客在旅游活动中结合感官体验和自身文化背景对旅游地文化进行认知的过程①。文化氛围感知指受众对遗产旅游地物质文化、非物质文化、文化景观、配套设施以及服务体验的整体感受，文化遗产旅游地自身的文化资源、文化内涵以及展览方式会对受众文化氛围感知产生直接影响。如评论中所写“一进入展馆，仿佛千军万马袭来，震撼之感无以言表”，“走入故宫的深处仿佛穿越了时空，感受着古老文明的气息，享受着奢华的宫殿旅途”。由表5-9中数据可知，中国受众的文化氛围感知明显强于外国受众。“仿佛、体会、气息、穿越”等高频词表明中国受众在遗产旅游地感受到了浓厚的历史文化氛围，有身临其境之感。相比之下，外国受众文化氛围感知的词条数量和词频都远低于中国受众，虽然也出现了“history、feel、culture”等高频词，但从具体评论的内容来看，大部分都只是对遗产地形象的概要性描述，而不是因环境和氛围产生的感知。

物质文化感知指受众对遗产旅游地文化物质实体的认知和印象，文化物质实体包括宫殿、园林、碑刻、雕塑等。表中数据显示中外受众均对物质文化有较强感知，“建筑、building、园林、garden、葬坑、pit、壁画、

① 郑淞尹，孙传明，谈国新. 基于文本挖掘的中外游客文化感知差异：以世界遗产地为例[J]. 华侨大学学报(哲学社会科学版)，2022(1)：64-77.

painting”等共同出现的高频词表明遗产旅游地自身的文物古迹是中外受众都十分关注的核心吸引物。中外受众物质文化感知差异主要体现在两个方面：一是中国受众对遗产旅游地的特色景点，如“断桥、雷峰塔、苏堤”等认知度较高，而英文高频词中则没有出现任何特色景点的具体名字；二是外国受众对遗址、建筑的细节比较关注，代表词如“size、structure、scale”，而中文高频词中则没有出现诸如对遗址大小、规模或建筑物结构、风格的相关描述。

非物质文化感知指受众对发源于遗产旅游地的各种文化表现形式的认知和印象，非物质文化包括表演艺术、节庆习俗、故事传说、手工技艺等。研究发现，虽然中外受众对非物质文化感知的词条数量不少，但实际感知的内容却非常局限，从“古代、ancient、皇帝、emperor、故事、story、智慧”等高频词可以看出，感知内容主要是历史故事和古人智慧，结合具体语料发现，中外受众的感知几乎都来源于导游的现场讲解和根据故事而产生的联想，而对于遗产地的其他非物质文化却鲜有提及。本研究中作为研究对象的遗产旅游地大多蕴含着丰富的非物质文化资源，例如，秦始皇兵马俑的陶俑、彩绘、陶马等制作工艺；莫高窟的彩塑技艺和佛教文化；布达拉宫的建筑艺术与宗教文化；西湖的白蛇传、梁山伯与祝英台、苏小小等民间传说；泰山的政治权力象征、封禅祭祀文化以及盘古开天、东岳大帝等神话传说；黄山的蓬莱三岛、猴子观海、梦笔生花等故事传说。但高频词中只有中文评论出现了“白娘子”这一个与民间传说有关的词汇，词频数也仅有 154 次。查看更多关键词发现，中文评论里“佛教”出现了 82 次，“工艺”72 次，“神话”42 次，“技艺”41 次，“封禅”21 次，“祭祀”6 次，“盘古”5 次；英文评论里“Buddhism(佛教)”出现了 48 次，“religion(宗教)”35 次，“technology(工艺)”25 次，“skill(技艺)”24 次，“white snake(白蛇)”24 次。由此可知，大部分受众对非物质文化几乎没有感知，只有少部分受众在评论中提及了相关内容。同时研究发现，中国受众对非物质文化的感知并没有明显强于外国受众。

景观包括自然景观和人文景观。本次研究中，受众对景观的感知主要来源于文化景观遗产杭州西湖和文化与自然双重遗产泰山、黄山。考虑到上述遗产旅游地的大部分景观都既有自然属性，也有人文属性，故将其泛称为人文景观。从“日出、sunrise、云海、cloud、荷花、flower”等高频词可以看出，受众对文化景观感知的内容主要在自然属性方面。值得注意的是，中国受众对十八盘、西海、万寿山、迎客松等特色景观的感知明显强于外国受众，这一差异与中外受众对物质文化的感知差异相似，英文高频词中虽有“bridge、pagoda、trees”等词，但却未出现任何类似于断桥、雷峰塔、迎客松等特色景观的具体名字。对于中国受众而言，遗产旅游地经典的特色景观是吸引他们前来旅游的重要因素，同时也是游览时感知的主要对象，故在评论中多次提及。但外国受众似乎对特色景观的认知度很低，由此可推测外国受众在旅游前对遗产地可能只是大致了解，是遗产地整体的形象和名气而不是某些具体的景点或景观吸引了他们。因为如果大部分外国受众在出游前已经有明确的遗产地目标景观，那么无论是满意或失望，也多会在评论中提及游览的经历和感受。同时分析可知，对于无明确游览目标的外国受众，遗产地的特色景观并未在实际游览体验中给他们留下深刻印象。考虑到遗产旅游地无论是路线指示牌、景观名称或是景观的详细介绍都至少包含了中英文两种语言，部分指示牌上还有日语和韩语，因此本研究认为，外国受众无法在评论中清楚地表述出景观名称不会是因为语言问题。通过查看更多关键词发现，具体的景观名称在英文评论中也有被提及，但频数均不高，“leifeng pagoda(雷峰塔)”出现了 52 次，“musical fountain(音乐喷泉)”32 次，“broken bridge(断桥)”28 次，“sea of clouds(云海)”25 次，“su causeway(苏堤)”17 次，由此可进一步确定英文高频词中没有出现特色景观的具体名字不是因为语言问题，而是因为景观自身没有成为大部分外国受众体验感知的主要对象，所以在评论中便少有提及。

服务体验感知指受众对遗产旅游地配套设施和管理服务的综合感受，从“导游、guide、讲解、explain、tell”等高频词可知，对于以文化资源为核心吸引物的遗产旅游地，中外受众均对导游的讲解服务有强烈需求。中外受众的差异主要体现在活动体验上，虽然中英文评论都出现了与划船、骑车相关的高频词，但英文频数远远高于中文频数。查看具体语料发现，中国受众提及“缆车、雪橇”等服务设施时，多是描述了其具体位置和价格，以及作为交通工具的便利，外国受众则主要是分享体验时的感受。

## 二、情感特征差异

虽然通过高频词分析获知了中外受众文化感知的主要内容，但却并不清楚与感知内容直接关联的情感特征，不同偏好的受众对同一感知对象可能会产生不同的情感倾向，因此本研究利用已完成情感分类的中英文正、负面评论分别构建语义网络图，进一步分析中外受众的旅游偏好和情感特征，以及引发正负面情感的文化感知因素。语义图以共线高频词为节点，节点的大小与频数成正比，节点间的连线表示高频词间的语义关系，同一聚类子群的节点以相同颜色表示。

**1. 正面情感特征比较**

对比发现，中外受众正面评论语义网络图(图 5-1 和图 5-2)在结构上较为相似，均呈现出以文化遗产旅游地名称为子网络核心节点的多中心结构。但从子网络的结构和要素内容分析，两者存在较大差异，主要体现在两个方面：

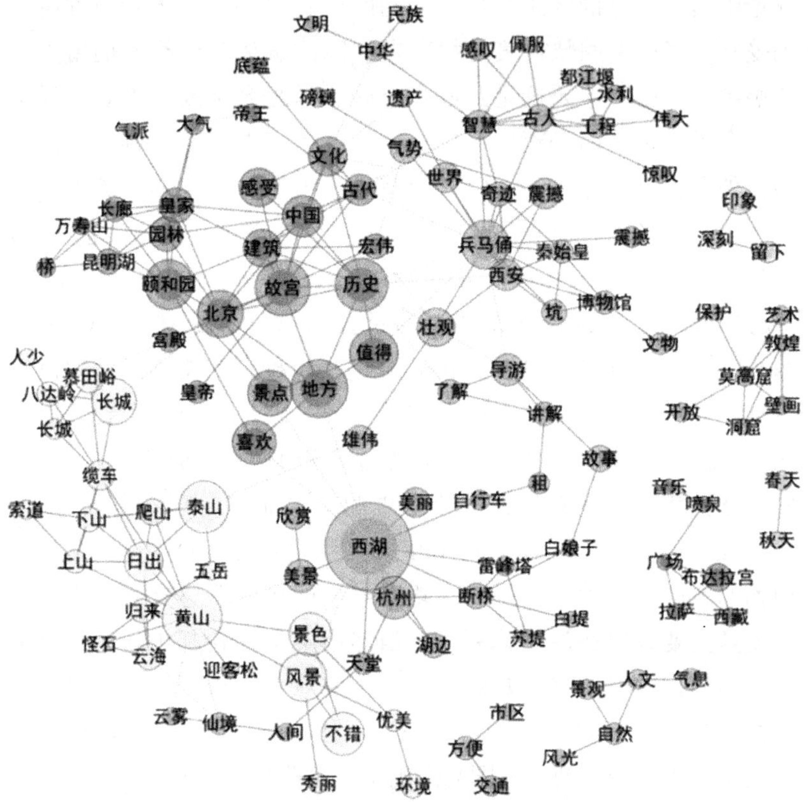


**图 5-1　中国受众正面评论语义网络图**

第一，对于文化遗产类旅游地，以敦煌莫高窟、秦始皇兵马俑、故宫博物院和颐和园为例，中国受众的各遗产地子网络间存在较强关联，这说明中国受众对同一类型的遗产旅游地具有较为相似的感知，子网络中与中心节点链接的要素数量多，要素内容以文化属性词汇为主，情感属性词汇次之，根据要素内容和频数可知，遗产地的整体文化氛围、物质文化和特色文化景观是让中国受众产生正面评价的主要原因。相比之下，外国受众的各子网络间关联较弱，这是因为外国受众对遗产地的感知更加直观、表层、所见即所得，评论的内容大多是对物质文化或特色景观的概要性描述，如“horse、pit、statue”，因此当不同遗产地的文物、景观不同时，遗产地之间便不会因其更深层次要素，如历史背景、文化内涵或艺术价值的相似性而被关联起来。例如，在中国受众的子网络中，故宫和兵马俑因为悠久的“历史”和同是“中华-民族-文化-遗产”被关联起来，兵马俑和莫高窟则因为都需要“文物-保护”被关联起来，但因文化背景差异，这些关联关系在外国受众的子网络中没有显现。

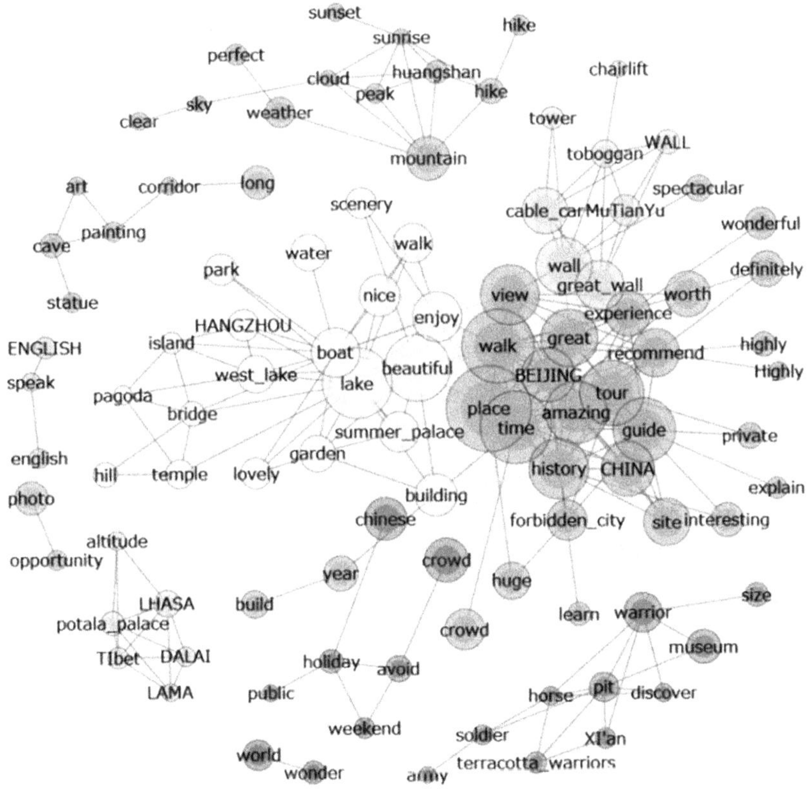


**图 5-2　外国受众正面评论语义网络图**

第二，中国受众的子网络中颐和园和西湖虽有一定关联，但被明显区分在不同的集群里，外国受众的子网络中两者却被聚为一类，产生这种差异的原因是颐和园和西湖具有部分相似的旅游吸引物，如湖、船、桥、塔、岛。具体来说，对于颐和园的“佛香阁”“十七孔桥”与西湖的“雷峰塔”“断桥”，中国受众结合背景知识能获得不同的文化感知，也清楚地知道阁和塔的区别以及此桥非彼桥。但对于外国受众，如果对其造型结构或文化内涵没有足够强的感知，便会觉得上述景观具有一定相似性，从而获得的感知也是相似的。相似意味着单一，这就是外国受众语义网络中与中心节点链接的要素数量小于中国受众的主要原因。

通过上述分析发现，外国受众对遗产地文物古迹的感知是直观的、浅层的，甚至是相似的、单一的，但为什么遗产地的文物古迹仍然是让外国受众产生正面评价的主要因素，从文化距离的角度或许可以进行解释。在跨文化传播理论中，文化距离指两个国家在文化规范与实践上存在的差异，文化距离在吸引外来旅游者的同时，也会成为旅游者目的地选择的阻力①。本研究的研究对象是即使知道存在语言障碍、文化冲突等问题，也要前来中国旅游的外国受众，因此可以认为因文化距离而产生的巨大差异正是吸引他们出游的主要因素。中国遗产旅游地的文物古迹，例如秦始皇兵马俑的葬坑与陶俑、故宫和颐和园的建筑与藏品、莫高窟的彩塑与壁画，都是极具特色的艺术珍宝，对于外国受众来说，即使不了解更深层次的文化内涵，但仅是文物古迹本身所带来的视觉上的感知就已经可以满足其求新求异的旅游需求。

**2. 负面情感特征比较**

中外受众负面评论所构建的语义网络图(图 5-3 和图 5-4)中，与文化感知相关的负面因素主要可分为讲解服务(如丰富性、趣味性)、核心吸引物(如文物、古迹)、旅游体验(如商业化、拥挤)和旅游设施(如标识牌)4 个类别。中外受众在表达负面情绪时均对讲解服务高度敏感，从“历史、导游、了解”，“介绍、不够、细节”，“故事、无聊”，“history、tour、guide”等互相连接的高频词可以看出，中外受众都可能因导游的讲解存在内容粗略、故事无趣或交流不畅等问题，而无法更深层次地感知遗产旅游地的历史文化且感到失望。中国受众对核心吸引物的负面感知因素多于外国受众，如

① 李春萍，张简．基于网络文本分析的国内外游客旅游目的地形象感知差异研究：以西安回民街为例[J]．旅游论坛，2017，10(6)：97-110．

"建筑、现代""博物馆、展品、不多""兵马俑、电视"等，表明中国受众因遗产地的建筑经过复建而显得现代化、藏品数量不多、兵马俑不如电视上壮观等原因而感到遗憾。在旅游体验方面，中外受众均对"拥挤"非常敏感，在高频词中多次出现。对于商业化现象，中国受众的敏感度高于外国受众。除此之外，从"近距离、失望""gate、close""cave、allow、enter"可知，中外受众分别对不能近距离观看文物、部分房屋和洞穴不能进入表示遗憾。在旅游设施方面，外国受众的负面感知因素多于中国受众，"sign、entrance、exit"表明外国受众因无法通过标识牌找到进出口或旅游路线不明确而感到不满，也有受众抱怨部分地方没有标识牌。"audio"反映了部分外国受众对语音导览设备定位的准确性或讲解的内容不够满意。

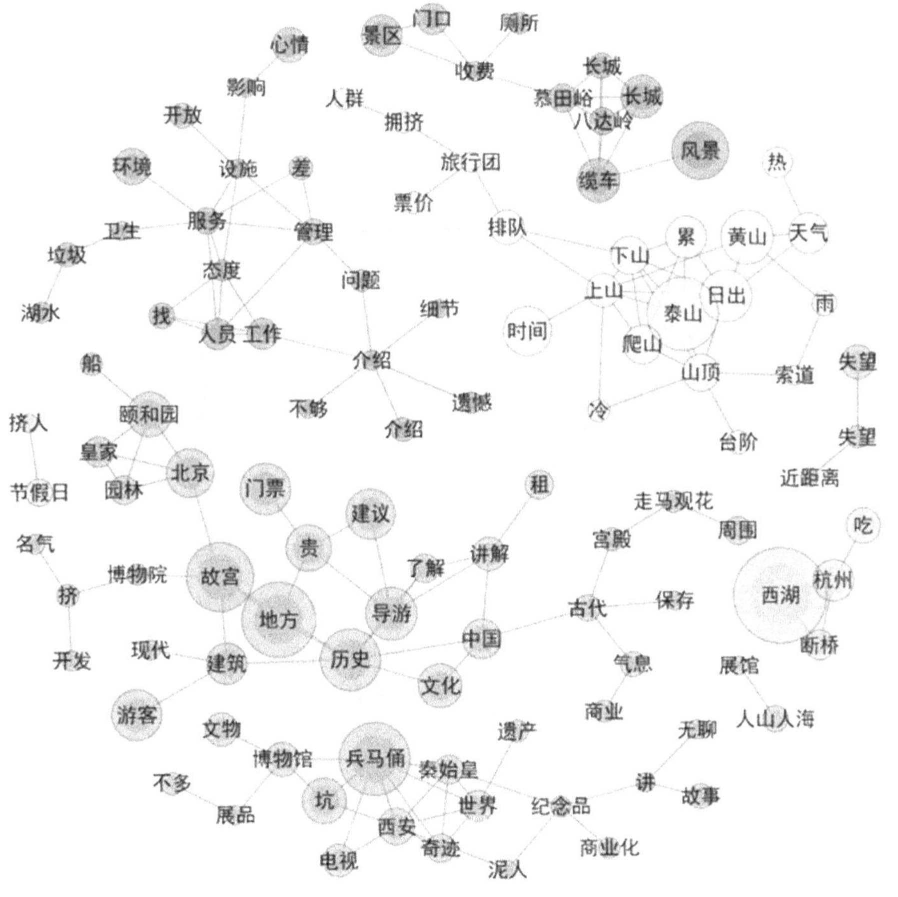


**图 5-3　中国受众负面评论语义网络图**

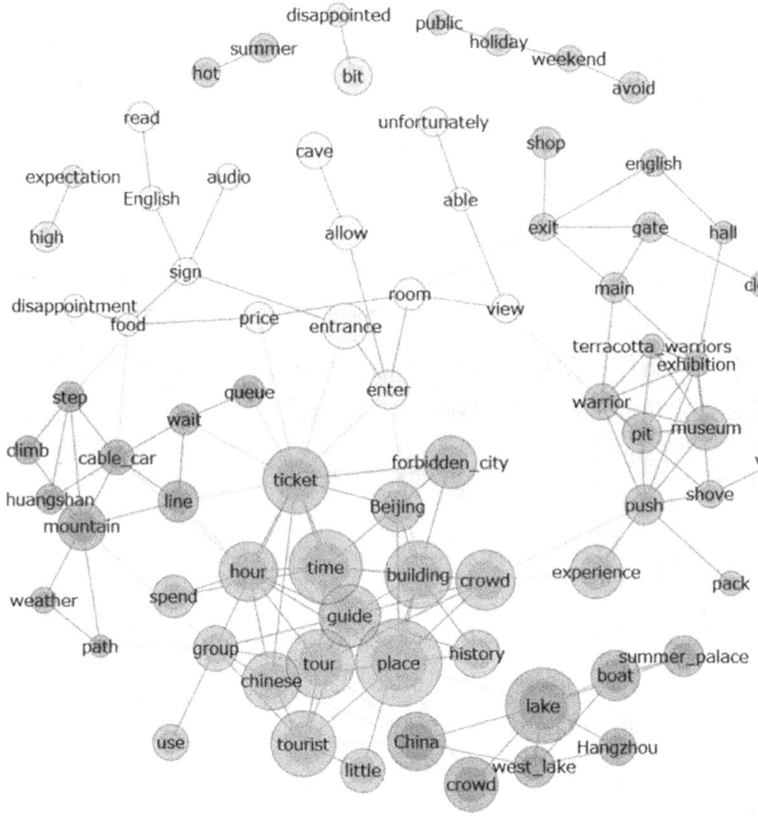


图 5-4 外国受众负面评论语义网络图

整体上看，外国受众的负面感知因素少于中国受众，这同样可以根据文化距离理论进行解释。Weiermair 认为，旅游目的地的文化距离越大，受众对该旅游目的地各项服务的要求就越低而且越包容①，反之亦然。上述观点与本研究分析一致，中国受众对讲解服务质量、文物展览方式、整体游览氛围的要求都明显高于外国受众。值得注意的是，现有部分研究认为语言障碍是导致外国受众产生负面情绪的主要因素之一，体现在与旅游服务人员不能很好沟通、看不懂景区标志、与景区当地人无法交流等多个方

① WEIERMAIR K.Tourists' perceptions towards and satisfaction with service quality in the cross-cultural service encounter: implications for hospitality and tourism management[J]. Managing service quality,2000,10(6):397-409.

面[1]。但本文的研究却发现语言障碍并不是主要的消极感知因素，相反，在积极感知因素中外国受众多次提到景区配有英文游览手册、英文标识牌、会说英语的导游以及英语语音导览等，由此可知大部分外国受众对遗产旅游地的语言服务较为满意。本研究认为出现上述结果的原因是：一、考虑到外国受众的实际需求，大部分遗产旅游地都对服务人员进行了英语培训；二、遗产旅游地的游览路线、景点介绍、服务设施都有明确的英文标识；三、中国受众的英语能力不断提升，可以为外国受众提供帮助；四、部分外国受众已学会使用少量中文进行简单交流；五、手机翻译软件的使用为交流提供了便利。

## 第四节　基于文化感知差异的文化传播思考

在中华传统文化国际传播与推广的背景下，不论是孔子学院的学员，还是国内的留学生，文化旅游体验是了解中华传统文化较为直接的一种方式。同时，对于中外受众来说，文化旅游地的核心吸引物仍是其丰富多样的历史文化资源，但对旅游地历史文化感知的程度与受众的知识结构和文化背景紧密相关，本研究以 10 个世界遗产旅游地的中外受众在线评论为数据源，通过词频统计和情感分类的方法，从感知内容和情感特征两个方面探讨了文化背景差异与文化感知差异之间的关系。在感知内容上，中国受众对文化氛围的感知明显强于外国受众，对遗产旅游地的特色景点认知度高，对旅游活动参与度低。外国受众则更关注文物古迹本身，对遗址的大小、规模和建筑物的风格、结构等认知度高。同时研究发现，中国受众对非物质文化的感知并没有明显强于外国受众，感知内容几乎都来自导游的现场讲解，而对发源于遗产旅游地的各类民间习俗、故事传说和手工技艺等了解甚少。通过对正面情感特征的比较发现，让中国受众产生正面评价的主要因素是遗产地的整体文化氛围、物质文化和特色文化景观，中国受众基于背景知识既能清楚地区分不同遗产旅游地的核心吸引物，又能一定程度地感知到不同遗产旅游地在历史背景、文化内涵或艺术价值等方面可能存在的一些更深层次的关联性。

---

① 王丽娜，李华．入境旅游者对中国旅游目的地形象的负面感知研究[J]．世界地理研究，2019，28(6)：189-199.

相比之下，外国受众因文化背景差异对遗产旅游地的感知更加直观和浅显，对于核心吸引物较为类似的遗产旅游地，外国受众的感知是相似且单一的。但即便如此，遗产旅游地的文物古迹仍然是让外国受众产生正面评价的主要因素，本研究从文化距离和跨文化传播的角度对其进行解释。

通过对负面情感特征的比较发现，中外受众均对讲解服务十分敏感，可见遗产旅游讲解的质量与受众的感知情绪成高度正相关关系。中国受众对整体游览氛围和文物展览方式有较高要求，外国受众则对拥挤程度和旅游设施更为在意。整体上看，外国受众的负面感知因素少于中国受众，本研究同样基于文化距离理论对上述现象做出了解释。语言障碍通常是跨国旅游考虑的首要问题，但本研究发现只有很少一部分外国受众的负面感知涉及语言障碍问题，大部分外国受众对遗产旅游地的语言服务较为满意，这与部分现有研究的结论相反，因此从五个方面分析了遗产旅游地语言问题得到基本解决的主要原因。

本研究揭示了受众文化背景差异与文化感知差异的具体关系，并系统回答了“文化遗产旅游地吸引中外受众的核心要素是什么”“中外受众在文化旅游体验产生正负面感知情绪的影响因素是什么”以及“产生文化差异的原因是什么”等问题，为我国孔子学院、留学生教育开展文化推广，制定差异化服务策略提供了理论依据。在方法上，本研究对比了机器学习算法和深度学习算法在中英文旅游评论上的情感分类精度，并提出将内容与评分值相结合的方法来获取具有更高精度的情感分类结果。以往的研究通常都舍弃了 3 分评论，本研究针对负面语料不足的问题，基于用户心理特征分析了 3 分评论的整体情感倾向，并利用分类器对 3 分评论进行了合理分类，有效扩充了负面语料库。本研究的局限在于数据来源单一，不论是用于检测分类精度的数据，还是用于分析受众感知的数据均来自一个旅游评论网站，这可能导致样本代表性不足的问题。

“一带一路”倡议对于我国在新发展格局下，激发市场潜力、化解产能过剩、解决发展不平衡不充分的问题具有重要意义①。“一带一路”倡议对沿线旅游刺激显著，促使我国文化遗产旅游地在文化资源开发、文化品牌推广、文化旅游体验等方面进行多层次、整体化提升。基于上述发现，并结

① 徐雨利，龙花楼，屠爽爽，等．“一带一路”倡议对我国沿线重点省份入境旅游效率的影响[J]．经济地理，2022，42(9)：201-210．

合文化旅游发展趋势，本研究对基于文化遗产旅游地开展中华传统文化的推广具有一定的启示。文化遗产旅游地可以针对国外受众的文化感知差异，通过充分挖掘本地区丰富的自然资源和有特色的文化资源，完备各种旅游相关的要素配置，通过扩大国际传播和加强内部建设，增强传统文化的国际传播力。本研究也建议不同文化背景的受众在文化体验前能够对当地历史文化进行一定的了解，在关注物质文化和自然资源的同时，也更多地关注地域的非物质文化和特色活动，以获得更丰富的文化感知和旅游体验，更深刻地感受中华传统文化的魅力。

# 第六章　现实困境：语言助推中华传统文化国际传播的反思

“一带一路”合作倡议充分依靠中国与有关国家既有的双边及多边机制和合作平台，力求借鉴中国古代丝绸之路的相关经验和历史符号，促进中国与沿线国家各领域之间的相互合作，为语言推广和中华传统文化的传播提供良好的平台，有利于提高中华传统文化的传播水平，更好地讲好中国故事。同时，在“一带一路”倡议的推动下，我国的汉语对外推广也从最初的语言学习逐渐发展成为文化和语言相辅相成、互相发展的整体。从以语言和交际为主体的汉语学习，到以文化为背景、语言为工具的“两手抓”，中华传统文化国际传播手段不断丰富。

不可否认，经历多年的实践和研究，在语言推广背景下，我国传统文化国际传播的观念已经深入人心，中华传统文化的地位和作用在国外群体中也得到了提升，更多的国外受众对中华传统文化有了理论性、系统性的认识。但在中华传统文化国际传播的具体实践过程中仍存在诸多现实问题，加之文化差异的复杂性导致对外文化传播力仍不足。根据文化传播和语言教育相关理论，文化传播过程包含五个主要因素：传播者、信息、信息渠道、受众和效果，因此本章从当前我国传统文化的传播主体、传播内容、传播媒介、传播效果和受众反馈等角度出发，结合实际针对国外受众的个体认知能力、心理需求满足、知识来源等方面的调研情况，对文化国际传播过程中存在的不足进行分析，为中华传统文化实现更有力、更有效的国际传播策略提供解决思路。

# 第一节　传播主体的文化传播功能有待完善

传播主体主要包括对外汉语和文化传播机构，以及相关的教育工作者和传播个体。传播主体在文化国际传播中处于重要的一环，具有无法取代的重要作用。然而，因为固有传播手段以及意识形态等多方面的因素，中华优秀传统文化在全球的传播及认同度都受到了一定的挑战。同时，不得不强调的是语言的传播和发展需要文化的长时间输出和持续性渗透。无论是官方创办的孔子学院所进行的汉语教育，还是来华留学生的语言学习，都需要政府、社会、相关组织机构的共同协同。当前，我国在语言和文化传播主体方面仍需发力，从顶层设计方面对传播机构优化布局，提升传播主体在传统文化国际传播中的主导性。

## 一、对外汉语传播机构仍需优化

“一带一路”倡议的提出，给中华优秀传统文化的推广带来了巨大的发展机遇，为加快提升我国文化传播水平、全面提高我国文化软实力创造了良好的契机。国内各高校的留学生汉语教育和世界各地设立的孔子学院是中华传统文化对外推广的两大重镇。就目前中华传统文化的国际传播而言，通过语言教育传播中华传统文化，可以使中华传统文化在国际受众中产生潜移默化的影响。但同时也发现，这些汉语传播机构在进行布局和管理层面也存在着一些不足，主要包括以下两个方面：

**1. 孔子学院的布局和管理模式需进一步优化调整**

经过十多年的努力建设，孔子学院已初步实现世界范围内的大发展，但从总体布局来看，孔子学院的地域位置仍存在着不平衡的问题，需进一步完善调整。总体而言，孔子学院的分布与经济的发展程度存在着一定的关系。欧洲和北美洲的孔子学院不断发展，数量众多，而非洲、拉丁美洲等地的孔子学院存在不足①。目前，在全球的孔子学院和孔子学堂分布中，美国的孔子学院和孔子学堂分布超过美洲总数的一半；欧洲 43 国(地区)中，英国占比最高。由这些分布数据可以看出，孔子学院主要集中在部分经济、文化发展较好的国家以及地区。与此同时可以发现，与中国语言距离较小

① 高永安．十年来孔子学院的布局及其相关性报告[J]．华南师范大学学报，2014(5)：55-59.

的国家，例如越南、泰国、韩国、巴基斯坦、乌克兰等建立的孔子学院或孔子课堂数量比与中国语言距离大的国家，如法国、德国、西班牙等少得多，语言距离小意味着语言和文化之间的差异较小，具有更好的传播效果，更应该开展交流合作①。当然这一分布态势也深刻地影响了孔子学院的广泛性、全面性，以及多层次的规划与布局。另一方面，孔子学院的发展应依据“一带一路”建设的进程进行合理协调与调整。据不完全统计，“一带一路”沿线的国家中，至今还存在许多国家并没有建立或者预备建立孔子学院。在“丝绸之路经济带”上处于咽喉位置的西亚，其沿线国家只有极少数的孔子学院和寥寥可数的孔子课堂②。这样的数量和规模，使得“一带一路”沿线国家对于语言传播和专业人才的需求得不到满足。因此，当前孔子学院等相关文化和语言传播机构，在沿线国家的设置仍需调整优化，需要积极开展与沿线国家的文化交流，为世界各国人民搭建学习汉语、了解中华传统文化的平台，推动各国之间发展友好关系，协作构建人类命运共同体，更好地促进中国与沿线国家的政治、经济、文化合作。

**2. 高等院校管理模式仍需改进**

自 1985 年 5 月《中共中央关于教育体制改革的决定》颁布以来，高校在一定程度上具有了更大的自主权，可以进行国际留学生的招收与选择，留学生教育呈现可喜态势，并且经历了“制度日益完善”“简政放权实现量的增长”“‘提量’向‘增质’转变”的发展路径③。各高校办学自主性强、生源多样性高、规模也有所扩大，但管理规范化始终是高校留学生教育的一大难题。由于对留学生群体采取不同于中国学生的特殊管理模式，也会造成留学生难以融入中国学生群体的情况。高校将留学生与本国学生分开管理，留学生与中国学生接触较少，使得文化差异和语言沟通障碍等因素愈发明显。留学生在文化差异和不同风俗习惯下，与中国同学交往时，会出现较多的冲突与矛盾，导致其产生跨文化的不适感。因此，留学生在人际交往方面常出现交际对象单一、社交范围小等人际交往困难。部分留学生在访谈中还表示自己对于和中国学生进行交流的意愿并不强烈，因为这样会增强他

---

① 向志强，向治国．中国对外传播实践的语言距离检视及分层策略：以孔子学院为例[J]．现代传播(中国传媒大学学报)，2022，44(4)：65-71．

② 李宝贵，刘家宁．“一带一路”战略背景下孔子学院跨文化传播面临的机遇与挑战[J]．新疆师范大学学报，2017，38(4)：148-155．

③ 石彤韶．传播与接受：跨文化传播视角下来华留学生教育研究(1950—2015)[D]．上海：上海外国语大学，2017．

们的紧张和不适感，因此他们更愿意继续与本国和其他国家的留学生群体交往。但如果一味地局限于自己的小圈子，就无法充分利用中国本土的文化环境所带来的汉语学习优势，不利于留学生的语言学习和文化体验。根据调研结果显示，来华留学生群体的心理需求影响了他们的态度，因此来华留学生通过汉语交流可以缓解在异乡的心理压力，从而对中国环境、汉语以及中华传统文化产生一定的认同感。因此在留学生群体管理模式上，需要在一定的范围内提高其接触汉语的频率，以及和中国学生交流与沟通的便捷度。

**3. 对外文化传播主体存在“噪声”**

在信息传播的过程中，往往会因为“噪声”的出现而导致信息传播的不顺畅，或是造成信息传播的失真，在传统媒体传播时代，信息的传播就广受“噪声”的影响，而到了网络信息时代，文化传播过程中的“噪声”更常见，其形式也更加多样。“噪声”在文化传播中十分常见，以不同国家之间的跨文化信息传播为例，虽然新兴的科技与信息技术的创新使得传播不再局限于时间与空间的限制，可以最大限度缩短传播的层级，减少文化信息传播的失真。然而在当前全球一体化进程不断推进，发达国家尽力向外部输送文化，占领发展中国家文化市场的情景下，各国也加固了自身文化的进入壁垒，特别是部分西方发达国家，见识到了中国在改革开放后，政治、经济、文化等多方面的高速发展，以及国际范围内影响力的不断提升。因而这些发达国家一方面加强自身文化输出，巩固自身“文化霸权”地位；另一方面动员本国媒体，在国内及国际上营造“中国威胁论”，这种无中生有的“中国威胁论”，是当前汉语跨文化传播过程中的最大“噪声”。

比如在加拿大，有些“噪声”认为孔子学院是中国有意地向世界范围内输出中国社会意识形态和社会主义阵营的场所，是进行文化渗透的重要途径。在亚洲，有些东南亚国家认为孔子学院具有宗教色彩而心存戒惧。美国国务院此前将孔子学院美国中心列为“外国使团”，并将此举解释为“让美国大学了解孔子学院在做什么，并让这些大学决定是否和孔子学院继续合作”，煽动美国国内对孔子学院的非议。由此可见，因为美国等国家的媒体在国内及国际不遗余力地对孔子学院的抹黑，营造“中国威胁论”，意图遏制孔子学院及汉语教学和文化传播的发展，进而维持其在世界上文化霸权地位。“一带一路”沿线国家虽然感受到与中国合作所带来的收益，然而西方媒体所营造的“中国威胁论”使其民众对孔子学院的汉语教学及文化传播产生先入为主的概念，打击了民众对汉语学习的热情，极大地阻碍了中华传统文化国际传播的广度及效度。

## 二、传播者在文化教学中的功能体现不足

对外汉语教师作为语言和文化教学的传播主体和引导者，主要有两个方面的作用：第一，根据语言教学目的，帮助学习者掌握系统的理论知识，有效地把语言知识转化为语言能力。第二，汉语教师负担着语言教学和文化传播的重要任务，需要积极利用语言的传播功能和汉语课堂创造良好的文化传播环境。针对留学生的实证研究结论显示，“主观规范”对“行为意向”产生显著的正向影响，表明来华留学生对于周围人的意见接受度高，愿意听取周围人的意见，同时会采取学习汉语和了解中华传统文化的行为。虽然绝大部分教师能够认识到文化传播的重要性，但在实际教学过程中常因为自身文化储备不够、对文化内容估计不足等因素的影响导致课堂上传授的文化知识与学生的真实生活脱节，文化内容的教授枯燥乏味。由于缺乏对文化知识的敏感度，以及对中外文化差异的了解不足，难以形成文化自觉意识。在讲课的过程中，教师对传统文化内容的系统性理解不深，则不能自觉地将文化教学和传播自然地融入汉语教学，不能根据学生的不同文化背景进行教学方式的灵活转换。

### 1. 传播者的跨文化传播水平有待提升

语言助推传统文化国际传播的重要传播者是教师。教师在语言教学过程中的文化渗透程度直接影响学生是否能够接受和理解中华传统文化。对外汉语教师特定的教育经历、文化背景、自身的文化底蕴以及对中外文化的掌握程度都能够直接或间接地影响其教育方式、课堂组织以及文化选择。因此在对外汉语教师的汉语教学课堂，应当可以最为直观地反映中华传统文化，也是实施文化传播的有效途径。但是当前部分教师存在着对本国文化底蕴了解不足和跨文化差异理解不深入两方面的问题。

在本国文化底蕴方面，受到实用主义教育模式的影响，很多对外汉语教师在前期学习的过程中对中华传统文化知识系统性掌握不够。这种文化底蕴的欠缺对于我国文化的传承和弘扬都产生了一定程度的影响。在实际访谈中，部分对外汉语教师表示其在日常生活中听流行音乐的时间多过了解传统曲艺、民歌等本土优秀文化，更愿意花时间学习英语而不是进行中国传统文化的学习，即使是专业知识的学习也更多地关注语言本身的学习

和实践，对其中文化要素的掌握不足，从而缺乏文化积淀，把握不到中华优秀传统文化的精髓。而对于跨文化的理解方面，受到西方文化入侵，更多的受访者喜欢观看西方电影、阅读西方书籍，生活方式和价值观也受到了西方文化的影响，但实际上对于西方文化的理解仅停留在表面，而对于西方文化的精髓和智慧的理解并不深刻。对中外文化差异的掌握不充分，容易在文化教学中出现文化冲突现象。例如，来自南非的汉语志愿者教师在访谈时对于南非课堂较为随意的课堂秩序和学生喜欢直来直往的交流方式不太适应，在汉语教学中出现了一些文化误解的现象。

**2. 传播者的文化传播意识仍需增强**

如何平衡语言教学和文化教学是对外汉语教师教学过程中的重难点。有些教师过于强调语言的教学，关注汉语的音、形、意，把更多的精力放在学生的识字、生活交际上，而忽视了语言教学过程中文化因素的渗透。这就容易导致汉语学习过程中语言和文化的脱离，有些留学生即使能够说出一口流利的中文，也经常会因为一些文化差异而产生学习生活上的困难。而部分教师在文化教学的过程中更多地关注传统文化艺术形式的教授，如太极拳、书法、剪纸等具体的文化形式，这就使得中华传统文化的传播较为单一化，并且传播形式停留于文化表面，而忽视了民族精神、价值观和思维方式等深层次的内容。比如，在一些教材中会展示中国千年来服装的变化，教师以此传授给学生的不仅是不同服装的名称和汉字书写，更应该传授的是在不同风格的服饰背后所体现的不同时期、不同民族的人民生产生活的变化，从而让学生理解中华民族在千百年历史积淀中所产生的生活方式和思维模式。另外，有些教师在学生提出“中国人为什么要这样做”等文化差异方面的问题时往往用“中国传统”一言蔽之，而没有细致地对不同的文化进行差异的分析，因此失去了一个让学生更加深入了解中华传统文化的机会。学生虽然对于其中原因一头雾水却也只能被迫接受“中国传统”的解释，这样就打消了原本对中华传统文化感兴趣学生的学习积极性，对留学生的求知欲和文化学习的动力具有一定的影响。

**3. 传播者的文化处理态度不够明确**

对外汉语教师自觉推广本国文化和理解尊重异国文化是文化教学的关键。由于过去的汉语教学更重视语言本身，削弱了语言的文化功能，中华传统文化的对外传播在语言教学中有所不足。教师在教学中，文化传播的主动性仍不足，以至于中华传统文化教学不深入，中华传统文化的精神和民族特性不明显。一些教师在文化教学过程中虽然有意识向学生传播中华传统文化，但形式上较为刻意与死板，将文化内容灌输给学生，没有关注学生作为文化受众的吸收、加工、改造和利用的过程，没有重视中华传统文化中“润物细无声”的力量。文化的熏陶、影响及传播是一个循序渐进的过程，教师要保持耐心，坚持不懈，以传播优秀中华传统文化为己任，将源远流长的中华传统文化植根于国际学生心中，加强他们对中华传统文化的理解与兴趣，搭建中外友谊的桥梁。

与此同时，教师在文化教学中要保持积极、公正的文化态度，尊重文化差异。汉语学习者来自五湖四海，他们有各自的性格和民族习惯。在课堂交流的过程中文化分歧时有发生，在这种情况下，教师的态度显得尤为重要，教师不应该被自己的主观情绪所影响，而应该客观地对待每一个学生，给他们表达自己的机会，让学生可以在表达自己观点过程中体现出自己国家的文化特色，这样对解决文化冲突十分有帮助。有些教师为了维持课堂的和谐，避免发生文化层面的冲突，对于一些文化敏感话题往往是一带而过，这样并不能消除学生的误解，严重的可能会导致冲突加剧。因此教师在教学过程中要时刻谨记保持文化中立客观的站位，尊重学生也要保持良好的态度，在学生面前树立积极的形象。

总之，不论是对外汉语传播机构还是进行对外汉语的教师都是文化传播的重要主体形式，孔子学院等机构管理模式的优化、高校教学理念的改进以及教师文化传播功能的提升，在中华传统文化的传播过程中意义重大。因此要强化传播主体的文化传播能力，从教师个人出发延伸到整个对外汉语教育机构，真正通过语言教学推动文化传播。

## 第二节　传播内容的系统性和多样性仍需加强

中国以历史悠久、文化资源富集而闻名于世，文化类型多种多样，代表性的文化作品更是浩如烟海。在对外文化传播的过程中如何选择具有代表性的文化、如何平衡语言和文化之间的占比、如何对文化传播内容进行编排能够使文化在质与量层面得以体现，都成为文化国际传播过程中的重难点。与此同时，当前对外汉语教学的跨文化能力培养仍是在语言学习基础上的一个衍生，文化的学习更多地变成了外国人在与中国人交流过程中的一个工具，是交际过程中需要掌握的文化。于是文化的学习渐渐变成了一个让外国人了解交际过程中的观念、心理活动、生活习惯的过程，变成了语言表达的背景。因此文化推广过程中出现的“交际文化”与“知识文化”的割裂成为文化推广过程中的难题。虽然对外汉语推广的基础是语言的学习，对外汉语教学的重要任务是语言能力的提高。但语言本身承载的文化内容和价值观决定了语言学习不只是知识和技能的学习，更应该发掘文化本身的价值，提高文化的传播效果。

## 一、现行教材在中华传统文化展现方面有待改进

教材作为教学的重要依据，为课堂的顺利进行提供了框架，为教师的教学活动提供了指导。同时，同学们也可以通过汉语国际教育教材获取文化知识、扩展文化视野。因此，教材的编写需要注重时代性、适应性、科学性和国别差异性。根据调研发现，在知识来源方面，来华留学生认为目前使用的汉语教材使得他们愿意了解中华传统文化，可以看出留学生对于汉语教材的重视以及汉语教材的文化传播意义。尽管现行的汉语国际教育教学在教材、课程和文化实践方面都做出了突出的成绩，但通过对当下汉语教学现状的了解和分析，现行教材在内容选择等方面仍存在一些局限性，使得汉语国际教育在进一步推广中华传统文化的过程中略显乏力。

### 1. 现行教材对中外文化的差异体现不足

目前的汉语国际教材会有针对不同国家语言的版本，很多教材中还配有光碟或数字学习资源，以求为汉语学习者提供更加直观的学习情境。但是，目前的汉语国际教育教材大多是适应以英语为母语的学习者，即使部分教材被翻译成了不同的语言版本，但课文内容并未发生显著的改变，在教学过程中必然会出现不符合非英语国家语言习惯的情况，使汉语学习者在课文内容的理解上产生困难。这种直接翻译的形式对汉语学习者而言不只是少了对学习者母语的独特性研究，更是忽略了不同语言背景下所带来文化差异。很多教材中都通过设置不同情境体现文化差异。比如《新编汉语教程》中“中国的社会习俗”一课，借由西方人苏珊之口，表达了西方人对中国热情的“劝吃文化”的不适应。课文以设定交际情景的形式将文化差异提出，使国外学习者对中西文化差异有一定的了解。但是对这种冲突的介绍仅仅停留在表面，并没有深入具体的生活。这主要是由于教材没有从根本上将两种不同文化进行对比分析。中国人偏向于综合思维和整体优先，而西方则偏向于理性分析的思维模式。浅显地展现文化差异并不能很好地解

决汉语学习者在生活中遇到的具体问题，也使他们无法真正理解中外文化的深层次差异。

**2. 现行教材对中华传统文化的介绍缺乏系统性**

初、中级的汉语教材课文中的主要内容是介绍姓名、结交新朋友、上课、旅游、就医、点菜等比较基础的交际场景，对中华传统文化的介绍主要是穿插在对话之中，甚至同一种文化在不同课文之中都有体现，文化教学较为零散。这种以具体交际场景为背景的教授方式确实可以潜移默化地提高同学们的交际能力，对于初学者而言比较容易接受。但对于学生形成系统的中华传统文化思维则帮助不大。这种零散的知识散落在学生思维的不同角落，可能会导致学生产生混淆，在面对实际情况时产生误解，甚至是影响交际效果，对语言学习造成影响。这种情况在对中外游客进行文化感知差异分析时，也发现国外受众对中国的文化遗产地存在一些误解，例如他们把颐和园和西湖归为一类景点的原因是他们都拥有一些相似景点，如颐和园的“十七孔桥”与西湖的“断桥”，在国外受众中认为是一类景物，他们并不了解背后的文化内涵。没有着力挖掘当代中国人的美好情感、高尚品质，以及具有当代特征的优质素材资源、文化符号，也没有兼顾对中外文化在相互撞击、交汇和融合过程中所呈现出来的，富有强大生命力和创造力的新文化介绍①。

因此，在汉语学习者的汉语水平达到了一定的程度、对中华传统文化也有了一定的了解之后，零散的知识学习就面临着系统化的需求了。冯辉在《文化概论》中曾经说道，“中华传统文化是中华文明不断发展而荟萃形成的一种反映民族特性和风貌的民族文化，是民族历史上各种思想文化观念形态的总体特征”②。只有使高级阶段的学习者建立系统的中华传统文化思维模式，向其传授中华传统文化的深刻内涵，才能使作为我国文化软实力重要组成部分的中华传统文化发扬光大。

**3. 部分教材的文化展示不足**

汉语国际教育教材的编写倾向于用对话引出主题，加上生词、练习扩展等便形成了完整的一课。教材在文化介绍的内容方面以文字为主，图片为辅。语言学习最重要的是提高学习者对该语言的兴趣，单纯的文字介绍

---

① 何干俊. 新时代推动汉语国际传播能力建设的路径[J]. 中南民族大学学报(人文社会科学版)，2022，42(7)：149-155.



② 冯辉. 文化概论[M]. 北京：中国言实出版社，2014.

和简单的图片展示会让学习过程变得枯燥。而具有鲜艳的色彩、生动的形象等特征的多媒体资源会让语言学习者感受到文化的氛围。此外，现有教材的文化展示形式仍较为单一，许多教材的编写目的以实现受众的文化交际为主要目的，对深层次文化背景展示不足。以饮食为例，作为日常生活中必不可少的一部分，教材本可以对中华传统饮食文化做出更为深刻的阐述，可是编者往往更倾向于只是介绍如何点菜、如何正确讲出菜名这些便于交际的环节，对于饮食文化中更加具有中国特色的餐桌礼仪也只是简要描述。因此，很多教材并未提及一些传统文化形成的原因及背景，而在中华传统文化的产生过程中，历史人物、历史事件和神话传说是极为重要的一部分。可以说，传统文化故事性的缺失会使学生对汉语的学习感到枯燥，汉语国际教育的文化传播功能也受到一定的影响。

## 二、文化体验的设置仍需规范

文化不是先天性的物质与精神，而是在生存的文化环境中后天塑造而成。一个人的文化特质也会在日常生活与交流中不自觉地显现。因此，要想真正地了解一种文化，关键是要与这种文化进行接触。文化体验就体现了国外受众与文化的接触，不论是国内高校和国外孔子学院设置的中国书法、剪纸等社会实践课和文化旅游体验，还是我国在国内外举办的各类文化体验活动，这些文化体验让外国人与中国人的审美观念、风俗习惯进行直接接触，使其亲身地体会其中魅力，感受中国文化、中国思维，这是一种文化感知的过程，对于文化受众更深刻地认识中华传统文化有重要意义。我国的文化体验让学习者更加直观地了解到中华传统文化的魅力，但在文化体验的过程中，由于受众对中华传统文化的理解流于表面、文化体验教学设置以及文化实践活动的种类过于同质化，文化传播无法通过文化体验达到理想的效果。

### 1. 文化体验无法引起受众的思考

文化体验是对文化进行理解的重要环节。外国人认识中华传统文化的过程中更多的是了解中国功夫、书法、饮食等一些具象的文化符号。单纯的文化体验使得文化的学习流于表面，难以实现对学习内容的反思，以及加深对中华传统文化的理解。以中国节日为例，春节是中国人最重视的节日，每年春节，华人华侨以及我国驻外机构都会在世界各地举办各式各样的春节庆祝活动，浓厚的节日氛围是最好的文化体验。春联、烟花和春晚无一不吸引着各国的人民。但在参加活动的过程中，文化的科普工作不完善，文化体验就变成了“看热闹”，人们就不会思考中西节日的差异，不会提出“为什么中国人重视团圆”等方面的问题，这个极具中国特色的中国节日也就无法使受众受到启发。另一方面，在各高校和孔子学院的文化体验活动中，教师的主导地位很多时候被忽视。很多活动以实地浏览为主，最后就沦为旅游观光。如果只是走走看看，学生们在语言学习过程中的文化不适和理解偏差并没有通过实践活动得到改善，学习者们也错失了进行实践总结、修正理解错误的机会，这就失去了文化实践的意义。

**2. 文化体验教学设置缺乏标准**

在文化教学的过程中，与汉语教学中语言课程的设置相比，文化体验活动的设置存在着一定的随意性。不论是与中华传统文化相关的书法课、武术课、传统音乐课还是与文化实践相关的活动课都缺乏具体的标准和规划。例如，对于传统文化体验的课程设置而言，不同的学校对于文化内容的选择也有所不同，有的学校选择书法、武术、围棋，有的学校选择二胡、中国画、戏曲欣赏等，课程模式各有不同，且没有一定的教学和评价指标，因此学生的文化掌握程度也不得而知。中华传统文化包罗万象，分类标准多样。但是在教学过程中，文化项目没有被进行清晰地区分与设置，因此教学过程往往存在着文化教学的顺序和知识的深浅不规范的问题。

通过对比各个中国高校的留学生课程项目设置，可以发现语言知识和语言技能的课程设置基本一致，而文化课程的设计则各有侧重。缺乏文化体验课程的大纲指导就是产生这种现象的原因之一。例如，许多高校的留学生初级班以听说读写课程为主，高级班则涉及文学赏析和文化概况方面的课程。这些课程只对学分做出了相应的设置，但在具体实施的过程中则出现缺乏规范的问题，导致如何科学地规划中华传统文化课程无据可依。同时，由于以书法、武术等为例的中华传统文化技能教学仍属于专业学科，系统的对外教学理论和成功的经验还不完备，所以这类课程的学习仍然存在着教学随意性强、教学目标不明确等问题。中华传统文化技能教学更多地成为学生们学习之余的兴趣爱好。这就需要在课堂教学模式中，教师根据一定的文化教学大纲进行教学，对不同的文化项目进行差异化分析，以此进行高效的文化教学辅导与体验。

### 3. 文化实践方式较为同质化

中华传统文化的一个重要特点就是地域性，不同地方的人有不同的饮食和生活习惯，各有特色、大放异彩的文化体验也是文化交流的重要环节。国内的对外汉语教师也会组织国际学生走出校门，通过文化旅游、实地参观等方式体验各地的中华传统文化。国外孔子学院也会通过一些亲手体验中国剪纸、民间乐器等活动，增强学生的文化认知。这些活动在很多汉语初学者中还比较新鲜，随着汉语水平的提高，中华传统文化的体验活动却仍以上述一些文化体验为主，文化实践缺乏多样性，影响学生的学习兴趣。此外，中国驻外大使馆也经常在春节等重要节日举办一些春节庙会等活动，据观察，每年春节庙会活动表演仍以舞龙舞狮等具有中华传统文化特色的节目为主。虽然这种方式可以最直观地向观众展现中华传统文化之美，但是长期如此、不加以创新难免会降低观众的兴趣。当地群众对中华传统文化的认知往往仅局限于舞龙舞狮这些常见的传统文化活动，对于我国 56 个民族、丰富多样的传统文化活动展示较少。如何通过文化活动将中华传统文化的多样性展示给世界，如何在教学过程中设计多元化、有代表性、有吸引力的内容，如何将语言教育与丰富多样的文化实践相结合，从而让世界各国的汉语学习者能够更加全面地了解中国人与中华传统文化仍是亟待解决的问题。

总之，文化体验与文化传播联系紧密，对外汉语教学中的文化体验就是学生参与文化活动的过程，如何使体验过程不流于表面，让体验的内容更加丰满多样，是文化体验设置中亟待解决的问题。因此在实践活动的组织和教学设置的过程中，应当制定一定的文化课程标准规范，教师应该积极引导学生主动思考，推动学生领悟文化内涵，才能使文化体验的文化传播功能最大化，确保文化传播效果的落实。

## 第三节　传播媒介的交互融合仍需拓展

“一带一路”合作的重点是“政策沟通、设施联通、贸易畅通、资金融通、民心相通”这“五通”。要实现“五通”，语言和文化的互通是前提和基础。作为文化传播的媒介，当前我国传统课堂教学模式、网络课堂建设、媒体传播渠道等方面，由于文化背景、所受教育以及个人理解等因素的差异，在对外文化传播过程中不可避免地会遇到传播障碍和文化隔阂。

## 一、传统课堂教学模式缺乏灵活性

**1. 传统课堂教学较为单一**

传统课堂教学作为我国主流的教学方式固然有其独特的优势。但语言学习是一种灵活性强、活跃度高的活动，目的是培养学生的语言交际能力和文化思维的形成，传统单一的教师教、学生学的教学方式会导致学生交流受限、沟通不足，课堂氛围不活跃，不利于学生主体性的发挥。当前对外汉语教学中的文化教学通常穿插于各个教学模块，并包含在听力课、口语课、阅读课和写作课之中。以听力课为例，这种类型的文化教学常通过反复播放录音的方式进行，容易让学生产生厌倦情绪，经常由于一个词而影响到整个文化材料的理解。同时，部分教师在实际的课堂教学中，仅以语言教学为主，缺乏以趣味性的文化背景进行导入。在听力课堂的过程中常会出现单一的提问和对话的练习，这些练习常常远离学生的实际生活，凭空而生的情景会使学生感到疑惑，不能产生知识的迁移。此外，在传统的课堂教学中，老师是教学的中心，大量地讲解文化知识，这样的教学方式使得师生互动不多，学生参与度不高，容易产生疲劳感和枯燥感，注意力也难以持续集中，这些都会影响文化传播的效果。

因此，传统课堂教学方式的丰富性也很重要，多种形式的教学方式，如新闻、情景剧、音乐等都可以作为教学手段加入课堂，可以提升学生们学习的趣味性，为他们的文化学习提供多种渠道。同时，以口语课为载体的文化交际教学亦是如此，课堂不应该只围绕着课本的语言教学进行，要充分利用校园环境所营造的良好文化氛围进行不同文化的碰撞和互动交流，利用分组讨论、演讲、辩论等形式鼓励学生自主练习。这种你来我往的互动形式不仅让学习者接受了文化知识，也在交际的过程中提高了语言应用能力。汉语学习者开展汉语实践的次数越多，文化冲击才会越明显，在自主解决这些文化冲突的过程中，汉语水平就会提升到一个新的高度。

**2. 部分教学方式缺乏互动性**

对外汉语教学中的中华传统文化传播总的来说还是以文化理论教学为主，主要有两种形式：一是在汉语教学中穿插讲解中华传统文化，教学目标以语言学习为主，文化的传播和教学为语言教学服务；二是在中华传统文化课中进行专门的文化教学，教学目标以传播文化为主，在教学过程中学生会附带学习到相关的语言知识。无论是哪种课堂形式，都容易发生“满堂灌”的现象。另外，以文化理论知识为主的文化传播，不能结合实践场所来进行，老师在课堂上“纸上谈兵”，缺乏教学实践，学生无法在真实场景下进行文化体验，无法获得第一手的文化感知经验。在教学的模式上面，一些汉语老师在进行文化教学时往往采用先讲解文化知识，再进行活动的固定模式。这种形式虽然也考虑到了学生的参与度和趣味性问题，但是以这种模式进行教学，课堂前半部分教师侃侃而谈，学生参与少，如果教学内容和教学方法不合适，学生很容易失去兴趣，后半部分在进行活动的时候学生参与性会受到影响，或者参与的效果并不好。而且，教师通常将教材中涉及的中华传统文化，以具体的文化特征或者专题的形式向学生进行介绍，因为受众文化背景的差异，在学生的学习过程中易产生理解偏差。这样对文化的简单陈述无法激起学生的兴趣，即使产生了兴趣却因为无法亲身体验，最终也会被遗忘，无法存在于记忆中，更难以形成文化认同。汉语教学和文化传播密不可分，如何采用更充分的方式来进行“润物细无声”地文化传播是值得深思的问题。

同时，当前部分对外汉语教学的课堂教学模式仍然是以教师为主体、以课本为中心，而没有真正地实现学生为中心的教学模式。特别是对于部分“一带一路”国家留学生而言，他们习惯于灵活的教学氛围，乐于主动表达自己的观点，直接在课堂上对问题进行讨论。但当他们提出问题的方式未被老师认可时，可能会感到失落，丧失对学习的兴趣，排除误解获得文化认同也因此更加困难。教学模式的多样性和互动性有助于打破这一困境，在新兴教育理论指导下，交互式教学显得十分重要，要保证学生的主体地位，使学生乐于思考、善于学习。

## 二、网络课堂模式具有不确定性

语言学习的初衷是为了促进交流、加强交际。对于汉语学习者而言，单纯的线下课堂学习无法满足其语言学习的需求，因此网络教学对于学生课堂之外的汉语学习起到了非常重要的作用。而对于一些无法来到中国学习汉语的学生而言，网络教学方便、快捷而且没有时空的限制，学生可以根据自己的实际情况进行学习，也可以通过网络平台与老师同学交流，随时随地学到知识、解决问题。但就目前来看，对外汉语的网络教学还存在着监管无力、学生学习懈怠等问题，对网络教学的效果产生了一些影响。

**1. 对学生的学习效果把握不到位**

良好的课堂氛围有利于提高学生的学习积极性。在中国的传统课堂中，提升学生的学习效率有赖于教师的积极指引和同学们之间的相互协作。尤其对于课程的初学者和自控力不强的学生来说，传统的学习模式可以更好地帮助学生掌握科学文化知识。在网络教学的过程中，受到远距离教学的限制，相比于传统课堂，网络课堂缺乏课堂纪律和课堂要求的约束，学生的自由性更强。按时上课对于自控型较差的学生还较为困难，教师无法对学生进行很好的管理，对于一些自我控制能力较差的学生，教师的督促作用得不到有效发挥。虽然随着技术的发展，一些网络教学平台设置了打卡签到等功能，但是学生却可以随时选择进入或者退出在线课堂，学生隔着屏幕的学习状态也不得而知。所以，如何通过网络课堂对学生进行有效的监督管理亟待解决。

同时，在汉语学习的过程中，由于文化差异和语言使用习惯的不同，学生在学习过程中会遇到一些困难，学生因此产生的懈怠如果得不到及时地疏导和指引，会影响到学生的学习效果。同时文化学习的重点在于体验，线上的汉语学习，特别是一对一或一对多的网络课堂虽然可以在一定程度上提高教师与学生的互动，但是学生与学生之间的互动则无法得到充分满足。网络教学只能通过图片、音频、视频等方式对我国文化进行展现，将文化内容直接展示给学生，无法为学生提供文化氛围，便缺少了文化教学过程中必要的互动和体验过程，学生对于文化内容的思考无法得到反馈，也无法满足合作和讨论的要求，学生容易形成片面的文化思维。

**2. 网络教学存在着技术方面的限制**

在对外汉语网络教学的过程中，用户对稳定的网络需求强烈，稳定的技术支持十分重要，网络流畅度影响教师授课和学生学习。而在实际教学过程中，尤其是“一带一路”沿线信息化基础条件存在较大差异，网络技术方面的问题经常存在，常造成卡顿、音画不同步、PPT 播放不清晰等方面的问题，这影响了学生学习热情以及教师授课的连续性，使学生的学习效果大打折扣。而使用提前录制好的对外汉语教学视频则会使网络直播课堂带来的学习环境缺失，导致学习者与教师的互动不足。除此之外，教学平台自身存在的漏洞和在教学过程中的突发情况都会影响网络汉语教学的正常进行。因此，技术的稳定性问题仍然是网络教学中亟待解决的问题。

## 三、媒体传播渠道单一化

**1. 对外文化传播的形式创新不足**

当前，我国对外文化传播的主要媒介渠道是以官方为主，例如中央电视台的外文频道、《人民日报》海外版、新华社海外版等权威媒体是中华传统文化国际传播的主要渠道之一。文化传播的官方化在一定程度上保证了传播的正规性和权威性，但传统的传播形式较为严肃单一，减少了文化的趣味性，受传者会因形式过于正式而缺乏主动了解的兴趣。

近年来，我国的对外媒体宣传也在积极寻求改变，出现了另一种节目类型——纪录片。纪录片一直有着“家庭相册”的美誉，在展现国家形象、打破“刻板印象”、增进各国人民对中华传统文化的了解等方面的潜力亟待挖掘。作为以叙事形式出现的传播方式，纪录片在视觉效果和内容表达上更易为各国受众接受。目前，我国以对外文化传播为主题的纪录片主要有两种类型：一种是以“一带一路”等为时代与题材背景进行创作的纪录片，例如《重走丝绸之路》《世纪丝路》等；另一种是向国际展现国家软实力、民俗文化、社会生活的纪录片，例如《我在故宫修文物》《舌尖上的中国》等。

尽管上面的一些纪录片获得了国内外的一致好评，媒体的不断创新与持续发展为纪录片的传播与推广打造了丰富、多样的平台，但是中国纪录片在世界各地的传播仍存在着受众关注不足、传播陷入困境等问题。“一带一路”相关题材的纪录片仍存在内容的同质化、主题的宏大化、叙事的碎片化等问题①。因此，通过纪录片等多样化的传播形式推广中华传统文化仍有待创新。

**2. 文化国际传播的媒体融合度不够**

文化传播的主要任务是将文化中的内容进行共享，文化内容需要的是人们容易认同或理解的东西，新媒体的出现以更易接受的方式加快了不同受众群体文化共享的速度。以互联网为载体的多种媒体形式联合在一起，形成一个巨大的文化传播资源库，满足人们多样化的文化需求。在媒体发展日新月异的今天，目前国内外对传统文化的语言教学主要还是通过纸质教材、视音频资源或者文化专题讲座等方式展开，形式较为单一。传播方

---

① 牛慧清，王滋. 跨文化传播视域下“一带一路”题材纪录片的创作路径探寻[J]. 当代电视，2020(12)：84-87.

式直接影响着人们接收和了解传统文化的数量和质量，在信息时代，人们接触到的内容不仅停留在书籍等传统媒介方面，网络、手机等新媒体技术正以更为互动、更融合的传播方式丰富着人们的视野，同时也影响着人们对于文化的选择。但是当前仍存在传统课堂与网络课堂脱节，传统媒体与新媒体融合不足等弊端。因此，在多种传播媒介不断发展的当下，传统课堂与多种媒体形式的融合程度、网络课堂在实际教学过程中的效果以及多种媒体融合的传播方式，切实地影响着文化教学和文化传播效果。因此，要加强文化传播与多种媒体渠道的融合，提升文化传播媒介的融合程度，通过科技推动文化传播的进一步发展。

## 第四节　传播受众的个性化需求未被充分满足

在中华传统文化的传播过程中，受众的个性需求至关重要，因为它们是文化传播的对象，是文化传播中不能忽视的部分。由于地区、性别、年龄、学习目的、文化知识基础等因素的不同，国外受众对中华传统文化的需求程度也有很大差异。比如，对于一部分来华旅游，或者想和中国人一起工作的学习者，他们有更多的学习中国日常交际文化的需求。对于学习汉语的初学者，文化学习更偏重于文化体验和文化实践。对于已经有一定文化知识基础的受众，继续学习其已经了解的文化知识就缺乏吸引力，难以引起兴趣。

一些国际汉语教师在选择文化教学、文化传播的内容时缺乏对学习者情况的分析，忽视学生的需求，或者说忽视学生文化学习的兴趣点所在，对学习者已有的知识结构、审美需求、思维习惯等考虑不足。如在介绍京剧、民间音乐、曲艺等传统文化时，有些内容可能存在汉语教师自己都不太熟悉、兴趣不大的情况。通过调研结果可知因为“周围的人推荐使用汉语、了解中华传统文化”等主观规范维度，会影响来华留学生对自己使用汉语或者了解中华传统文化的行为。但即使在周围人的推荐或是影响下，留学生的文化学习和体验也存在一些问题，主要由于传播对象的文化背景差异和语言水平不同，传播的内容和形式往往不符合受传者的兴趣和需要，导致中华传统文化在传播的过程中遇到了一些阻碍，带来了一些误解，削弱了中华传统文化国际传播的效果。特别是各国间的文化背景与社会环境存在着巨大的差异，导致语言助推传统文化的国际传播可能产生传播内容与受众的需求无法一一对接。

## 一、文化差异造成文化冲突

文化是体现民族特征的重要载体，每个民族在不断发展的过程中产生了不同的生活方式与交往习惯。这种方式与习惯必然在人们的生产生活中有所体现，人们的言行举止都反映着文化的特色。因此在对外汉语教学的过程中，中外受众的文化价值观念的差异比较明显，并体现在生活和学习中的各个方面，从而不可避免地产生文化冲突。

### 1. 人际交往之间的冲突

中国人表达友好的方式往往是将自己“全盘托出”以显示对对方的信任，大家喜欢三五成群，分享生活中的点点滴滴，希望能帮助朋友排忧解难。因此聊天过程中的话题主要围绕的就是家庭、婚姻、工作等内容。而对于部分国外群体来说，这私人空间对于他们十分重要，家庭、婚姻、工作等内容更是他们的隐私，不愿意别人过多询问。当双方不能理解对方的交流目的时，冲突便不可避免。中国人喜欢热闹、重人情往来，更喜欢与人产生亲密的关系，以排场和礼物的轻重体现对人的重视程度。而国外对于这一点不是很理解，认为是给他人和自己增添负担。由于这方面的差异，汉语学习者与中国的同学、老师之间常常会产生一些误会，如果不及时地解释、引导，可能会影响到彼此之间的感情。同时，中国人对客人表示重视、热情好客都体现在饭桌上，饭菜的数量与质量都能体现主人的用心。在中国人家里常以主人劝客人多吃多喝为热情好客的方式，而这种“劝吃文化”往往会引起留学生的不适应。

### 2. 语言障碍产生的冲突

语言障碍是语言学习者与人相处过程中存在的最普遍问题，也是最容易产生文化冲突的原因。在汉语学习者刚刚进行语言学习时，由于对汉语一知半解，对中华传统文化了解不足，交流双方有时会产生误会。这也导致了一些汉语学习者更加不敢用中文进行交流，而是使用自己熟悉的母语，汉语水平提升缓慢。练习方式的多样化程度不够是汉语水平得不到提高的关键。当语言学习者交际情境过少，只依赖于课堂时，学生到了实际生活中就会因为表达不当造成生活的不便。这种语言障碍冲突在中外学生的语言学习中均有所体现，教师在教学的过程中要鼓励学生多说多练习，不拘泥于刻板的语法形式，只有多进行交流，文化冲突才能在你来我往的过程中得到解决，也能够促进彼此之间的理解，克服文化障碍和语言障碍。

## 二、对外文化传播不平衡

不论是教师结合语言教学向学生传播中华传统文化还是国家的对外文化宣传推广，传播常常变成了单项的文化输出，忽视了受传者本身的兴趣和接受度。在文化传播的类型、内容以及传统和现代文化的选择上都容易出现不平衡的现象。这使得文化传播不能很好地满足不同受众的需要，不利于不同文明的交流与互动，主要体现在以下几个方面。

**1. 倾向于传播具有文化艺术特色的物质文化**

诚然，以长城、兵马俑、故宫等具有文化艺术特征的物质载体可以更加直观地吸引受传者的注意力，让他们被巧夺天工的中国技艺所吸引，但受众却难以从中真正地认同和理解中华传统文化的实质，中华传统文化的魅力就无法真正全面地体现。孔子学院的汉语教学以及国内的留学生教育亦是如此，不论是教材所展现的中华传统文化还是教师的中华传统文化课堂，他们展现给学生的内容多以描写中国的古代建筑、知名文化旅游地的图文介绍等为主，抑或是具有精湛技艺但是千篇一律的中国结、剪纸的制作，文化传播缺乏新意。这种依靠各种具象拼连起来的文化内容难以体现中华传统文化的内涵，而最能体现中华传统文化内涵的文化思想传播却常常被忽视。

**2. 文化传播内容与受众需求存在差异**

中华传统文化是中华民族几千年来的历史积淀，体现了辉煌灿烂的古代文明。许多传统文化经过社会不断的发展而创新，形成了符合当今生产生活实际需求的优秀文化。但是，在汉语国际教育的过程中，戏曲、武术、书法等是对外汉语教材中必不可少的内容，文化体验课也是以书法、剪纸等传统文化为主，而与国外受众日常生活息息相关的传统文化传播则弱化了许多。部分传统文化，如珠算、计量单位“尺”等文化课程因为时代发展，在国内其用户基础也越来越少，而对于那些对中华传统文化不了解、兴趣还不太高的外国学生来说更容易使他们产生抵触，从而影响传播效果。即使学生对部分传统文化感兴趣，也仅仅是认为“很有趣”。因此，在传统文化的传播过程中忽视了文化的实用性，而中国的传统文化的优势是可以切实解决生活中遇到的问题。例如，在本次新冠疫情的防控中，传统中医药文化起到很重要的作用，太极拳等中华传统健身，以及中华民族不畏艰难、敢于奉献的精神在本次疫情防控中也起到积极作用。因此传统文化的传播要坚持有所运用，有所认同，可以增加传播与国际受众生活密切相关的传统文化内容，让中华优秀传统文化能够解决他们生活中遇到的问题，让留学生对传统文化的“兴趣”转化为文化认同，是今后一个重要的发展方向。

综合以上内容，可以发现由于文化传播内容、媒介和形式上的不足，导致我国的文化传播虽得到了一定的关注，认可度却还有所欠缺，这与我国文化国际传播的预期效果仍有一定距离。如果不能根据受众的认可度及时做出调整，再多的文化展示也难以显著提升文化传播的效果。固然，文化国际传播不能满足每一个人的需求，但忽视受众的个性需求则难以达到传播目的。因此，需要对不同国家、不同民族受众进行科学定位、合理分类，对不同类型受众的信息接受习惯、行为及其规律作深入研究，同时，还需要对受众所处的区域历史文化特征进行拓展分析，探析受众的文化心理、生活方式、行为习惯等，深入把握受众对信息的选择、反应及效果①。因此，中国在对外文化传播的过程中该如何既满足受众需求，又体现中华传统文化的精髓是对外文化传播的重要问题。

## 第五节　传播效果的评价及反馈机制有待改进

文化国际传播的重点在于与传播受众的沟通与反馈，单线的传播流程无法达到文化传播的理想效果，要注重对传播效果的追踪。因为传播的出发点就是传播效果，对传播内容、传播手段、传播媒介及时调整才能满足传播者的需求，真正实现有效的传播。依托“一带一路”的顺利实施，中国与周边国家的经济、文化合作关系更加紧密，中国的国际影响力不断提升，吸引越来越多沿线国家民众对汉语及中华传统文化的兴趣，然而由于沿线国家数量众多，且各国的社会、经济、文化情况存在巨大差异，因而对外汉语教学及中华传统文化传播成效也不尽相同，需要根据具体情况进行必要的调整。

### 一、缺乏统一有效的传统文化国际传播质量评估体系

依据跨文化传播理论与受众研究理论，在国家间进行跨文化的信息传

① 张馨予，黄葵．中华优秀传统文化国际传播战略路径研究[J]．贵州民族研究，2022，43(5)：93-98.

播过程中，由于不同的受众群体对于“一带一路”背景下语言及文化传播的理解可能会产生很大的差异，面对同样的情境，不同受众会产生不同的理解。特别是借助于汉语教学推广中华传统文化的过程中，面对“一带一路”沿线众多国家，如果无法及时对语言教学成效与文化传播效果进行评估，那么就无法发现其中存在的问题，就更无法针对不同受众的需求进行改进，使中华传统文化国际传播的成效产生折扣。

文化的无形性使文化传播的成效难以准确测度，对外汉语教学及中华传统文化传播的成效往往从宏观层面出发，以孔子学院海外建立的数量及规模、“一带一路”沿线国家来华留学生及国内高校留学生的数量及规模、沿线旅游人次、文化交流次数等量化数据来展示。虽然孔子学院在世界范围内的快速发展，使得中国的国际地位以及影响力都得到了极大的提升，中华传统文化的影响力也随之不断增强。但从微观层面分析，依靠学生的成绩及其所取得语言证书证明，加之教育工作者自身对文化传播成效的感知佐证中华传统文化国际传播成效，这种评价方式过于强调语言教学的应试层面，而教育工作者的文化感知则具有太多的主观意识掺杂其中，忽略了语言学习者及文化接受者的感受。加之各个国家社会文化、宗教信仰等因素差异所造成的文化壁垒，使得建立标准规范的中华传统文化国际传播评价体系极为必要却又十分困难。

中华传统文化国际传播的评价体系建立，必须适应当今时代发展的需求，通过查找和改进不足，加深当今世界对中华传统文化的认可，推动“一带一路”及“人类世界命运共同体”的进程。中华传统文化国际传播质量评估体系与机制的建立，不可随意而为，而是要顾全两方面的内容，一方面要在评价机制中展现出中华传统文化价值观及发展观，并注重优秀传统文化与新时代文化的融合，以及文化的实用性，从对外文化传播广度、传播深度及传播向度层面建立；另一方面要关注对外文化传播对象国的现实境况，在评价机制的构建中体现文化的民族性并包容文化之间的差异，使其可以在应用实践中不断得到检验并得以完善。

## 二、文化国际传播效果的反馈机制不完善

首先，在我国文化国际传播的过程中也缺乏一个标准规范、系统完善的反馈机制，以至于对文化国际传播的参与和研究主要停留在部分阶段，很少有受众能够系统经历文化传播的全过程。传播内容是否符合受众口味，

传播手段能否实现传播效果，受众是否认同中华传统文化，这些反馈信息从而影响传播的有效性。传播效果从理论上来说是了解传播活动的普遍规律，深化人类传播活动与行为的科学认知，从实践上讲是为了给人们的实践活动提供科学依据。传播反馈的不完善，一方面是因为缺乏一个畅通的传播渠道，当受众无法及时反馈时，反馈意愿也会降低；另一方面，当传播效果中反映出的问题得不到及时的解决，无法从中总结经验和教训时，“传”与“受”之间的有效联系也会随之断开。

其次，反馈渠道缺失也将影响我国在文化领域的话语权。受众的反馈是一面镜子，映照出我国文化国际传播的效果。但由于国际受众对中国文化的不了解，外加“噪音”的影响，这面镜子的作用则大打折扣。在全球瞩目的重大国际事件中，国际社会对于中国处理国际事务的态度和价值取向十分关注，但中国媒体的声音常常湮没在西方媒体的强势话语之中。而在传播过程中由于缺乏反馈，对受传者因为偏见而产生的抵触心理无法察觉，加之部分国外媒体对当代中国的歪曲报道，中国的文化传播在国际受众中的认可度受到影响，进而影响我国在国际上的文化话语权。

显然，我国在语言推广下的对外文化传播仍存在着一系列的不足，文化传播主体需要重视这些问题，并予以解决。唯其如此，才能真正提升我国的文化国际传播力和文化话语权。

# 第七章　实践进路：语言助推中华传统文化国际传播的创新模式

在“一带一路”倡议背景下，语言是实现“民心相通”的桥梁，文化是纽带。因此“一带一路”倡议为我国实现语言推广，以及中华传统文化的国际传播与交流提供了政策机遇、时代机遇和经贸基础。针对当前在中华传统文化的国际传播中出现的文化知识零散化、传播方式滞后化、内容缺乏互通性以及传播认同度不足等问题，可以在传播学理论的指导下进行路径研究。在语言助推传统文化国际传播的过程中，传播的信息通过媒介或面对面的沟通传播到达受众，信息的接受者会受到诸多因素的影响。此外，受众的反应和反馈也是传播信息过程中不可或缺的一部分。本章将马莱茨克传播模式结合语言助推传统文化国际传播的背景，形成了语言助推中华传统文化国际传播的系统模式，如图 7-1 所示。

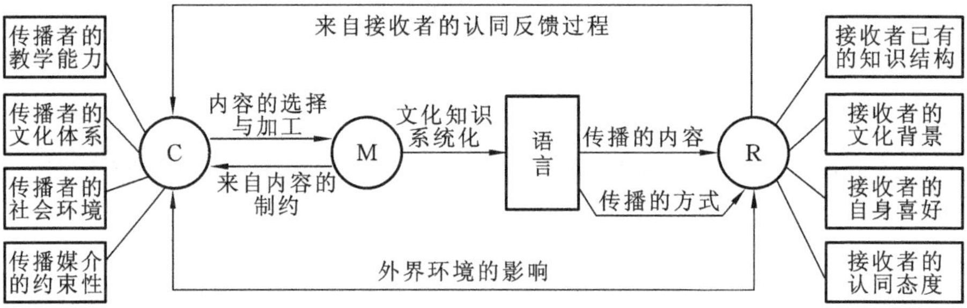


**图 7-1　语言助推中华传统文化国际传播的模式**

传播者会受教学能力、文化体系、社会环境以及传播媒介的约束性等影响，同时接收者会受到已有的知识结构、文化背景、自身喜好以及认同态度的影响。传播过程中，传播者首先对传统文化内容进行选择和加工，选择符合中华优秀传统文化的内容，对不符合对象国文化背景的知识加以修改，并结合接收者的喜好选择合适的传播内容。由于学习中华传统文化是一个系统化过程，不能以零散的知识呈现，需要使传统文化知识系统化，以语言这一媒介进行国际传播。同时，在文化传播的过程中，传播的内容需要具有互通性，并对传播方式进行更新，使得接收者更好地获取中华传统文化知识，对传统文化的国际传播有正向的反馈和认同。因此，借鉴马莱茨克传播模式，在传播媒介方面利用媒体融合丰富语言和文化的多渠道传播，在传播内容方面突出当地文化背景和文化多样性，在传播过程方面提升传播者的专业文化素养和接受者的认同度，通过多方位举措形成合力，共同提升语言助推传统文化国际传播的效力。

## 第一节　扩大多元传播主体，合力传播传统文化

传播主体对传播活动本身的存在与发展、传播内容的数量与质量以及传播受众的接受与否都产生显著影响。在“一带一路”倡议下，需要借助语言这一媒介，有计划、有目的地开展传统文化国际传播活动，构建从国家到社会组织，再到个人的传播共同体，逐渐完善中华优秀传统文化国际传播的矩阵。

### 一、构建良好的传统文化国际传播环境

从跨文化传播的角度来看，自西汉时起，“丝绸之路”就串联了亚洲、欧洲和非洲的一些国家，它不仅仅是物质上的简单互换，更是文化上的相互碰撞，是连接中国与海外各国的重要桥梁，为文化的传播创设了良好的对外交流环境。21 世纪是一个全球化和信息化的时代，不同国家、区域、种族、民族之间的文化接触与冲突日益频繁，跨文化传播学研究的必要性与迫切性不言而喻①。在互联网交流极其发达的今天，“一带一路”倡议仍承担着同其他国家间文化交流的重要使命，“一带一路”作为一种政策机遇，正逐步发展为中国同世界文明交流的重要窗口。

**1. 完善传统文化国际传播的相关制度法规**

1987 年我国政府成立了国家汉语国际推广领导小组办公室，专项负责

① 程杰. 跨文化传播何以可能与以何致胜：评《跨文化传播》[J]. 传媒，2022(7)：98.

汉语言的国际推广，为汉语推广提供了政策和行政管理上的保证。在国务院下发的《关于加强汉语国际推广工作的若干意见》(国办发〔2006〕17号)中，从国家战略的角度出发，强调了将汉语推广到国际上的迫切性和重要性，提出了加速汉语全球化的指导思想、总体布局以及一些相关政策。针对我国对外文化传播中遇到的管理模式、传播布局等方面的问题，为保障“一带一路”倡议下的文化国际传播效果，需要在我国文化政策的基础上，充分利用双边、多边机制，寻求并建立一种能满足“一带一路”沿线地区根本利益、开放包容的文化传播新机制；充分发挥好国家、国际组织和民间组织的作用，努力营造多元文化交流平台，并努力做好相关法律方面的保障。通过积极完善汉语推广的相关法律法规，并出台相关扶持政策，为推动汉语国际化，推动文化国际传播提供政策支持和法规保障。同时，根据文化国际传播的发展实际，完善顶层设计和科学规划战略布局，加强与相关国家语言政策规划的沟通，为汉语和文化传播构建较为宽松的政策环境，促进全球语言文化交流的战略发展。此外，传统文化传播的国际化作为我国文化外交的一个重要组成部分，在推广政策制定上也要同文化外交活动一样，坚持具体问题具体分析的差异化原则，既能做到尊重不同国家、民族的差异性，也能体现文化差异背后的多样性及融合性的特点。同时，因为中国与各国之间关系存在不同程度的差异，所以在传统文化国际传播中要考虑到个体、族群、民族、社会及国家的差异，从而制定有针对性的语言文化推广政策。在分析各个国家的文化形态的基础上，比较在不同国家、不同文化形态下传播效果的差异及诱因，敢于对西方国家制造的“噪声”“亮剑”，与沿线国家通过合适的方式进行交流与传播，以期实现沟通顺畅与文化融合的双重效果。

**2. 提升传统文化国际传播的战略地位**

在全球化时代，随着国际间的政治与经济交流不断增多与深入，加深各国之间的交流成为必然要求。作为中华五千年的文明瑰宝，中华传统文化是世界了解中国的根本途径与窗口。但是在中华传统文化“走出去”的过程中，文化传播效果却不尽如人意，甚至出现国家形象被一些西方国家恶意丑化的现象。面对文化霸权主义，只有增强中华传统文化的国际传播力才能促进不同文化间的交流，从而减少民族偏见、提升世界人民对中国的认知，进而增强民族自信，提升我国的综合实力。

因此，需要在国家战略体系中，增强和保持传统文化国际化传播的战略定位，赋予和深化其现实意义，强化其文化安全和战略意义，使其能强有力地为传统文化国际传播实践提供指导。同时，传统文化的国际传播要着眼于世界未来的发展，用提升国际话语权的战略思维构建多层级的国际传播格局，建立多主体参与的立体传播态势，搭建中国特色文化多元传播平台①，提升国家软实力，拓展国际影响力，力求体现出引领性、前瞻性、系统性、可行性的文化传播特点。同时，传统文化的国际传播要为国家整体发展战略服务，要综合考虑外交、经贸、教育等各个可利用的相关领域，在全球大平台上定位汉语国际推广事业，构建以多元文化为主旨的世界文化新格局。同时，厘清并合理布局传统文化传播在国际领域的战略分布，秉持阶梯性与目标管理法的原则，明确各个发展阶段的目标和任务，为传统文化国际传播事业可持续发展提供切实的动力保障。通过立足于当今世界环境复杂多变的形势，努力用普适认同的观念和话语体系来表述传统文化，促进国际传播②。

此外，为了减少“中国威胁论”对跨文化传播“噪声”的影响，对外文化传播需要做到使对象国民众明确文化传播目标。“一带一路”倡议的推进需要文化的支撑，在对“一带一路”沿线国家进行孔子学院建设及汉语教学的过程中，必须从文化传播的对象国实情出发，了解其社会、政治、经济、文化情况，特别是其宗教信仰层面，是否对域外文化具备强烈的抵触内容。同时，积极与当地政府进行合作，借助中国“一带一路”倡议带给沿线国家的效益，通过明确学习汉语及中国文化的优势，使其可以不受到西方媒体歪曲报道的影响，可以客观公正地宣传推广孔子学院文化传播及汉语教学，提升中华文化在对象国的受欢迎程度。

## 二、鼓励多元主体积极参与文化传播工作

在对外汉语教育工作中，推广中华传统文化最直接、最普遍的方法就是进行课堂和实践教学，需要围绕国内的留学生教育和国外的孔子学院两个途径进行传播推广。同时，对外汉语教学和文化传播，既需要坚持政府的主导地位，还需要鼓励相关的民间机构参与到推广者的队伍中，改变传统文化国际传播主体的单一化现状，促成推广主体多元化局面的形成。

---

① 张馨予，黄葵．中华优秀传统文化国际传播战略路径研究[J]．贵州民族研究，2022，43(5)：93-98．

② 周创兵．关于汉语国际教育规划的几点建议[N]．国家汉办简报，2010-07-12．

**1. 加强国内对外汉语教学，深化语言文化内涵**

语言和文化之间的关系十分密切，二者相互依赖、相互影响。因此，语言教学与文化教学必然形影不离。在对外汉语教学中，避免过于重视汉语语言要素的教学，忽视了文化的促进作用，应充分考虑融入文化因素的必要性，选择最切实的教学方法进行文化传播教学，既要帮助学生了解和熟悉汉文化的风俗习惯、行为方式和价值观念，也要提高学生的跨文化交际能力。因此，在实际传播过程中，传播者首先需要树立积极文化传播意识。树立文化传播意识是实施语言教学的重要任务。对外汉语教师应全面而充分地掌握中华传统文化的深层要义，形成文化自觉与教学自觉，在文化教学的过程中融入语言教学，重视语音、语法和词汇教学中的文化要素，也要根据教材中不同的阶段性特征注入不同的文化要素。例如，在初级阶段，教师可结合口语会话内容，以会话习惯和交际文化作为重点教学内容；中级阶段，教师依据阅读课材料，将词汇的感情色彩、文化背景意义作为重点倾斜；高级阶段，教师将语法结构的内涵作为针对性讲解的切入点，同时开设与语言材料相关的文化知识课程，以巩固语法知识的使用技巧与理解。综合来看，塑造教师本身的文化观念，是强化学生的文化敏感度和提高语言表达能力的重要抓手。

其次，尊重个体间的差异，坚持因材施教的价值导向。从性质上来说，文化传播辅助语言教学，切勿本末倒置。要以突出教学要求与目的为引领精准把握教材内容，强调特色文化内容的讲授，深化学生的文化体验。在“一带一路”沿线国家中，社会体系与文化背景存在巨大差异，如果单纯按照传统的教材大纲进行教学，那么文化的隔阂与教育背景的差异会使汉语教学与文化传播的成效大打折扣。因而要按照国外孔子学院或国内对外汉语教学的不同目的，立足于学生的特点和需求，制订教学计划和教学大纲，确定教学内容、教材和教学方法。同时，还需要研究学生的个体差别，因材施教提供学习方法，激发学习原动力；遵循启发式教学原则，充分启发学生智力，彰显学生主体地位；积极听取学生意见，以此作为教学计划调整的方向与依据，提升教学质量与教学的可操作性。比如，针对来自“汉文化圈”的韩日学生，考虑到他们对中华传统文化相对熟悉，适宜采取文化正迁移的方式；而针对欧美学生，由于其文化背景与汉文化截然不同，跨文化圈的壁垒会阻碍中华传统文化的国际传播。因此，教师应在尊重不同文化的前提下，因势利导、循循善诱，给学生充足的时间去认知和感受文化因素，在对比分析的基础上开展差异化教学。

最后，要丰富文化教学内容，创新教学形式，坚持寓教于乐的原则。中华传统文化博大精深，对外汉语教师在教学过程中要注意多传递语言文化因素，激发学生的主动性，营造良好的学习氛围。文化教学作为语言教学过程中重要的组成部分，贯穿课堂内外教学过程的始终。教师应该善于利用多种渠道，引导并激励学生在多种文化体验活动的参与中提升语言应用的灵活性，从而帮助学生在真实的语境交流中切身感受语言文化中融入的传统文化因素。例如，传播者可结合全媒体时代短视频的重要传播作用，利用其视听元素丰富、互动性强、传播速度快、传播范围广等优点，使其成为社交媒体时代传播传统文化和语言学习的辅助渠道，这对于对提升传播效果、树立良好的国家形象具有重要的作用①。

**2. 以“一带一路”为契机，优化孔子学院全球布局**

孔子学院是对外传播中华传统文化的重要阵地，同时，孔子学院的对外汉语教学也肩负起了传播中华传统文化的重要责任。孔子学院在世界各地的建立，足以说明汉语得到了其他国家及民众的重视，从而促进中华传统文化在海外的影响力逐步提升，中国国际地位也得以稳步提升。孔子学院兼具文化传播与语言推广的双重身份，因此可以为我国的国际话语权提升提供良好的人力支持与服务的保障作用。第一，要从国家战略高度出发，在一些合作紧密但孔子学院布局较少的国家，进一步形成深层次、全覆盖的文化传播机构发展格局；第二，要坚持以国家战略实施为基准的人才需求导向原则，创新人才培养模式，加快语言文化人才培养体系构建，特别是重点培养“语言 + 文化”的复合型人才，为对外文化传播提供人才支撑；第三，充分发挥孔子学院的文化外交职能，开展多系列的文化交流活动，弘扬丝路精神，塑造良好的国家形象，增强国家的文化话语权；第四，发掘中华文化的优秀基因，释放中华文化的独特魅力，走特色发展之路，增强中华文化的品牌气质，形成文化品牌效应，赢得在服务国家发展战略中的主动权，实现孔子学院与“一带一路”的融合发展②。

应该看到，汉语国际推广工作在“一带一路”倡议下迎来了许多发展机

① 李建飞，蒙胜军．全媒体时代的中国形象跨文化传播：以短视频输出为例[J]．人民论坛·学术前沿，2021(24)：118-120．

② 李宝贵，刘家宁．“一带一路”战略背景下孔子学院跨文化传播面临的机遇与挑战[J]．新疆师范大学学报(哲学社会科学版)，2017，38(4)：148-155．

遇，其中许多"一带一路"沿线国家的孔子学院初具规模效应与集聚效应，各国之间以此为契机通力合作，共同促进孔子学院的高质量发展。因此，对于孔子学院数量丰富的沿线国家，可以实行分区划片的管理与沟通模式，文化活动可按照区域划片进行或者联合实施，积极推动孔子学院之间的联盟，展开多领域、多渠道、深层次的合作。例如，在创办学生夏令营活动、汉语教学研究与探讨、信息交流、管理人员和教师互访等文化和语言推广活动时，可以充分实现不同孔子学院的人力物力和教学资源的互补与优化合理配置。总之，孔子学院应充分发挥综合文化交流平台的作用，借力"一带一路"完善沿线各国汉语教学及中华传统文化的传播推广布局，为助力"一带一路"的顺利推进取得更大的成效。

**3. 鼓励民间机构参与，提升文化传播力度**

我国开展传统文化国际传播的官方机构主要是孔子学院和驻外使领馆，所以我国的文化国际传播主要还是借助强有力的政府力量。这一点有利于国家对各国孔子学院进行统一资助、集中管理和强化监督，具有同类型的其他文化语言推广机构所不能比拟的优势。但是正因为如此，孔子学院在文化传播过程中，可能会遇到一些传播阻力和"噪声"的影响。

因此，在政府为主导的传统文化国际传播过程中，必须鼓励相关的民间机构加入推广者的队伍中，争取形成多元化的传播主体结构。此外，要充分发挥市场的活力，对于市场意识强的企业和组织而言，他们深谙文化传播的市场发展规律，可以鼓励其开发出更适合国外汉语学习者的文化产品，提供更具有市场竞争力的优秀文化服务，满足文化学习者多样化的需求。整体而言，不同民间组织的参与，势必会增强我国的文化话语权，优化我国文化传播的现有格局。

同时，注入民间文化国际传播的力量，势必释放出更大的活力，两者的合作在某种程度上可以实现双赢的结果。因此，支持民间力量与官方力量的合力发展可以有效促进对外汉语教育和文化传播事业的创新发展。一些具有自身特点、初具吸引力、广为学界认可的民办教育机构也可以跟国外的大学或教育机构合作进行汉语文化的教学。事实证明，已有一些汉语培训教育机构通过科学、独特的教学形式，取得了较为优异的成绩，优化了外国受众的学习体验，深受认可。因此，这些民间组织形成了难能可贵的品牌效应，例如，以书院为载体加强"一带一路"沿线国家间的文化聚合、创新、传播、互鉴，通过联合沿线国家共建"丝绸之路国际书院联盟"、打造国际“书院之旅”黄金旅游线路、培育“书院游学”人文交流项目等举措，有效地促进了民心相通，务实推动了文化的广泛传播①。

## 三、加强对外文化教育工作者体系建设

汉语学习与文化交流是对外汉语教育中所面临的两大任务，针对传播者，要形成完整的语言教学和文化教育的体系，要做到汉语和中华传统文化有体系的国际传播。在语言教学上，也要多储备沿线国家的本土汉语教育师资，加强精通沿线国家语言和汉语的教师队伍培养；同时，创新对外汉语教学教师的培养方式，以换位教学方式理解文化差异性，通过不同的语言视角去解读传统文化，使得不同民族的受众更好地了解和学习中华传统文化。

在对外文化教育工作上，我国也迫切需要培养一批有专业文化背景的语言教师，形成对传统文化有体系的国际传播。文化的认知具有过程性，教师以富有文化生命力的语言为载体，通过多种形式参与传统文化的活动，摆脱了空泛的知识传递，可以积极引导学习者进行文化体验和文化感悟，从而形成文化认同。

### 1. 完善教师培养体系建设

(1) 提高教师文化传播的自觉性和积极性

目前孔子学院汉语教师的征选主要是通过在编的学校教师和在校学生志愿者这两个途径。应该加大对外汉语学术硕士和汉语国际教育专业硕士的师资培养力度，根据对外文化传播的需要，培养出既有对外汉语专业教学水平和技能，又有一定的跨文化交际能力并自觉传播中华传统文化的高素质人才，从而为对外文化传播做好师资储备工作。

此外，也需要不断激发对外汉语教育工作者参与中华传统文化国际传播的积极性与主动性，要创新资金补给机制，强化激励方式，从生活、工资、福利多方面吸引兼具文化和语言教育的复合型人才。另外，对于汉语国际推广工作中，在文化传播方面做出突出贡献的集体及个人，可给予物质鼓励及荣誉奖励。比如，对为传播中华传统文化有突出贡献的教育工作者、海外华人华侨、外国友人进行表彰，有利于增强教育工作者和社会成

---

① 蔡尚伟，张昕．论书院在“一带一路”文化交流与产业合作中的价值及实现路径[J]．新闻爱好者，2022(2)：63-66.

员对中华传统文化的自信和自觉性，培育热衷于中华文化传播的浓厚文化氛围，加快中华传统文化国际传播的速度，激励更多的人投身汉语国际推广事业和对外文化传播中。

(2) 培养本土化师资

发展本土汉语学历教育和本土教师培养工作。国外高校可以与中国通力合作，缓解本土汉语教师师资力量薄弱的症结。例如，可以整合外方合作院校的师范专业力量，培养专业化的母语和第二语言的教师队伍，共同构建本土的汉语师资队伍。与其他国家政府部门合作，共同开展本国专业汉语教师的培养，不仅能够增强汉语教育自身的“造血功能”，而且能够强化“文化融合”的作用与意义。通过开展本土化汉语教师的培养，以本国的教师来担任汉语教学老师，可以有效地打消所在国文化安全方面的顾虑，从而使汉语推广能够顺利的开展①。除此之外，“本土化”的教师在传授汉语的同时，能更好地发挥本土教师的角色功能与独特优势，提升跨文化融合的深度与便利性，弥补了中国教师对异域文化在认知与掌握方面的空缺，进一步促进汉语对外推广的顺利开展。

**2. 提高教育工作者的教学实践能力**

传统文化融入对外汉语教学既是教学理念，又是教学实践。在对外汉语教学中，如何实现文化与对外汉语教学现有的教学体系的有机融合，以实现“语言能力培养和中国文化传播”教学理念的宗旨，是探讨对外汉语教学中文化传播的重中之重。因此，对外汉语教师要能够把握基本、重要且是适合国外受众学习和掌握的文化教学策略。在教学过程中，对外汉语教师也要根据学生的语言水平设计不同的文化教学方法。例如在初级阶段，教师应该先注重排除影响语言交际的文化障碍；在后期再逐渐加强学生的跨文化意识。中华传统文化在对外汉语教学中占有弥足重要的地位，教学方法种类繁多，尽管“教无定法”，但是只要采取科学合理的教学方法，就一定能取得预期的教学效果。

(1) 体验教学：在过程中强调文化感悟

通过营造开放、个性化的文化情境，加强学生的体验感受是汉语教学过程中重要的策略。因此，要拓宽学生的文化体验空间，从体验与生活的内在联系出发，加强文化传播的范围与感触，这样不仅能够丰富文化传播

---



① 樊荣. 语言推广与文化融合问题研究[D]. 长春：东北师范大学，2012.

的方式，而且能够激发学习传统文化的兴趣、提高汉语能力的培养。比如，在教学过程中可以涵盖多类型、真实的中华文化的纪录片、电影及其他视听材料等渠道，刺激学生的多重感官，实现感情共振，让学生充分感受一些中国历史地理、风土人情、生活习俗以及自然环境等文化内容，深层次理解与掌握中华文化的内涵。例如通过让学生亲自品尝中国的茶饮，感受我国博大精深的茶文化，将这些具有中国文化特色的点滴与汉语教学相结合，加深学生的文化感悟。

(2) 对话教学：在平等中减少文化冲突

钟启泉先生认为，“对话是在社会关系之中，通过内心世界的交际，相互合作，创造着对话对象与对话内容的，而这又取决于社会关系的性质”①。教学本身是一种文化过程，对外汉语教学的文化实施，实质上就是一个围绕教学内容展开文化对话的过程。对于教学活动而言，就是师生的平等交流。教师与学生进行平等的对话，从表面看，是两个身份的文化交流，究其本质来看，教师和学生两个身份在精神上的平等相遇，它意味着学生与学生之间、学生与教师之间的不同观点的碰撞与争论自由，意味着包容万千、启发智慧、头脑风暴的课堂氛围，也意味着教师海纳百川、理解包容的胸怀。从这个意义上说，师生的平等对话不仅是一种课程重构方式，更是增强了以文化为本的教育氛围。这种方式一改被动接受、机械搬用的旧有教学模式，促进文化之间的交流与共融。

(3) 对比教学：在比较中弥合文化差异

学习和了解任何一种文化，都要把它与其他文化进行对比，只有通过对文化现象进行大量的、系统的、科学的对比分析，才能揭示出中华传统文化与其他文化的异同。从而帮助学生更好地理解中华传统文化的特质与内涵，尽量减少文化差异的冲击。另外，通过对比教学，也可以寻找和探求不同文化之间的共性。比如很多学生在汉语学习的过程中，对于想象中的文化和现实中的文化所形成的强烈反差，自身很难理解。此时，教师应该有意识地引导学生通过比较和讨论，以更客观、理性的心态批判地接受外来文化，并分析和识别不同文化中体现的差异。同时，在比较中要尽量避免简单的解说，引导学生透过现象看本质，把主观感受与客观评价结合起来。突破教师灌输文化知识、学生被动机械接受的教学模式，进而实现

① 钟启泉. 学科教学论基础 [M]. 上海：华东师范大学出版社，2001.

文化教学转化为人际沟通互动的飞跃。

## 四、打造中华传统文化留学生群体代言人

虽然传统文化以长期的积淀为前提，但并不意味着它是老态、刻板的文化。相反，传统文化应当充满生命力。在“一带一路”沿线国家，中华传统文化应当置于全球化的语境下进行考量，将文化受众作为文化传播者，使其在更宽阔的视野下进行更深刻的解释，从而在沿线国家更好地传播以及产生影响。例如，2019 年中国新华新闻电视网(CNC)以我国的二十四节气为主题出品了享誉海内外的纪录片《四季中国》，该纪录片以英国主持人实地体验调研的方式展开，不仅打破了传统沉闷的历史资料呈现形式，还将各地的民风民俗真实地向观众呈现，体现了二十四节气的不同变化和不同地域的风俗差异。该纪录片在播出形式上也颇为讲究，不仅国内国外(CNC 海外渠道)同步播出，还进行了双语同期声与英文中文字幕的制作，为观众讲述了英国人眼中的二十四节气文化，可以说做到了最大程度地兼顾海内外观众。该纪录片每期选择一个节气进行讲述，通过主持人实地体验讲述不同节气之下中国不同地域的民风民俗和特色传统文化，既涵盖了农业耕种、传统技艺制作、传统现代建筑、不同地域民族服饰、地方特色美食等物质形态文化，还包括民风民俗、文化价值观、道德水平、文化审美等无形的精神文化形态。其采用国外受众视角的制作使得该纪录片在海内外均受到了广泛的好评。例如在《大暑》这期节目中，创作团队选择了有“四大火炉”之称的重庆作为拍摄地点，更是将重庆老城记忆符号“棒棒”群体作为田野访谈的重点对象，英国主持人对“棒棒”群体的工作充满了兴趣并进行了实地体验。这期纪录片，不仅从情感上唤起了观众的共鸣，还加深了观众对中国文化的深层理解。

除了用纪录片进行文化传播外，通过孔子学院、国家留学基金委员会和国侨办的奖学金、冬(夏)令营、寻根之旅等项目来中国留学、短期进修、游学的群体也是讲好“中国故事”的主力军。在长短期的中国文化熏陶之下，这些主力军的潜在价值和影响力不容小觑，应当充分挖掘这些主力军的价值，借助他们讲好“中国故事”，使他们成为海内外讲述“中国故事”的“好声音”。通过食在中国、住在中国、学在中国、游在中国、娱在中国，这些群体能够深切的、亲身的接触中国、感知中国，获得最直观最深刻的中国文化体验，并且这些体验是他们自主形成，和其自身的文化积淀、学识背景

息息相关。因此，当这些群体向所在国家的亲人朋友讲述自己对中国的感知体验时，不仅讲述的内容更深刻，讲述的方式更易懂，亲人朋友对其的距离感也会更少，更容易传播中国文化的精华。所以，需要借助好这一强大的留学生主力军，使其成为中国语言文化的传播者、代言人，实行“走出去”与“引进来—传出去”的双层次的汉语传播策略①。

## 第二节　坚持传播内容与形式多样化，提升传统文化感召力

中华传统文化具有丰富的多样性特征，传播的文化内容会因传播主体的选择而产生巨大的差异。纵观当代中华传统文化在“一带一路”沿线国家的传播现状，其内容选择的重点在于中国历史、风俗习惯等方面，容易使受众在接受中华传统文化的传播过程中对文化产生一定偏差。因此，在“一带一路”倡议下，文化传播的内容需突破狭隘的文化观，将古今中外的不同文化，根据国家特色系统地融入传播体系。通过语言和文化的互动融合，进行传统文化内容创新，注重文化内涵的构建，注入多元表达方式，实现知识性和娱乐性的平衡，并完善与沿线国家多样文化的融合，实现中华优秀传统文化的“走出去”和“走进去”。

### 一、明确教学理念，促进文化交流

传播是信息得以存在的必要要素，跨文化传播可以促进不同文化群体之间信息的交流、沟通与共享。在实现有效的信息传播过程中，传播主体和受众之间的信息内容不是单向的流通，即传播主体不单单负责传播内容的制作与发送，受众也不只是单纯的被动接收信息，一次有效的信息传播应当是传播主体与客体之间信息的双向流动。而作为传播信息的重要内容——文化并非静态存在，而是多样的动态流动。因此，传播是文化发展壮大的基础，是不可或缺的过程，文化的多样性作为国与国、民族与民族、群体与群体之间不断传播和融合而发展起来的产物，也为文化传播提供了丰富多元的信息内容。文化视域下的对外汉语教学，要求重新认识中华传统文化内容在汉语教学和发展实践中的重要作用，并利用语言教学助推中

---

① 黄超．“一带一路”沿线国家汉语教育文化先行策略研究[J]．长春大学学报，2017，27(12)：80-84．

华传统文化的传播，实现推广语言和发扬中华传统文化的宏大目标。在具体实施过程中，传统文化的内容应反映出以下基本理念。

**1. 深入挖掘特色传统文化**

以往的对外汉语教学由于受到“语言工具论”的影响，使得语言教学的文化功能被减弱。因此，在对外语言教学中，要积极应用文化传播视域，将优秀的中华传统文化资源融合进对外汉语教学中，主要需要做好两件事：首先要对中华传统文化进行更加深入的挖掘，凸现中华传统文化的底蕴；其次要善于发现并弘扬具有中华特色的优秀传统文化，强调在当今社会的重要价值。对外汉语教学中的文化内容，要遵循语言教学的规律，将众多文化中有特色的文化要素融入教学，让教学内容体现出中国的文化特质，使中华传统文化成为文化引领力量，带领汉语习得者领会中国语言文化的深层内蕴。通过挖掘传统文化中的多样性和实用性，消除受众对中国形象和中国文化的偏见和误解，推动学生进一步了解和认同中华传统文化，进一步加深国际受众与中国的友谊，实现知识学习与文化熏陶的相得益彰。

**2. 理解尊重异国文化**

在对外汉语教学中倡导中华传统文化国际传播，不是要以中华传统文化覆盖或征服另一种文化，而是强调中华传统文化在世界文化中的参与和交流互鉴，维护文化生态的多样发展①。在进行对外文化传播的过程中，以中国文化为尊，不骄傲自满，也不自卑气馁；秉承“取其精华、去其糟粕”的心态，以平静的心态理解和欣赏外国优秀的文化成果，以文化平等作为文化交流的基础，获得各方的尊重，才能更好地构建本国文化的话语权。因此，要以中国五千年优秀传统文化为基础，明晰世界各国的文化现状，树立文化自信，积极了解世界文化的融合交流现状，有选择地吸收他国文化。特别是在文化传播的过程中与其他国家和民族的文化发生冲击碰撞时，不仅要全面了解不同国家和民族的文化背景，还要对不同国家和民族的文化差异给予深刻的理解，只有用客观、包容、公正的态度才能尽可能地减少国与国、民族与民族之间的文化冲突和文化争议，赢得相互之间的尊重。

**3. 实施内容“本土化”策略**

中华传统文化的国际传播实质上是通过中华传统文化媒介的内容宣传，引导更多的人来了解及关注中华传统文化，自觉地寻求更多的渠道去实现

① 唐智芳. 文化视域下的对外汉语教学研究[D]. 长沙：湖南师范大学，2012.

文化交流，从内心认可中华传统文化。近年来，中华传统文化在“一带一路”沿线各国的传播也取得不少的积极成果，如“中国文化热”使越来越多的国外学者开始正视中华传统文化，并开始深入研究东方文化。但是，不同民族的民众受到不同文化教育熏陶，拥有着各异的处事思维和文化表达方式，尤其是对“一带一路”沿线国家而言，地理位置跨越不同洲，这种差异性更加突出，对中华传统文化内容不恰当的推广方式会影响域外民众对中华传统文化的认知与理解。如果需要将五千年优秀的中华传统文化在他国的文化土壤上播种，并且通过浇灌使其生根发芽、开花结果。那么中华文化能在他国“生根”的前提是文化能够在他国“落地”，因此，要达到文化“落地”，需要中华文化在内容和形式上能够接他国的“地气”。

基于此，在“一带一路”沿线进行中华传统文化国际传播的过程中，需坚持中华传统文化的“本土化”原则，也就是通过事先明确文化受众群体的文化背景、思维方式等，因地制宜地转变革新中华传统文化的国际传播内容，融合当地的文化特色，真正达到文化交流、共同发展的目的。因此，在实现中华传统文化“走出去”的过程中，必须切实关注中华传统文化传播内容的“本土化”原则，提升中华传统文化的跨文化传播效果。通过了解他国文化特点，并据此对中华传统文化进行话语体系和形式的创新是坚持“本土化”原则的基础。

正所谓“到哪里的山头，唱哪里的山歌”，向国际传播中华传统文化不仅要做到“知己”，更要做到“知彼”，即学习研究受众方的文化、风俗、习惯，做到入乡问俗、入乡随俗。例如，习近平主席在坦桑尼亚向非洲人民发表演讲时就淋漓尽致地体现了入乡随俗，用一句“哈巴里”作为开场，不仅展现了习主席热情、亲切、友善的形象，还体现了中国的真诚，将中非人民的心紧紧联系在一起。“中国话语”与“中国故事”的“本土化”融合，仅仅学习异域民族的语言文化远远不够，还应当探索如何开发异域民族的文化资源，因为异域民族的人民对本国文化更贴近，对本国文化接受度更高，也更热衷于接受与本国文化相似的文化。例如，在阿拉伯国家，人们对舞蹈比较热衷，双方的文化交流可以通过传统舞蹈来传达中华传统文化内涵，以对方喜欢的文化内容和形式积极寻找中国和阿拉伯文明在思想观念上的共同点，同时保留和尊重阿拉伯国家的文化习惯。

## 二、规范文化内容，明确传播重点

在传统的语言学习环境下，传统文化传播最主要的形式就是将传统文化的知识内容以文字或视音频的形式展示出来，倘若缺乏对传统文化的多样性呈现，将会使得人们深入了解和自发传播传统文化的兴趣降低。与此同时，不同国家民族的受众对生硬的传统文化知识也无法做到完全了解。在汉语国际推广过程中，汉语教材的编写目的主要是实现学生的日常交际，学习者可以学习到的主要是零散的文化知识，很难联系到具象的实体，对于没有接触过中华传统文化的接收者而言具有一定的难度。在汉语学习初期可以根据他们的喜好以及文化背景选择合适的文化内容，如来华留学生对中国节日十分感兴趣，可以从这一兴趣点出发，结合他们本国的节日习俗进行对比，使其在不刻意的氛围内接受中国节日的文化。同时在介绍节日的同时，也要根据留学生的学习背景，将背后的故事和内涵解释给接收者。因此，在中华传统文化的国际传播中，一定要将中华传统文化与学习者熟悉的文化联系起来，实现文化的交流与融合。例如在汉语教学中，可以将敦煌莫高窟中融合印度、西域和中原文化的飞天形象与印度等沿线国家的壁画文化进行对比，通过相似文化和故事的组合解读，重新打开共享的文化空间，使得受传者在“认知”中华传统文化之后能做到对中华传统文化的“认同”，提高文化国际传播的效度，推动“一带一路”沿线国家之间的文化认同意识。

**1. 明确文化内容的选择原则**

在“一带一路”沿线国家，传统文化的国际传播还需注意到各国之间的文化多样性，加强不同文明之间的交流互鉴，形成正向的认同。因此，“一带一路”文明互鉴开展后，中国与沿线国家在旅游、民俗、广播影视、饮食等领域展开多项合作。同时受不同的生活习惯和社会发展水平的影响，在文化传播中一定要关注文化内容的多样性和差异性。因此，中华传统文化国际传播中的具体内容选择应遵循一定的原则。

(1) 遵循价值性原则

优秀的文化具有价值，文化价值性是选择文化对外传播的基础。它不仅应该是人类智慧的结晶、经得起时代考验、代表着时代发展的方向，更应该是科学合理的、得到广大人民群众认可的、被广大人民群众主动传播的、有利于生产力解放和发展的历史文明积淀的精华。在对外汉语教学中的中华传统文化传播，应当是基于中华民族五千年的优秀传统文化精髓，并表征着鲜明中国特色的时代成果。对外汉语教学中的受众，是已经在异文化的社会中长大，形成一套固定的文化价值观念，很少会由于所接触文化的新异性就趋附其上，也许新奇文化能使其短时间内沉迷其中，但这种文化新奇感不会持续太久。只有优秀的文化能具备长久的价值，切实解决受众生活中的问题，才能真正获得受众的认同，推动文化自身融合发展和社会的大步向前。

(2) 遵循针对性原则

对于汉语学习者而言，不同的文化背景有不同的文化需求，而不同的文化需求又反过来影响着他们不同的价值追求。因此当选择一种文化进入另一种文化的情境中，前提是这种文化的进入可以体现另一种文化的价值时，才可能顺利的融入，并且获得比较好的文化效益。由于“一带一路”沿线的受众群体文化背景差异较大，中华传统文化的内容要使各类文化受众普遍接受并不容易，因而选择文化内容时，需要充分考虑不同汉语学习者的文化背景及在该背景下他们对文化的价值需求。力求使受众的文化差异在不断的汉语学习和文化接触中逐渐缩小。因而要对文化内容选择遵循针对性原则，尽量公平合理地满足受众主体对文化价值的需要。

(3) 遵循客观性原则

对外汉语教学作为中华传统文化推广与传播的重要方式，是沟通不同文化交际的重要桥梁。因此，理性客观、脚踏实地是选择中华传统文化国际传播内容的基本信念和出发点。要使国际传播的文化走出好高骛远和自我经验判断，要将理论和实践相结合，避免单一说教而忽略实践。比如在汉语教学课堂，要让受众从领悟中华传统文化的实际出发，选择学生喜闻乐见、生动有趣的方式客观系统地呈现中国的现实状况和当代文化。同时在中华传统文化国际传播过程中，需要承认并允许文化多样性合理性的存在，避免用主观的标准评判其他文化的特色。

(4) 遵循多元性原则

在对外汉语教学中融入中华优秀传统文化，首先要扎根本土深厚的历史文化，将本国多民族文化的特色作为传播内容，服务于语言教学，提升汉语学习者的学习主动性，最大限度地展现本民族文化的特色与价值。同时，中华传统文化的国际传播也必须认识到其他民族文化也包含着巨大文化价值。总而言之，既要立足于本民族优秀的传统文化，又要客观审视世界多民族文化的价值，使中华传统文化内容的域外传播呈现多元性。

**2. 规范文化内容的重点领域**

依据中华传统文化内容的选择原则，从文化传播与认知的角度，明确传统文化内容选择的价值取向，对外汉语教学中的文化内容可以重点归结为以下几类。

(1) 具有普遍意义的核心价值观

中国拥有五千年的历史文明，文化底蕴博大精深，拥有诸如古诗词、传说故事等众多取之不尽、用之不竭的文化资源，其中儒家思想中的价值观念不仅深刻影响了世世代代的中华儿女，对世界都具有重要意义。这些体现中华优秀传统文化特色的民族价值观念，犹如血肉构成了整个中华历史的文化命脉。这些优秀的中华传统文化，是中国贡献给全世界的文化精华。因此，在对外汉语教学及中华传统文化传播的进程中，优秀文化资源是国际文化传播的基础，凝练和升华中华优秀传统文化的核心价值理念是国际文化传播的核心。只有让优秀的文化对他国人民产生强劲的吸引力，异域人民才会主动学习并且主动传播中华文化，才能使传统文化的传播深入人心，真正实现口碑传播、多级传播。

(2) 影响语言理解和运用的文化

在对外汉语教学过程中，同样一种语言在不同的文化语境中会有不同的内涵。因此，语言中的文化内涵十分丰富且难以概括，其中各个语言要素或多或少、或隐或现地显露着多样的文化信息。这些文化要素会影响学生对汉语知识的整体理解，还会对学生的汉语应用产生影响。同时，对外汉语教学的课程不能只注重语言层次的意义和用法，还需要综合应用多种方式和灵活应用多样形式，向学生教授语言中所表达的文化内容和语境，比如可以借助一定的场景和道具向学生展示汉语在具体语境中的应用和不同语境下语言使用的差异和代表的内涵，减小受众汉语学习中的文化盲点。

(3) 中国基本国情文化

要学习一个民族的语言而不了解这一民族的基本国情文化，对于语言的学习和理解也会造成一定的阻碍。不管留学生具有怎样的需求，或者是出于何种动机学习汉语，对这些学习者来说，中国的基本国情，比如地形地貌、省市分布、经济发展历程等也是非常必要的学习点。中国的历史、地理、教育、科技、人口、民族等最基本的文化常识，也是语言学习者希望了解并十分感兴趣的文化内容，国情文化中的有些内容还可以为传统文化知识的系统学习打下基础。

(4) 中国特色文化艺术

世界上不同民族所形成的多样性文化，也展示了各地的文化独特性。在五千多年的历史发展中，中华民族形成了诸如饮食文化、建筑文化、民风民俗、服饰文化、宗教信仰等独具特色的文化艺术，仅人文艺术就有刺绣、京剧、陶瓷、丝绸、书法、美术、杂技等不同种类，而且代表性强的节日繁多，美食的种类更是丰富多样。这些独具特色的文化艺术不仅使中华民族屹立于世界文化之林，还是激发学生对汉语浓厚兴趣的关键所在。对于汉语学习者来说，中华传统文化种类繁杂、分类详细，如果广泛学习不仅达不到预期效果，还会事倍功半，因此，课程设计者应当综合考虑学习者层次和背景，有选择性地将易学、易懂、有价值的内容纳入文化课程，并根据学生的特点和兴趣，因材施教，提升语言助推中华传统文化国际传播的成效。

### 三、优化教学材料，提高内容适用性

语言是文化传播的有效载体，许多博大精深的文化正是通过优美的汉字来呈现。文化和语言的融合使中华文化更饱满、丰富、有趣，饱含文化韵味的语言推广才能久久为功，并持续发力，助力传统文化的持续传播。因此，在语言与文化的教学材料选择方面，也要关注文化差异、由浅入深，形成系统性、趣味性的文化内容展示。

**1. 关注文化对比，增强跨文化意识**

汉语国际教育教材的编写针对的是到中国留学的学生以及国外的汉语学习者，学习者文化背景的不同意味着汉语的学习不只是语言文字的差异，更是一种文化的差异。文化的教学也不只是简单的知识介绍，更应该是一个潜移默化地使学生接受和理解中华传统文化内涵的过程。当学生深刻体会到中华传统文化的内核，汉语的学习便会如鱼得水。现行的部分汉语国际教育教材存在着对中外文化的具体差异体现不足、教材的编写形式单一等问题，这些局限性都影响着中华传统文化走向世界的传播进程。如果针对不同国家的汉语教材只有翻译版本的不同，教材中内容却没有太大的改变，这是教材跨文化意识较弱的表现。简单地对教材的翻译并不能实现两种不同语言和文化的对比，只是在对第二语言孤立地学习。这样只会加大汉语学习者学习汉语的难度，并未解决汉语学习者对不同文化表达的疑惑。

因此，针对“一带一路”沿线国家的汉语学习者，教材要依照不同国家文化特点采取不同的翻译形式，教学模式和内容类型也要有所区别。例如，以韩国、日本为代表的一些亚洲国家，历史上以使用汉字为主或者与本国文字混合使用，这些国家在学习汉语的过程中面临的问题就不是汉字的书写而是读音方面的问题；以欧美为主的拉丁语系国家则主要面临文化的冲突以及汉字书写困难等方面的问题。因此汉语教材要根据不同文化地区的特点，有针对性地突出差异。解决文化冲突不是简单的通过情景将差异展现出来的过程，而是在进行文化对比之后，通过对文化冲突进行分析，了解两种不同文化的本质。因此，不能脱离学习者的文化背景，以中国学者为主导编写教材，而要与各国语言教育专家一起取长补短，求同存异。通过国别化的教材，可以增强学生跨文化意识，有利于消除国外学习者对中华传统文化存在的刻板印象，并以一种更加理性、更为客观的心态来接受文化差异，体会中华传统文化的优秀内涵和精神。

**2. 由浅入深呈现，形成系统性**

现行汉语国际教育的教材中，中华传统文化的展现主要是零散地呈现于课文的文化介绍中，这种形式难免有失文化教育的系统性。一方面，文化的教学应该与实践操作相结合。比如，当教材中提及中国书画有关的话题，不应该只是简单地向海外学生介绍文房四宝，更应该根据他们的学习层次，向他们介绍中国书法发展的历史、演变过程以及书画对于中国人的文化意义和精神价值，甚至可以通过环境创设，让学生体验写毛笔字、画水墨画的意境。只有让学生在一种文化意境中亲身实践、动手操作，才能将中华传统文化中的精华展现出来，学习者才能够真正感悟中华传统文化传达的精神，并真正理解中华传统文化的内涵。

另一方面，教材中文化部分的编排应该注重文化内容的质量与数量。现行的教材中涉及的文化主要包含两种类型：一是民俗文化，二是交际文化。由于学习者面临的首要问题是日常交际，在这一大前提下，大多数教材都会将主要的内容放在日常生活中，而对于日常交际的内容中涉及的中华传统文化部分，并没有系统的阐述。语言与文化本是相辅相成的关系，在语言教学的过程中加上对文化的阐释，学习者对语言的学习与运用也会更深刻和自如。汉语教材既要适当地介绍中华传统文化的多样性，使学习者增强了解中华传统文化的兴趣，同时也要对中华传统文化的阐释更加深刻，这样才能展现中华传统文化的内涵。并且，学校也可以设置专门的文化课程、文化讲座，将同学们零散的思维系统化，这作为语言和文化学习的辅助，也能为语言和文化的学习添砖加瓦。

**3. 注重趣味性，提高吸引力**

首先，在课文编排方面，单纯的词汇学习和机械练习效果并不明显，应该适当地增添与课文主题有关的传统文化内容方面的导入学习。以《体验汉语》文化篇为例，第一课《给您拜年》全文都充满着浓浓的新年气息。以一幅红色的中国结作为背景，图文并茂地展示了春节常见的春联、烟花、春晚等具有新年特色的文化表征，再通过对话的方式介绍春节文化。这种生动形象的表现形式能够使汉语学习者更加直观地理解传统文化对于中国人的意义。其次，在语言教学的过程中，教师也应该了解不同文化背景的学习者兴趣，选择学生在实际生活中会遇到的问题，设计一些学生易于接受的教学环节，使同学们将课文中所学到的交际能力落实在口头，让同学们能够利用传统文化的内容或者思想解决实际问题，而不仅仅注重笔下功夫，培养考试能力。最后，教材在课后练习的设计上要将“听、说、读、写”形成一个整体，而不是分离的机械练习。将古诗词朗诵、历史故事、文化体验等加入课后练习之中，使练习形式多样化。教师也可设置实际生活中的文化交际情境，让同学们在互动的过程中发现自己的错误，练习的意义也是如此。由此，汉语就不再是单薄的脱离生活实际的一种“外语”，而是文化和语言的相互渗透。

## 四、融合新兴技术，凸显文化魅力

当前，在人工智能、大数据等新兴技术驱动下，传统文化被赋予了全新的智能化传播语境，并迎来了前所未有的传播机遇①。智能传播，是指在资源数字化基础上，依托新兴智能技术，机器通过不断自我学习和优化，更智能地感知、分析并满足用户的需求，为其提供更好的信息传播和使用体验②。随着大数据、移动设备、社交媒体、传感器和定位系统等五大技术力量的飞速发展，新的传播技术将实现环境氛围的即时感知和信息服务的

① 孟达，周建新．社会参与视角下人工智能传播中华优秀传统文化的机遇与路径[J]．福建论坛(人文社会科学版)，2019(6)：41-47．

② 黄永林，余欢．智能媒体技术在非物质文化遗产传播中的运用[J]．华中师范大学学报(人文社会科学版)，2019(6)：122-129．

精准适配，人类社会即将进入智能场景传播时代①。因此，随着数字信息技术的飞速发展，新媒体及人工智能技术正悄然改变着人类交流与交际方式，是人类社会发展的历史性革新。例如，剑桥大学主持的“全球昆曲数字博物馆”项目，通过VR和全景技术，观众可“亲身”体验，欣赏昆曲之美；华中师范大学开发的“民族舞蹈人机互动平台”可全方位展示土家族传统舞蹈，观众可互动体验等。这些都体现出随着人机交互技术的发展，受众可体验到全方位的视、听、触、味、嗅“五感”智能活态，给予中华传统文化富有时代感的创新呈现。这些新形式不仅能吸引更多人了解和喜爱中华传统文化，更能多方位、多角度、多形式地立体化展现传统文化的独特魅力及深厚底蕴。

同时，借助网络学习平台进行语言自主学习也是新时代语言和文化学习的主要趋势，但现有的网络学习平台主要由官方主导建设，其文化和语言学习的数字资源存在着更新慢、形式匮乏、影响力不足、传播受限等诸多问题。为了适应新时代网络媒体的学习趋势，应大力推广可以让官方、民间机构以及学习者个人共建共享的互联网平台及新媒体平台，拓展数字技术在语言学习过程中的深度和交互性，让学习者对汉语学习和中华文化感知始终保持新鲜感和兴趣。同时，我国也从国家层面针对中华传统文化的保护和传播启动了一系列的数字化工程，这些数字化成果一样可以服务中华传统文化的对外推广工作。如2020年5月，中宣部文改办发布的《关于做好国家文化大数据体系建设工作通知》中明确提出，要推进文化和科技深度融合，依托现有工作基础，分类采集梳理文化遗产数据，对全国公共文化机构、高等科研机构和文化生产机构各类藏品数据，标注中华民族文化基因，将中华传统文化元素和标识融入内容创作生产、创意设计、网络强国和数字中国建设。此举不仅为在新技术条件下推动中华优秀传统文化创造性转化、创新性发展打好基础，也向希望了解和学习中华传统文化的广大受众展示出丰富的中华传统文化资源。

因此，需要协调相关部门、学校、社会组织力量，鼓励三方力量共同发力，积极建设融合传统文化系统性学习的智能语言服务平台，通过多种激励方式吸引更多的组织机构及专家学者参与面向语言教育的数字文化资

① SCOBLE R.Age of Context:Mobile,Sensors,Data and the Future of Privacy[M].Create Space Publishing Platform,2013.

源开发与建设，以此实现规模和数量、内容与形式等方面的跨越式飞跃。此外，相关部门要大力推动语言服务在线平台的共建和完善，普及在线服务平台的覆盖率，做好语言文化资源库的动态建设和国际推广工作，以期调动海外学习者自主学习的主动性与自觉性①。如在教育部和国家语委指导下，由科大讯飞股份有限公司推出的全球中文学习平台(http://www.chinese-learning.cn)是目前在汉语网络学习中建设较为出色的网络平台。网站可以选择汉语浏览或者英语浏览，可以方便国内外人员在使用平台时的操作，并根据自己的年龄、汉语水平等特点更加便捷和个性化地找寻所需要的语言和文化学习资源。网站汉语教学资源和中华文化资源十分丰富，种类齐全，既适合外国留学生学习汉语和文化，也适合国内少数民族加深汉语学习。然而因为当前全球中文学习平台只支持英文与中文两种语言，对于"一带一路"沿线各国而言，为了能更大程度发挥其中文学习平台的作用，实现汉语教学推进中华优秀文化的传播，应当在后续平台的升级中扩充主要国家的语言，以共建共享的形式完善特色文化资源，使对汉语及中华传统文化感兴趣的域外民众借助网络平台资源实现自我提升。

## 第三节　增强传播媒介融合，开展多渠道传播

依据跨文化传播的相关理论，跨文化的信息传播主要包括跨文化人际传播、跨文化组织传播与国家间的跨文化传播，在这三种跨文化传播的情境中，以国家间的跨文化传播最为重要。国家间的跨文化传播成效与传播媒介有着十分密切的关系，因为文化传播的本质属于内容传播，需要一定的传播渠道。在信息时代，传播媒介在信息技术的不断更迭下实现了深层次的革新，信息融合媒介的种类不断丰富，拓宽了传统文化对外推广的方式。"一带一路"文化传播体系的构建本身就包含了各个国家间的文化交流，对此，可以在教育、贸易和旅游等多领域借力，丰富中华传统文化的传播渠道，使传统文化的传播途径朝着多元化的方向发展。另外也应该充分发挥电视、电影、广播等传统传播媒介和新兴媒介的影响力，利用其传播速度快、传播超时空限制、传播覆盖面广的特点，让世界更便捷地了解中华

① 刘旭．"一带一路"视阈下的汉语国际传播发展策略研究[J]．语言文字应用，2019(4)：73-81．

传统文化。

## 一、利用大众媒体，提升跨文化传播效果

在传统文化的国际传播上，融媒体将传统媒体和新媒体相结合取得了良好的效果。传统媒体在其发展过程中形成的品牌与资源优势十分宝贵，如果将不同媒介进行互补，就能够充分发挥两者的优势，提升传统文化在跨文化传播中的效果。同时，我国也高度重视媒体融合的发展，2019 年 1 月，习近平总书记在中共中央政治局第十二次集体学习时的重要讲话中，也提到推动媒体融合发展，要发挥媒体融合的积极作用。党的二十大报告指出："巩固壮大奋进新时代的主流思想舆论，加强全媒体传播体系建设，塑造主流舆论格局。"现阶段，"一带一路"沿线部分国家的主要传播媒介依然是广播电视和纸质媒体，因此，在中华传统文化的传播中，仍需通过电视等媒体形式，以汉语和沿线国家语言融合的方式进行展示，使沿线民众通过多种形式了解中华传统文化。

作为对外文化传播平台的领跑者和主体力量，国家级媒体在中华传统文化媒体传播创新层面做出了表率。在新全球化的背景下，从"跨文化"到"转文化"的文化传播新模式，也带来对外传播话语的深层次演变①。中央电视台、中国国际广播电台以及中央人民广播电台等传统媒体平台率先推出中华传统文化国际传播优秀作品，制作了包括《行走"一带一路"》主题报道、《丝路上的我们》语音广播以及《2017，解码"一带一路"》大型报道为代表的优质节目，深层次地解读了"一带一路"合作倡议，对"一带一路"沿线国家在产业经济及文化交流的丰硕成果进行报道，诠释了"一带一路"倡议为沿线各国及世界所创造的巨大机遇。作为新媒体时代的主力，网络新闻、视频平台、多媒体平台利用网络的广泛性加大传播力度，并对文化内容进行多元化创作，利用大数据分析进行精准的差异化传播。例如，作为中华传统文化海外信息传播的重要新媒体渠道，中国网通过提供十多种语言服务，成功发展成覆盖全球 200 多个国家和地区的国际传播平台。2015 年 3 月，中国网从丝绸之路经济带发祥地"陕西"出发，开展了一系列涵盖政治、经济、人文、历史、地理等方面的报道，成为"一带一路"信息传递的新路径。

---

① 杨丽. 新全球化背景下我国媒体对外传播话语的演变与探索[J]. 青年记者，2022(23)：19-21.

在汉语和文化教育电视栏目中，中央电视台国际频道制作的《快乐汉语》《成长汉语》《旅游汉语》等诸多汉语教学节目；各省电视台也推出多档汉语学习和中华传统文化普及的节目，例如湖南卫视的《汉语桥》、广东卫视的《HELLO 中国》等。这些视听节目在电视媒体中广泛涉及中华传统文化知识，可以增加趣味性和交际性，吸引各国汉语学习者学习中文、了解中国、体验中华传统文化。

**1. 优化传播话语体系，助力文化传播**

中华传统文化国际传播的历程并非一帆风顺，中国媒体在进行国际传播的过程中常遭遇西方国家媒体的刻意抹黑，诸多"噪声"导致中华优秀传统文化在国际传播的进程中被歪曲成为大国文化输出的霸权主义。因此，为了降低中华传统文化在国际传播过程中遭遇的"文化折扣"，必须从受众的角度出发，选择合适的文化内容及传播媒介，尊重对方的思维方式和文化差异性，让中华传统文化国际传播进程顺利开展。

首先，中华传统文化国际传播的媒介在进行文化传播时，不能囫囵吞枣式地进行浅层次的文化传播，传播内容要根据不同国家风土人情、语言习惯、思维方式等方面的差异性，选择国际受众关心的话题设计不同的展示内容；其次，充分汲取国外内容制作队伍的成熟经验，积极开展合作，提升文化认同效果。在"一带一路"倡议的促进下，中国媒体机构将持续地与沿线国家开展文化节目制作的合作项目，提高国际合拍片的数量和质量，使其成为未来文化传播渠道的主攻方向。

**2. 扩大国际传播平台，加强区域合作**

"一带一路"倡议为中国国际传媒平台的建设带来了巨大的发展契机，中国国际传播平台主要通过广播、影视以及新媒体矩阵进行全方位传播。例如，丝路电视国际合作共同体相继在"一带一路"沿线国家的卫星频道、视频平台开设"China Hour"时段和"Hi + 国家"频道，其中南非的"China Hour"中国时段获得南非合作方的高度赞赏，将其誉为本土化最成功的外国节目时段。"Hi + 国家"品牌计划在南非、印度尼西亚等"一带一路"沿线国家开播中国电视频道，如印尼开播的"Hi-Indo!"等，基于"Hi + 国家"的品牌计划，采用当地的文化思维逻辑进行节目的编排、制作与播出，通过国外民众熟悉的本土语言和喜闻乐见的传播方式宣传我国的传统文化，可以有力反击国外对中国污名化的报道。由于"一带一路"沿线的庞大人口量、多种类语言与多类别宗教的多重影响因素，要实现高效的文化传播，除了要搭建主流媒体的传播矩阵之外，还要利用新型传播手段进行多类型、多层次、多角度的文化产品跨国交流活动，更要升级海内外的文化战略合作格局，坚持全面与重点相结合的原则，既要统一布局规划，也要突出重点，主要以沿线国家的文化特点、经济发展情况、文化接受程度作为导向划分重点区域，将重要国家的媒体平台作为主要的合作对象，从而形成以点带面的全方位文化传播局面。

## 二、借力新媒体，增强跨文化传播广度

在加强电视和报纸等传统媒体传播的同时，利用融媒体技术加强语言与中华传统文化的国际传播也已经成为主流趋势。当前网络已成为现阶段人们的日常必备工具，可以借助“互联网 + 语言 + 中华文明”的形式，将传统文化融入日常学习和生活中。同时，互联网平台也拓宽了“一带一路”沿线国家的人们了解中华传统文化的渠道。目前已经建立的多个面向国际受众的中文学习平台不仅为孔子学院和孔子学堂提供教育支持，同时对于很多没有设立孔子学院的地区，也提供了丰富的汉语文化资源。

同时，在“一带一路”倡议实施下，文化传播载体培育的一个重要任务就是要加强网络媒体的培育，最大化发挥其作用。因为只有掌握媒介的国际话语权，才能站在文化国际传播的制高点。因此，随着互联网的快速发展，网络空间已经成为国际争夺的主阵地，承载着中国争夺媒介话语权、提升国家对外文化传播能力的重大使命。所以，我国的主流媒介要积极主动参与国际网络舆论的传播和引导，营造对我国有利的国际舆论环境，掌握对外话语主导权。

**1. 积极培育新兴网络媒体**

随着科技的不断进步，以互联网为载体的数字技术以及移动网络、网络电视、直播平台等新媒体形式相继出现，触摸屏、VR 展示等不断更新的传播技术也突破了传统媒体的传播界限和传播方式，以更加互动、快捷、生动有趣的形式进行信息的传播，人们可以随时随地地接受文化信息。文化的传播离不开媒介的力量，文化传播的科技手段很大程度上影响了文化的发展。因此，文化的大规模、高影响力传播必然需要先进的科学技术和媒体做支撑。以互联网为主体的新型传播形式逐渐成为“一带一路”对外文化传播中的主要渠道之一，利用新媒体形式进行文化传播受到了各国的高度重视。例如，喀麦隆雅温得第二大学孔子学院在疫情防控情况下，学生

与教师均可以通过网络授课进行交流，虽然主要教学形式是以音频和图片为主，但相关线上交流贯穿互动讨论环节，老师与学生形成了新的良性互动方式。

文化传播重要的是将文化中的内容进行共享，新媒体的出现以更容易使人接受的方式加快了文化共享的速度。因此，新兴网络媒体将互联网为主要载体的多种媒体形式融合在一起，整合多种形式的文化传播资源，发挥其资源禀赋的优势，以期满足大众多种类的个性化需求。所以，在未来发展的过程中，仍需将传统媒体和新媒体相结合，进行优势互补、不断融合，才能进一步提高我国媒体的对外文化传播能力。现在的国内主流媒体平台均打造了全媒体的传播形式，即将统一的内容以纸媒、微博、公众号、官方网站和移动客户端等多种渠道进行发布，使得文化跨域传播获得了斐然的成绩，也提高了不同年龄人群的覆盖面。同时，网络平台也为文化活动的线上线下参与提供了平台，例如“和中国人一起过春节”的活动以线上线下相融合的方式吸引不同的人群参与到活动中，在轻松和欢笑的氛围中，丰富了国际受众对中华传统文化的认知。

**2. 着力培育网络文化传播平台**

网络文化是指以计算机互联网作为新媒介所进行的教育、宣传、娱乐等各种文化活动；而较为广义的网络文化是指包括借助计算机网络所进行的经济、军事、政治活动、文化活动等的各种社会文化现象①。在我国网络文化建设的过程中需要积极参与世界文化的交流传播，抓住互联网普及率不断提升和信息技术逐步更迭的机遇，推动优秀中华传统文化数字化、网络化、多媒体化的传播。因此，一方面需要加强我国的网络文化阵地建设。发挥政府的主导作用，建立和培育一批以研究和传播中华传统文化为主要任务、符合国外受众浏览阅读习惯的网站、新媒体平台，从而不断提高我国的文化传播能力，提升中华传统文化的影响力。另一方面，需要加强网络文化基础设施建设。提升网上图书馆、博物馆、音乐场馆、演艺中心、剧场等大众文化数字化服务水平，通过多元化的推介方式给受众提供更便利、更快捷、更高效的体验，让大众网络文化发展成果为中外受众共享。

**3. 大力发展自媒体文化产业**

在“一带一路”倡议的推进中，自媒体的从业者及使用者是中华传统文

① 李仁五．试论网络文化的基本内涵：网络与当代社会文化[M]．北京：生活·读书·新知三联书店，2001.

化国际传播的重要力量，自媒体技术给予了普通民众文化创作与展示的平台，赋予了民众开展文化国际传播的话语权，如国内知名自媒体从业者李子柒，借助于中华传统文化的底蕴，挖掘优秀的传统文化并经过精心的编排与拍摄，为受众生动地展示了中华传统文化的魅力，并在海内外取得了巨大的成功，引发了海外观众对中华传统文化的热议，同时带动了一大批国外的自媒体工作者加入中华传统文化的知识普及和传播过程中，取得了良好的对外文化传播成效。因此，要不断推进自媒体社交平台建设，使自媒体逐渐成为中国抢占国际话语权的舆论高地，发挥国内自媒体用户的力量进行文化传播，扩大受众数量与范围，提升传统文化的对外影响力。

### 三、丰富文化活动，增强传统文化的体验式传播

在中华传统文化国际传播的过程中，应该突出受众的主体作用，采用适当的教学方法。如情境体验式教学法或文化体验法，让枯燥的文化知识“活”起来，让学生在情境中加深对文化知识的感知和理解，激励学生主动地思考、探索和实践。如在学校过春节、在剧院看戏、在茶馆喝茶、在中国电商平台购物等，在特定的文化场景中让学生进行文化实践，模拟跨文化交际，将语言、文化、交际三者融合，帮助学生自己获得文化体验，并和实际生活结合起来。如在法国南部城市蒙彼利埃，有 6 所中小学开设了中文国际班。最近，这些学校正研究一套专门教学法，将中文学习和丝绸之路的历史文化知识结合起来，辅以形式多样的游戏，深受学生喜爱。该教学法通过语言学习掌握的汉字听说读写，同时选取古丝绸之路上 26 个著名城市与之对应，借助图片、音乐、视频等方式，寓教于乐，丰富语言的表现形式，增强传统文化的传播力度。同时，学生也可通过互动进入模拟情境，自觉地接受一些风土人情以及生活习俗等文化符号的熏陶。这种在真实的场景中或者走进社区和家庭，进行潜移默化的文化传播具有很好的带入感。再如进行主题式文化教学，立足学生的知识水平和生活实际，联络起与主题相关的文化内容，构建学习情境，让学生充分发挥主体作用，在学习情境中自主学习和探索。另外，教学上也可开展一些有趣的教学活动，将教学活动融入文化传播之中，既能集中学生的注意力，加深学习者的印象，又能帮助学生在“做”中学，在“玩”中学，自然而然地在潜移默化中加深他们对传统文化的感受和理解。因此在语言推广中华传统文化的过程中，要以文化活动为载体，充分展示中国特色文化。

**1. 规划文化旅游项目，增强中华传统文化体验**

对于“异文化”的汉语受众而言，文化旅游是一种能够快速从微观层面了解中国的途径。目前，旅游文化体验具有记忆性和互动性的双重特征，旅游文化传播具有双向互动性、形态多元化、受众差异性等典型特征[①]，它能够强化体验者个体难忘的城市印象。所以，旅游文化体验可以在地方文化底蕴展示、地方形象的良好打造这两个领域借力，从而提高受众对当地文化的理解深度和感知体验。对于“一带一路”沿线国家的汉语学习者来说，在规范的文化教学设计下，在对中华传统文化有一定了解的前提下，设置冬(夏)令营、文化之旅、游学之旅、长短期汉语进修等系列活动，通过走进中国亲身体验，帮助沿线国家的中华文化学习者从更细微的角度快速感受文化的魅力，从而实现对中国更深层次的了解。通过良好印象的驱使，激发他们学习中国语言与传统文化的动机[②]。另外还可以“一带一路”为核心理念，大力开发丝绸之路的旅游资源，发展休闲度假、丝路非遗等新型文化旅游方式和产品，以此激发各国了解丝路文化的热情，展现其历史文化。除此之外，文化旅游中的中华优秀传统文化产品的消费，可以以科技引领文化旅游，以民族文化带动旅游、以旅游推广传统文化、以消费传播中华文明，通过文化旅游和科技融合不仅可以让外国人更好地了解中国优秀传统文化和其独特的魅力，还有利于促进汉语学习热、加快汉语的国际化进程。例如通过使用声光电等手段，可以把立体动态成像、增强现实等技术结合传统的文化内容，形成新的展示形态，产生新的具有视觉冲击力的文化体验，增强文化展览的参与度和观赏性。或者通过带有声光电设备的智能化动态演示，可以将传统文化中的民间故事真实地呈现出来；通过大型体验式场景的复原，以及与相应旅游景点的结合，可以让中外游客感受传统文化原生态环境的魅力与时代变迁的过程，在增加文化景区可观赏性的同时，让国外游客可以更加直观地感受中华优秀传统文化，减少因文化感知差异的不同为国外游客带来的误解。

**2. 举办文化交流活动，提升中华传统文化认同度**

语言推广的最终目标是文化理解和传播，所以要鼓励举办有利于推进

① 晁小景，王庆生. 讲好地方故事：新媒体时代旅游文化的融合传播[J]. 新闻爱好者，2022(10)：63-65.

② 黄超. “一带一路”沿线国家汉语教育文化先行策略研究[J]. 长春大学学报，2017，27(12)：80-84.

汉语国际推广工作，形式多样且内容丰富的文化交流活动。比如可以继续开展“孔子新汉学计划”，继续推进“汉语桥”中文比赛、“汉语桥——世界大学生中文比赛”、“汉语桥——世界中学生中文比赛”及“汉语桥—中学生夏令营”等文化交流项目。让更多的外国优秀人才通过汉语文化这座桥梁更加了解中国人和中华传统文化，并在此基础上相互学习、传递友谊。以华中师范大学为例，主要活动包括游览武汉的风景名胜和历史古迹，参观湖北省博物馆；组织“洋雷锋志愿队”参加志愿服务活动；举办“桂子山国际文化节”等主题文化交流活动，通过丰富的文化交流活动，促使来华留学生对武汉、对学校有了更深厚的感情。另外，在一些文化节日里，对外文化传播机构还可开办多场兼具中国特色的文化展示和文化体验活动，如教师展示书法作品、进行民乐演奏、诗歌鉴赏、少数民族文化展演、戏剧唱腔展示、表演少数民族体育竞技等，鼓励学生参与活动，在互动中体验多姿多彩的传统文化。通过不断促进中国与外国的文化交流，在活动中展现中华传统文化魅力，让更多的人了解中华传统文化。

**3. 开展文化外交活动，构建中国话语体系**

站在历史的高度来看，现代的文化外交是指在一定的对外文化政策指导下，主权国家以维护本国文化利益为宗旨，以实现国家对外文化战略为目标，以文化传播等手段开展和平的外交活动①。在“一带一路”倡议顺利推进的同时，我国在坚持合作共赢的人类命运共同体的前提下，通过外交政务和文化交流等活动，积极在沿线各国弘扬传播中华传统文化。将中华传统文化中的优秀基因展现在世界人民面前，提高了中国人民整体的文化自信。因此，要尽可能与世界各国建立起文化外交的平台和机构，让世界各国都能更便捷地了解中华传统文化，愿意传播和推广中华传统文化。

## 四、依托数字文化产业，完善国际传播格局

习近平总书记在第二届“一带一路”国际合作高峰论坛圆桌峰会开幕辞中提出，“一带一路”的各方要深化在智能制造、数字经济等前沿领域的合作，并广泛开展内容丰富、形式多样的人文交流，指出了“数字经济”与“文化交流”在“一带一路”倡议实施中的重要性②。在数字信息时代，我国数字

① 田辰山. 克服“不对称认知”是对外话语体系建设的关键 [N]. 光明日报，2015-07-21.

② 习近平在第二届“一带一路”国际合作高峰论坛圆桌峰会上的开幕辞[EB/OL].(2021-04-27)[2023-02-20].http://www.xinhuanet.com/politics/leaders/2019-04/27/c_1124424310.htm.

文化产业的国际传播需要建立完善的国际传播体系，并革新国际传播模式，从传统文化国际传播转向数字文化传播，为实现文化共同繁荣开辟崭新路径。

**1. 建立完善的数字文化传播体系**

(1) 完善数字文化产业国际传播的机制

首先，改进国际传播机制，促进新旧文化传播主体的协作，借鉴文化输出强国的经验，打破产业偏见与壁垒，积极促进“一带一路”沿线的孔子学院等传统主流文化推广机构与数字文化企业合作。如孔子学院可以与相关企业合作推出符合沿线各国风格和中华传统文化特色的短视频，通过入驻当地主流的短视频平台，以年轻人更容易接受的方式实现中华传统文化的普及与推广。其次，制定数字文化产业国际传播的扶持与推广政策，激励数字文化企业参与“一带一路”的文化推广进程，并设立专门的数字文化企业推广基金，颁布数字文化企业对外推广的金融扶持政策，调动其参与的积极性与主动性。最后，树立文化自信，鼓励数字文化企业针对性地制作输出优秀的数字文化内容，打造知名的文化品牌。例如针对新冠疫情期间部分西方媒体的不实宣传报道和歪曲中国形象的内容，通过挖掘我国“抗疫”期间的传统文化要素，依托数字技术手段制作输出反映中华民族精神，以及弘扬我国传统中医药、养生健身等文化内涵的文艺精品，着力宣传“互利共赢”以及“命运共同体”的理念，可有效打破国外民众对中国的刻板印象，用文化力量树立中国的大国形象。

(2) 创新多元主体协同参与的传播格局

当前，在互联网技术的推动下，文化的传播主体不再仅仅局限于政府。因此，需要改革数字文化产业海外传播的主体参与模式，重视数字技术赋予社会各主体的参与权，增强文化传播合力，形成以政府为主，社会各团体组织和国内外民众协同参与的对外文化传播格局，拓宽数字文化产业海外传播的信息渠道。以中华传统文化的海外传播平台为例，一些互联网教育平台如慕课(MOOC)、短视频平台如抖音国际版(TikTok)以及社交网络平台如微信国际版(WeChat)等，已经在海内外拥有海量的用户。因此，可以面向“一带一路”沿线受众，依托这些媒介平台，策划一系列宣传展示中华优秀文化的活动，通过优先推广相关作品等方式鼓励用户参与到中华传统文化的传播推广中。此外，力争将文化内容的接收者转变为内容的制作者，可有效创新数字文化产业多元主体协同参与的传播格局。

(3) 培养面向“一带一路”数字文化产业的传播队伍

人才是文化产业发展的基础力量，数字文化产业对人才的要求更加苛刻，要参与“一带一路”数字文化产业国际传播的进程，一方面要培养精通中国与目标国家文化及语言的复合型传播人才，挖掘本国优秀的传统文化，并将其改造成为能被当地民众易于接受的内容，实现文化符号携带意义的转换；另一方面“一带一路”数字文化产业的人才要具备所需的数字传播技术能力和文化素养，可以熟练使用数字化软硬件设备，实现特色文化内容的数字化制作推广。因此，我国迫切需要通过人才队伍的引进培养、合作培养等方式，造就一批文化素质高、技术能力过硬的复合型传播队伍，为“一带一路”数字文化产业的国际传播积聚力量。

**2. 创新数字文化产业国际传播的话语体系**

(1) 建设数字文化产业国际传播的话语平台

对外文化传播必须始终着眼于信息技术前沿，需要将各种先进的数字技术与新媒体技术应用到文化传播，打造即时、高效的数字媒体国际传播平台①。以《人民日报》为例，其海外文化传播依托纸质报纸为主体，融合人民日报海外网站及手机 App 为主要发展方向，使中国声音及中国故事得到全方位、高效率的传播。而以 5G 通信技术、大数据等先进技术为手段，各类数字文化产业可以更精准地把握国际传播的差异化、个性化需求，进而有针对性地创新文化传播内容与形式。同时，在虚拟现实与增强现实技术的加持下，各类数字文化企业，可为沿线受众创造虚拟的文化语境，实现文化传播的线上线下互动和体验。

(2) 推出适宜“一带一路”沿线需求的话语内容

文化是差异的根源，不同的文化导致了不同国家、不同人民在社会价值观、人生观、文化观、社会制度等方面的极大差异。但即使生活背景不同，受到的文化熏陶各异，人们对于真善美，对于是非曲直的追求，却能突破文化的禁锢，达到“合二为一，天下大同”。因此，在讲述中国故事时，要审时度势，聚焦于中外人民都感兴趣的话题，专注于用简单易懂的方式展现优秀的中华传统文化，力求用适宜的内容增强海外受众对中华价值观念的认同。此外，要借助“一带一路”的契机，深挖“一带一路”沿线国家地

---

① 张琦．“一带一路”背景下我国对外文化传播力的提升路径[J]．人民论坛·学术前沿，2019(24)：110-113.

域特色和文化特色，做到一把钥匙开一把锁，尽可能精准高效地传播中国文化，取得最大的文化势能。

**3. 构建现代文化产业体系**

优秀的数字文化产品可以吸引很多国际受众去了解与学习这个国家的文化和语言，比如中国的功夫、日本的动漫等。所以，要充分利用中华民族丰富的文化资源，深挖传统文化的内涵，抓准传统文化的精髓，并利用这些文化资源转变为文化创意，生产独具魅力的高品质文化产品，提升产业文化内涵，提高文化产品的国际吸引力，增强我国文化产业的影响力和竞争力。例如，华中师范大学以古代针灸铜人为原型开发的虚拟现实产品“经络密码”，以免费、趣味、养生和体验为特色吸引国内外用户，达到中华优秀传统文化国际传播的目的。但是这一过程中要注意克服“文化折扣”的问题，需要做好对自身资源和受众特征的分析，找到产品和受众之间的对接点，提升中华传统文化产品对海外消费者的吸引力，以此减少因“文化折扣”带来的影响，进而由文化的吸引力来催生语言的竞争力。

另一方面，政府也需要给予一定的信息数据支持，比如政府可以将不涉及国家安全和国家秘密的相关数据和资料进行公开，从而为数字文化企业在定位和产品设计方面提供参考，帮助企业设计、开发出更符合国际市场需求的文化内容和产品。进而不断加快发展创意设计、网络文化、动漫游戏等新兴文化产业，用数字技术、新媒体技术以及新材料、新工艺等改造传统文化产业，培育新兴文化业态，构建一个具有国际竞争力和特色文化品牌的现代文化产业体系。

## 第四节　坚持受众本位思想，满足受众需求

文化传播的受传者由于国别、民族、信仰、职业等方面的不同，在文化信息的传播和反馈方面表现出多样性的特点。因此，文化传播要注意受众的文化差异，根据受众的文化程度、生活习俗、宗教信仰和职业特点等制定相应的、有针对性的课程内容和文化活动，以尽力完善当前传统文化的国际传播中，还存在的文化知识零散化、传播方式滞后化和认同度较低

等问题①。从受众的需求出发来提供语言服务和文化产品，满足沿线国家的企业、产业、学校、社区等受众对中国文化的需求。

## 一、关注受众个性需求，采取针对性措施

随着传播学理论的不断深化，受众在传播过程中的地位不断提升。在大量的传播学实践中，“受众本位论”愈来愈受认可。“受众本位论”指以受众为中心来确定媒介定位以及传播原则，强调传媒要主动调查了解受众的需求，听取受众的意见，真心实意为受众服务，突出受众在传播活动中的主体地位②。基于需求层次理论，在传统文化国际传播的过程中，受众也会经历对中华传统文化从“陌生”到“了解”的一系列过程。所以从受众的需求出发，考虑并且采取针对性的措施从而尽量满足受众的不同需求，能够进一步增强中华传统文化的对外传播效果。

### 1. 坚持以人为本，满足受众的生理需求

在了解与学习传统文化的过程中，许多留学生及中华传统文化爱好者等受众希望在日常生活、学习或实践机会等方面能获得一定的关怀和关注。对于留学生来说，在国外学习及生活需要突破语言和文化差异的障碍，因为他们可能会出现不适应中国生活的情况；对于中华传统文化爱好者来说，在了解及接触中华传统文化的过程中也可能会存在一定的不适应，这些问题的存在都是影响受众心理需求不能被满足的原因。毫无疑问，如果能对受众从人文关怀的角度加强扶持与帮助，可以有效提高受众了解传统文化的热情与动力，在一定程度上能够减轻其个人在文化适应方面的心理负担，从而达到更好的文化传播效果。因此，可针对不同群体受众，尤其是在中国留学的受众群体设置相应的人文关怀机制，提供更多的实践及体验机会以及给予多方面的生活帮助，从而鼓励更多的受众愿意主动接触和了解感受中华传统文化，参与更多的传统文化活动。

### 2. 尊重文化多样性，满足受众的安全需求

借助语言进行传统文化的传播，是为了向更多的国家推广汉语的同时，展示中华传统文化的独特性与多样性。中华传统文化涉及琴棋书画、文学、节日等多个方面，且每类文化又具有多样性，留学生由于文化背景和个人

---

① 张婷婷．“一带一路”背景下对外汉语教学跨文化传播途径分析：评《“一带一路”与中华语言文化国际传播》[J]．外语电化教学，2022(1)：97.

② 马玉洁，霍薇．浅论受众本位[J]．新闻世界，2010(2)：62.

文化差异，对中华传统文化存在认知偏差和感知差异。在国际传播过程中，既要通过建立合理有效的传播体系大力传播传统文化，也要充分考虑到不同文化之间具有的差异性，充分尊重他国文化的多样性，给予受众一种安全感。并且鼓励和推动不同国家和民族的受众积极体验或参与中华传统文化的相关活动，促进彼此的合作与交流，让受众感受到中华传统文化中“和而不同”的文化理念、“人闲桂花落，夜静春山空”的人与自然和谐共生的可持续发展观，以及勤劳善良、朴实刚毅、谦逊恭让的优秀文化品质。这些体现中华民族鲜明特质的文化品格在几千年的历史长河中不断形成，极具中华民族特色，是中华民族的文化核心，也是能够被异域人民认同的文化。通过使其认识到中华传统文化的优秀品质，消除戒备心理，提升其文化接受的程度。

**3. 促进文化交流，满足受众的社交需求**

在汉语教学及中华传统文化推广的过程中，存在国外受众主要与本国同学、朋友交流相处的现象。而对于许多“一带一路”沿线国家的在华留学生来说，这种情况依然存在，进而导致他们的社交朋友圈较小，在中国获得情感和归属感的空间及范围也较小，其社交需求无法得到更好的满足。因此，从受众的角度来说，增加中外学生交流，通过促进受众走进中国，加强亲身体验与文化交流，是一个两全其美的文化活动。一方面，对于“异文化”的汉语受众而言，通过参与一些具有中国特色和互动性特征的活动可快速从微观层面了解中国，从而加深受众对于中国某些地方的印象，增强其对中华传统文化的理解与学习；另一方面，也可增加不同国家的受众接触中华传统文化及中国民众的机会，从而更深层次地感受中华传统的风土人情，进一步激发受众学习中国语言与文化的动机，进而在这个接触与相处的过程中满足其社交需求。

**4. 认同异国文化，满足受众的尊重需求**

“一带一路”沿线可以说国家众多、民族各异，并且国与国之间的经济发展程度不尽相同，人文形态多样。因此，在与不同的国家进行文化交流时，应当坚持平等、尊重、公正、包容、自愿的原则，既要不断学习他国文化，增强对他国文化的理解，又要用对方喜闻乐见、易于接受的方式进行文化交流。只有充分应用语言这个文化的载体进行文化的传播与交流，才能增强彼此之间的理解和认同，以达到和谐共处的语言交际生态环境。尊重和理解他国文化，建立和谐、友好的传播环境，能够为传统文化的传播营造良好的氛围，和谐融洽的传播环境是文化活动顺利开展的良好基础，受众在这样的环境中能够更好地理解和接触传统文化。

**5. 关注文化追求，满足受众的自我实现需求**

不同的受众人群有着不同的文化需求与追求，充分关注受众的文化需求，才能针对性地帮助各个受众群体发挥其潜力，提升其跨文化交际与学习能力，从而帮助其实现自我发展。例如，针对汉语学习人群，对其语言学习的需求进行分类，制定有针对性的传播策略。首先，要对学习者的动机进行区分，判断他们的需求是实用需求还是文化需求。对于有实用需求的学习者而言，可以在语言教学的基础上，开设满足学生个性化需求的专业课程；对于有文化需求的学习者，可以从中华传统文化出发，与现代文化相结合，开设器乐、书法、手工技艺等课程，帮助学生更好地把握中华传统文化。其次，针对不同类型的人群需求，一方面满足学习者的需要，另一方面也可以把握学习者的潜在需求，从而帮助受众提高其文化习得与运用能力。

## 二、运用大数据细分受众，进行精准传播

由于职业、人生阅历、信仰、民族、文化背景等不同，沿线国家的人民群众在接受文化时表现出不同的特点，特别是反馈方式呈现多样性。因此，文化差异在传播过程中应该被特殊关注，需要根据受众的不同文化背景特点和信仰特点，制定差异化的教学内容和个性化的文化活动，达到精准有效的文化传播。互联网具有记录人们的浏览内容和各种行为数据的功能，这些数据的背后是不同传播对象的兴趣爱好、性格偏好等。因此，如果对传播对象的网络行为进行及时的记录，并建立用户画像，便可以对这些记录进行大数据分析，通过这种方式了解不同国家、地区传播受众的兴趣爱好，以此对今后的文化传播过程进行较为精准的预测。例如，敦煌研究院推出的机器人“敦煌小冰”，把敦煌的文化、历史等信息根据游客需求进行“定制式”推送；抖音推出的“非遗合伙人”计划，依托内容精准分发智能算法，在短期内深度触达更广泛的受众群体等。这些案例都是基于算法模型的个性化场景适配，借助智能算法实现传统文化信息的个性化和精准化传播，从而保持传播者和受众关系的长久黏性，增强受众文化参与的积极性和满意度。



对大数据进行挖掘与分析有利于及时、精准地掌握国外受众对文化产

品的内容以及表现形式等方面的偏好，再与文化流行元素相结合，对文化产品进行创造性的设计和筛选，做出接近预期的文化产品。在营销传播方面，可以以大数据为基础构建传播平台，通过更富有创意的文化内容，更引人入胜的视觉效果和文案，将更加精确的文化内容推送给受众。因此，大数据技术将“互联网＋文化”提升到了一个新的高度，传播过程将以传播对象的行为为基础，真正实现对传播对象的定向和个性化推荐服务。

### 三、培养本土意见领袖，提升传统文化吸引力

在人际传播的过程中，优秀意见领袖具有一定程度的影响。以韩国为例，很多韩国高中生选择学习汉语多数是因为家人或校方的建议。因此，为了使中华传统文化更好地传播，培养意见领袖也有十分重要的作用，海外教学亦是如此。意见领袖在各个阶层的文化接受者中都有所分布，他们在相应的群体中受到信任，具有一定的影响力和说服力。正如新冠疫情期间，意大利外长在接受中国援助时直言，当初否定加入“一带一路”的人正在享受“一带一路”的成果。这些权威人士的“硬核”宣传在海外引起了广泛的反响。同样，在学生群体中，意见领袖一般为那些较为活跃的、对中华传统文化知识掌握较多的学生；在汉语课堂中，则以教师为主，教师的态度直接影响着学生对于中华传统文化的印象和接受程度。因此，重视意见领袖，有意识地培养意见领袖有利于提升受众对于中华传统文化的认可度，促使传播范围得以扩大，传播效果得以优化。

语言是文化的重要载体，教学行为也是一种文化交流行为。中国国际地位的提高带来了“汉语热”的出现，但是对外汉语教师的文化自信与受众的文化认同同样十分重要，要坚定贯彻语言教学与文化传播相结合的思路，从受众角度出发，推动中华传统文化传播平稳持久的发展。

## 第五节　重视传播效果，建立质量评估与反馈机制

在积极推广传统文化国际传播的同时，还要关注其传播效果，建立健全传播效果评估机制，为改进传播措施和策略提供依据和指导，以此不断

提高传统文化国际传播的效果，形成良性循环①。所以，一方面，要构建中华传统文化国际传播影响力评估指标，从不同维度及层级，对中华传统文化国际传播影响力进行多层级的建构与考察；另一方面健全传统文化国际传播效果的反馈机制，健全科学有效的反馈机制，倾听受众诉求，让传播更加精准有效，切实提高传播能力。此外，在智能时代，信息技术的发展为用户传播反馈提供了更加多元的手段，如通过生物感知技术解读用户文化体验过程的真实反馈，也可以为传统文化的传播效果评估提供智能化的评测手段。例如，美国杜比实验室使用生物传感器获取用户对电视节目的真实反应，对用户生理反应进行采集、量化和分析。还有武汉大学通过眼动追踪技术，采集和分析用户在浏览数字敦煌网站的行为，实现网站布局的优化传播。因智能传播的效果评估对设备等仪器和技术要求较高，本部分主要讨论采用传播质量评估体系和传播效果反馈机制进行受众文化传播效果评估。

## 一、构建文化传播质量评估体系

中华传统文化国际传播影响力评估体系是文化传播过程的重要组成部分，其对传播内容的选择和传播效果的评价具有重要意义，还能强化传播质量建设，促进可持续发展。Ward C、Bochner 和 Furnham 提出了著名的跨文化适应 ABC 理论：A(affective)指情感，B(behavior)指行为能力，C(cognition)指认知能力。Spitzberg 和 Cupach 通过研究发现，几乎所有关于跨文化能力的理论模型都包含五个要素，分别是动机、知识、技能、情境、结果。一个模型越能将这五个要素置于随着时间的推移而持续不断发展的背景之下，这种模型就越先进②。这就是跨文化能力五要素理论。

中华传统文化国际传播的核心职能是通过跨文化传播提升国家形象和增强文化软实力，中华传统文化的跨文化传播影响力是国家文化软实力的重要体现。中华传统文化国际传播影响力的评估体系可从基础层级、传导层级、结果层级三个层级进行构建。基础层级体现了中华传统文化的影响

---

① 李培毓，李硕．后疫情时代中国语言文化国际传播的创新发展[J]．华侨大学学报(哲学社会科学版)，2022(1)：157-164．

② SPITZBERG B H, CHANGNON G. Conceptualizing Intercultural Competence, in D. K. Deardorff (eds.), The Sage Handbook of Intercultural Competence [M]. Thousand Oaks, CA: Sage, 2009.

力，传导层级反映了传统文化的传播能力，结果层级体现了中华传统文化国际传播对受众的认知、情感、行为的改变，它从本质上反映了中华传统文化国际传播影响力之大小。三个层级共同发力，对中华传统文化国际传播影响力发生的过程和结果进行反映。中华传统文化国际传播影响力的大小集中体现在由基础层级→传导层级→结果层级各自对应的维度和指标，以及整个传播过程中。

传播效果是传播力的一个重要衡量指标，它通常包含认知层面上的效果、心理和态度层面上的效果以及行动层面上的效果等。首先，就基础层级的评估维度而言，中华传统文化国际传播应确定传播的广度，它主要指传播内容所能辐射的范围有多广；其次，就传导层级的评估维度而言，中华传统文化国际传播的内容也需要认真考虑，主要指传播内容能够被受众关注的程度和议论的热度，即国际传播的深度；再次，对于结果层级的评估维度来说，跨文化传播影响力不仅强调过程，也重视结果，它是一个动态的而非静态的过程。简单来说，结果层级是基础层级维度与传导层级维度综合作用下的状态或结果呈现。中华传统文化国际传播影响力不断扩大的前提是能及时有效地化解或避免内外部矛盾，最大限度地增加跨文化冲突的正面效应，即国际传播的向度，主要指国外受众对传播内容的看法和对价值观的赞同程度，主要反映在认知的层面。中华传统文化国际影响力主要由三部分组成，即跨文化认知、适应、传播能力的基础层级，媒体传播与展示的传导层级，衡量受众认知、情感、行为的结果层级。中华传统文化国际传播影响力评估层级与维度建构图如图 7-2 所示。

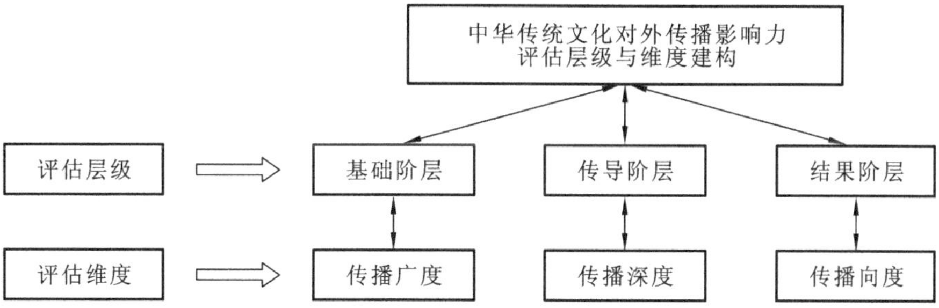


**图 7-2　中华传统文化国际传播影响力评估层级与维度建构图**

中华传统文化国际传播影响力的评估维度由传播广度、传播深度以及传播向度三个维度构成。其中，传播广度属于基础层级的维度，传播深度属于传导层级的维度，传播向度属于结果层级的维度，其理论基础主要源于跨文化能力五要素理论与跨文化适应 ABC 理论的综合。中华传统文化国际传播影响力评估指标构建维度如下。

**1. 传播广度**

语言作为推动传统文化国际传播的媒介，中华传统文化国际传播的评估情况需要一定量化的内容，如“一带一路”倡议下具体在多少沿线国家进行传播，以及在当地所传播的辐射范围有多大，都是对中华传统文化国际传播影响力和效果的考量内容。所以，就基础层级的评估维度而言，中华传统文化国际传播的传播广度包含三个指标：①通过汉语来了解中华传统文化的人数。②中华传统文化所传播的国家数量。③中华传统文化在当地所辐射的范围广度。

**2. 传播深度**

对中华传统文化国际传播影响力的考察一方面要体现传播内容数量的考量，另一方面要注重对传播质量的关注。一般而言，一定区域内中华传统文化被受众关注的程度及被议论的热度、举办文化活动的数量和质量以及受众参与文化活动数量能有效反映中华传统文化在当地接受程度，这种以数量为出发点的考察有助于提升中华传统文化的影响力。同时，注重文化活动的质量有助于提升中华传统文化的传播力度。在符合文化受众者心理特点的前提下传播中华传统文化，寻求与受众的心灵共鸣，这样才会达到事半功倍的效果。所以在传播深度这一维度包含七个指标：①借助汉语，中华传统文化被受众关注的程度。②借助汉语，中华传统文化被受众议论的热度。③举办文化活动的数量和质量。④受众参与文化活动数量。⑤受众个体间传播的意愿。⑥媒介报道类型的多样性。⑦当地主流媒介对中华传统文化报道的次数及频率。

**3. 传播向度**

随着中国经济的不断发展和中华优秀传统文化的不断传播，越来越多的海外媒体和公众想要了解中国博大精深的文明和探索中国崛起的根本原因，但语言不通和文化差异成为这种渴望实现的阻碍，而适宜性和有效性是跨文化沟通能力的两大影响因素。因此，传播主体与受众的有效沟通是中华传统文化国际传播向度的基础，有效的跨文化沟通是受众以中华传统文化和其他的文化为契合点，从了解文化到理解文化、认可文化再到主动传播文化的动态过程，而不是受众单纯地了解文化的静态过程。传播向度不仅是评价中华传统文化国际传播影响力的结果层级维度，更是中华传统文化国际传播影响力的关键要素。这一维度包含八个指标：①通过汉语，国外受众对中华传统文化的了解程度。②通过汉语，帮助快速地融入中华传统文化的氛围程度。③通过汉语，国外受众对传统文化的接受程度。④跨文化沟通的有效性和适宜性。⑤中华传统文化在当地的影响程度。⑥受众持续使用汉语学习中华传统文化的意愿。⑦通过汉语，对当地居民生活的积极影响程度。⑧通过汉语，对中华传统文化的认同度。

上述评估维度及指标的构建不仅突破了单一的研究视角，还对中华传统文化国际传播影响进行了综合的多层级构建与考察，三个维度遵循了由基础层级→传导层级→结果层级的路径，可以看出，中华传统文化国际传播影响力是由多因素协同不断完善的结果。本研究对中华传统文化国际传播影响力的评估体系建构如表 7-1 所示。

**表 7-1　中华传统文化国际传播影响力评估体系建构表**

| 评估层级 | 评估维度 | 评估指标 |
|---|---|---|
| 基础层级 | 传播广度 | 通过汉语,来了解中华传统文化的人数 |
| | | 通过汉语,中华传统文化所传播的国家数量 |
| | | 通过汉语,中华传统文化在当地所辐射的范围广度 |
| 传导层级 | 传播深度 | 借助汉语,中华传统文化被对象和受众关注的程度 |
| | | 借助汉语,中华传统文化被对象和受众议论的热度 |
| | | 举办文化活动的数量和质量 |
| | | 受众参与文化活动数量 |
| | | 受众个体间传播的意愿 |
| | | 媒介报道类型的多样性 |
| | | 当地主流媒介对中华传统文化报道的次数及频率 |
| 结果层级 | 传播向度 | 通过汉语,国外受众对中华传统文化的了解程度 |
| | | 通过汉语,帮助快速地融入中华传统文化的氛围程度 |
| | | 通过汉语,国外受众对传统文化的接受程度 |
| | | 借助汉语,跨文化沟通的有效性和适宜性 |
| | | 中华传统文化在当地的影响程度 |
| | | 受众持续使用汉语学习中华传统文化的意愿 |
| | | 通过汉语,对当地居民生活的积极影响程度 |
| | | 通过汉语,对中华传统文化的认同度 |

## 二、健全传播效果反馈机制

健全科学有效的反馈机制，倾听受众诉求，以大众喜好为需求开展语言和文化软实力建设，实现传统文化的渐进式推广和发展。首先要注重传播主体和受众是来源于不同的群体，特别是对外汉语教师、汉语学习者、所在教育机构以及民众对于文化传播的考察和反馈，并对反馈进行深入分析，在此基础上创新文化传播的方式与内涵，在不断地反思和改进中使文化传播模式逐渐走向成熟和完善。

目前，我国媒体在跨文化传播速度上取得了较大进展，能以较快的速度进行跨文化传播，但局限在于传播过程中与受众交流较少，对受众的反馈响应不及时。在传统文化国际传播时，不仅要遵循已有传播规律，加快传播速度，更要强化传播效果的反馈机制，力图达到精准传播。因此，在传统文化国际传播过程中有必要从以下几个方面完善反馈机制。

**1. 瞄准反馈主体，加强受众互动**

首先，反馈机制的建立要瞄准反馈主体，通过加强与受众的互动，利用大数据、互联网平台对文化的传播效果进行跟踪分析评估，建立受众评价反馈机制和传播反馈信息收集机制，及时了解受众的反馈信息，努力实现反馈信息的顺畅收集和及时回复。

随着技术的进步和文化资源的深入挖掘，汉语教学资源日渐丰富全面，也出现了多样的可供汉语学习者选择的学习渠道，但对汉语学习者学习不同知识的过程性分析还存在一定的研究不足。对学习者在学习过程中产生的学习特征数据，比如学习路径、学习时长、疑难困惑、讨论情况等进行多模态分析，不仅可以反映学习者的学习状态、学习兴趣等，还可以借此对学习者进行个性化精准推荐和为学习者制定专门的学习计划和学习课程，也为教师的教学策略提供了有效参考。但在收集和应用数据的过程中，应当保护学习者的隐私，注重数据安全。特别是汉语学习者遍布全球，不同的国家在数据收集和保护上有不同的法律规定，要特别注意了解所在国家和地区的法律规定，在法律允许框架内开展受众学习分析。

**2. 多元化收集反馈信息，确保信息可行性**

其次，需实现对话方式与反馈信息收集方式的多元化，充分利用自主调查、委托调查等手段，与受众开展交流，收集受众反馈信息，确保受众调查的全面性、真实性以及客观性。从而实现跨文化传播成效的提升[①]。过去反馈信息收集通常采用田野调查、问卷调查等形式，选择有代表性的样本对于最终的数据结果十分重要，会直接影响到最后结论的准确性。而网络信息不仅在数量上远远超过传统调研，在数据的质量上也可以保证样本所体现出的整体性特征。利用这些大数据进行反馈信息的智能化分析可以及时地了解传播的反馈效果，为后续传播策略选择提供决策依据。

**3. 确保反馈作用，切实提高传播能力**

最后，需确保反馈机制的作用，增强信息反馈的利用。针对中华传统文化国际传播受众所反馈的信息，要进行梳理分类，采用多种形式加以分析研究，发现在中华传统文化国际传播中所存在的不足，有针对性地优化自身传播行为。特别是对其中涉及中华传统文化国际传播的负面反馈信息，一定要及时给予有效回应，摆出证据澄清事实，避免因拖延造成更多受众的误解，让受众既能感受到传统文化的魅力，又能主动助力传统文化更好传播。同时，要用好反馈成果，对于中华传统文化国际传播反馈中的正面积极信息，要充分利用各种媒介的力量，给予更大范围的传播推广。

---

① 胡凤梅．我国媒体跨文化传播策略研究[J]．新闻战线，2017(6)：46-47．